KB252932

Acajournalist

아카저널리스트

김진홍 교수 유고집

이 도서의 국립중앙도서관 출판시도서목록(CIP)은 e-CIP 홈페이지(http://www.nl.go.kr/ecip)
에서 이용하실 수 있습니다.(CIP제어번호: CIP2010001379)

정치커뮤니케이션, 언론법학 연구와
다양한 활동가였던 김진홍 교수

너무나 아쉽게도 김진홍 교수는 우리 곁을 떠났다. 그를 추모하는 이 책의 내용에서 우리는 김 교수가 다양한 분야를 넘나들면서 무겁고 깊은 발자취를 남겼음을 새삼 깨닫는다. 불의를 참지 못하고 행동으로 옮기는 적극성, 일을 꾸미는 기획력과 실천으로 옮기는 추진력이 뛰어난 인물이 김진홍 교수였다. 더 오래 우리와 함께하면서 따뜻한 정을 나누고 능력을 발휘할 기회를 가졌어야 할 시점에 홀연히 저 세상으로 간 사람이다.

익히 알다시피 김진홍은 동아일보 기자로 사회생활을 시작했던 언론인이었다. 그러나 언론자유 투쟁의 대열에 섰다가 해직의 아픔을 겪어야 했다. 실업자가 된 후에는 도서출판 전예원을 창립하여 출판인으로 새로운 길을 개척했다. 그리고 대학에 몸을 담아 연구하고 학생을 가르치는 교수가 되었다.

대학교수가 된 뒤에도 한동안은 출판 사업을 계속하겠다는 집념을 보였으나 이로 인한 역풍에 시달린 적도 있었다. 출판 사업을 하면서도 학문을 향한 열정은 식지 않았기에 서울대학교 박사과정을 마치고 학위를 받았다. 1982년 같은 해에 서울대학교에서 언론학 박사학위를 제일 먼저 받은 세 사람 가운데 한 사람이 김진홍이었다. 이 같은 경력이 김진홍 교수의 전부는 아니다. 그에게는 훨씬 다양한 활동 영역이 있었다.

김진홍 교수는 언론학의 여러 전문 분야 가운데 정치커뮤니케이션 전공이었다. 이는 그가 걸어온 역정과 연관이 있었다. 박사논문「언론통제와 사회적 변인의 상관관계 — 제3공화국에 있어서의 언론통제를 중심으로」는 그가 투신했던 언론자유 운동을 주제로 학문적으로 탐구하려는 작업의 결실이었다. 한국언론학회 정치커뮤니케이션연구회 회장과 언론학회 윤리법제연구회 회장을 맡아 전공영역을 학술활동으로 연결시키기도 했다.

사단법인 한국언론법학회 창립위원장으로 언론학과 법학이라는 두 분야를 연결하는 역할도 그가 적격이었다. 언론법학회는 언론의 정치적 및 사회적 책임이 점차 확대되는 현대 사회에서 언론과 법학 분야가 상호교류하고 협동으로 연구할 필요성이 절실한 시기에 국내에서 처음으로 설립된 학회였다. 김 교수는 초기 학회의 토대를 다지는 위치에 있다가 몇 년 뒤에는 회장을 맡아 학회 활성화에 헌신했다.

김 교수는 사회활동에도 많은 관심을 기울였다. 사단법인 태평양아시아협회 이사 겸 사무총장, 동 협회 청년해외봉사단 단장, 한국 - 베트남친선협회 사무총장 등 여러 직책을 맡아 활발한 해외 봉사활동을 벌일 수 있었던 것은 그의 학문영역과 사회활동의 폭넓은 인맥이 밑거름이 되었기에 가능했던 것이다.

그는 상아탑 속에 앉아 학문과 글로써 세상을 비판하는 사람이 아니었다. 교수라는 신분이 갖는 제약도 개의치 않고 때로는 무모하다고 여겨질 정도로 행동하는 지성인이었다. 그로 인해서 어려움을 겪은 일도 여러 차례 있었지만 타고난 성격은 나중에 닥칠 불이익이나 비판에 개의치 않는 것 같았다.

이 책은 김진홍 교수가 퇴직을 앞두고 생전에 출간을 준비하던 중에 세상을 떠났기 때문에 이제야 출간하는 것이다. 퇴직 기념논문집이 그를 추모하는 책이 된 것이다. 책은 여섯 개 장으로 편찬했는데 김 교수가 생전에 다 해놓은 그대로이다. 김 교수가 구성한 책의 편제와는 상관없이 그의 글을 내용 면에서 살펴본다면 네 가지로 구분할 수 있을 것 같다.

첫째는 언론학 교수로서 학문적인 연구 내용을 담은 글이다. 구체적으로는 그의 전공인 정치커뮤니케이션 관련 논문이다. 정치커뮤니케이션과 언론통제, 언론의 법적인 문제를 다룬 글들이 이 범주에 포함된다. 이 분야를 연구하고 가르치는 동안에 미국 대학 교환교수로 머물 기회가 있었기 때문에 그때에 수집한 자료, 기자시절 경찰과 법원을 출입하면서 얻은 경험, 강의와 언론법학회 활동을 전개하는 동안에 축적된 학문적 바탕에서 쓴 글이다. 그의 학문적 본령에 속하는 글이기에 깊이와 무게가 느껴지는 독창적인 논문들이다.

둘째는 언론을 객관적으로 바라보고 비판한 글이다. 언론비평에 해당한다. 오보의 책임, 언론개혁 문제, 언론이 '사법살인'의 협력자라는 비판 같은 글이다. 그는 언론경영주가 짊어져야 할 임무, 편집인의 역할, 일선기자가 갖추어야 할 자질과 사명감 등을 꿰뚫어 보면서 글을 쓸 수 있었다. 굳이 성향을 분류하자면 정치와 언론의 성향 측면에서 진보 쪽 입장에 가까웠던 것으로 비친다. 그러기에 기성언론을 더 자유롭고 날카롭게 비판할 수 있었을 것이다.

셋째는 출판 관련 글이 있다. 대부분 교수 겸 출판인으로 활동하던 때에 쓴 글인데 출판계의 발전을 위한 비판과 제안 등이 주류를 이룬다. 1980년대 후반에 출판 사업을 중단한 이후에는 이 분야 글은 거의 쓰지 않은 것 같다. 이 밖에 대학과 세태를 바라보는 에세이 풍 글이 있다. 인간 김진홍의 풍모를 느낄 수 있는 내용이다.

이 책이 언론인, 출판인, 교수, 사회 활동가, 해외봉사와 국제교류의 다양한 삶을 살았던 김진홍 교수를 기리는 기념비로 길이 남아 많은 사람들이 참고할 것을 기대한다.

그는 우리 곁을 떠났고, 그와 관련된 추억과 소중한 학문적 업적만 남았다. 이 책으로나마 일찍 떠난 그를 생각하는 우리의 아쉬운 마음을 달래고 추모할 수 있게 된 것으로 위안을 삼고자 한다.

한국외국어대학교 언론정보학부 명예교수

정 진 석

차례

1장

정치판, 정치인 그리고 언론

동아일보 사회부 기자 시절,
특종기사로 한국신문상을 받은 최재욱 선배
(오른쪽, 환경부장관 역임)와 함께.

정치인의 언어, 그 상징의 내막

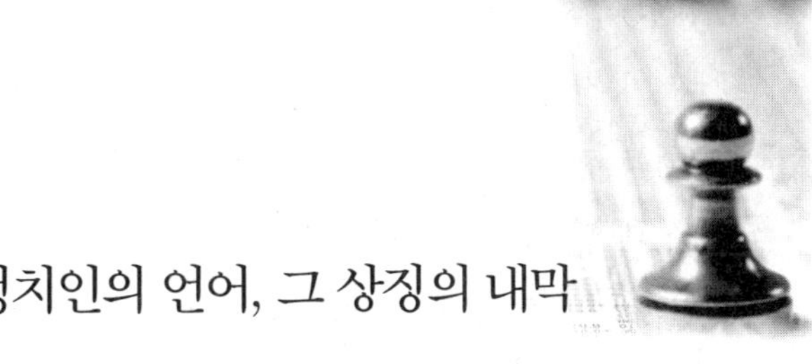

정치상징은 정부가 내린 결정을 정당화하거나 합리화하는 과정에서 사용되며, 그러한 결정에 반대하는 세력에 대항하여 국민적 지지를 동원하기 위해 사용된다. 상징은 사람들의 상상력을 제약해 조작에 쉽사리 움직이도록 만드는 구실을 한다.

상징조작 계속한 5공(共) 정권

제6공화국의 탄생과 함께 집권한 노태우 대통령은 그의 지난 대통령 선거 당시의 공약대로 '위대한 보통사람들의 시대'를 열었다고 선전되어왔다. 노대통령은 대통령 당선 축하리셉션에서 각계각층의 보통사람들과 막걸리 잔을 기울이고 빈대떡을 안주로 들었으며 대통령 취임 1주년 때 가졌던 외신 기자들과의 첫 기자회견에서도 '민주화의 정착'과

---

* ≪신동아≫, 1990년 5월, 368호.

함께 위대한 보통사람들의 시대를 강조했다.

노 대통령은 또한 그의 대통령의 상징적 꼬리표(symbolic presidency)로서 북방 정책의 슬로건을 항용 달고 다녔다. 그 목표가 비밀 협상에 의한 남북 정상회담의 극적인 실현을 통한 국민적 지지 기반의 강화를 꾀하는 데 있었든, 조국 통일의 착실한 디딤돌을 놓는 민족적 숙원의 실현을 위한 전진적 작업이었든 간에 최근까지 정치적 쟁점이 되어왔던 박철언·정주영 씨 등의 내밀외교(內密外交)를 통한 정책 추진이 어느 정도의 가시적 효과를 거둔 것도 사실이다. '북방 정책'이라는 상징언어가 얼었던 다뉴브 강을 녹이고, 닫혔던 금강산을 여는 대역사(大役事)로서 클로즈업되어 선전되기까지 했다.

제5공화국의 전두환 전(前) 대통령은 어떠했는가. 12·12와 5·17군사 쿠데타, 5·18 광주 민주화 운동을 거치면서 태어난 전두환 정권이 처음으로 내세웠던 정치적 상징언어들은 아이러니하게도 '민주'와 '정의', 그리고 '복지'였다. 분단 40년 만에 처음으로 맞은 민주화 정착의 호기를 무산·퇴행시키고 탄생한 독재 정권이 이 같은 정치적 상징들을 이용한 것은 국민을 우롱한 거짓 정치의 대표적 본보기였다. 전두환 정권은 국민들을 면역시키기라도 하듯 기회가 있을 때마다, 또 '광주의 불행'을 들먹일 때마다 '국민적 화해'라는 상징언어를 되풀이했다. 그러나 그것은 박정희 정권이 그토록 주창했던 '국민 통합'과 이데올로기 면에서 크게 다르지 않은 퇴색한 정치 언어였다.

전두환 대통령은 또 정통성 없는 정권의 정치적 착근(着根) 작업을 염두에 둔 듯 1981년의 대통령 취임사(3월 3일)에서 '전쟁의 위협으로부터의 해방', '빈곤으로부터의 해방', '정치적 탄압과 권력 남용으로부터의 해방'등 3대 해방론을 제5공화국 정부의 실천과제로 제시했다. 김대중 내란음모사건과 YMCA 결혼위장사건으로부터 삼청교육대사건, 언론인 대량해직사건에 이르기까지 온갖 폭력을 동원한 정권이 '탄압으로부터의 해방'을 스스럼없이 국민 앞에 주창했으니 국민들은 전(全) 정권의 상징언어 선택의 저돌성에 놀라지 않을 수 없었다. 전 정권은 개념과 가치와 현상의 부정직한 원용과 차용 그리고 조작을 이처럼 주저하지 않았던 것이다.

하지만 상징조작을 통한 전 정권의 그러한 정치적 변신은 그렇게 오래가지 않았다. 1987년 6월 민중 항쟁의 출발점이자 분화구였던 서울대생 박종철 군 고문치사사건이 백일하에 드러남으로써 오염된 정치적 상징언어들은 이내 생명력을 잃고 말았다. 그로부터 잇따라 터져 나온 서울대생 권인숙 양 성고문사건과 6월 민중항쟁의 도화선이 되었던 연세대 이한열 군의 죽음 그리고 김근태 씨 고문사건 등 일련의 고문 혹은 폭력사건들은 전 정권이 내세운 정치상징의 허위성과 비도덕성을 극명하게 보여주는 구체적 사례들이었다.

허위적 상징주의 팽배

노태우 정권이 집요하게 지키려 드는 '위대한 보통사람들의 시대'의 상징주의도 지난 1987년의 대통령 선거 유세 때 보여주었던 것과 같은 신선한 충격은 점차 식어가는 느낌이 든다. 봉급생활자들로부터 과실 원천세금을 거둬들이면서 전산화 작업의 마무리를 공언해온 정부가 가진 자들과 지배계층의 눈치를 보느라고 금융 실명제를 마침내 실시하

지 않기로 했고, 또 토지공개념 입법과 같은 개혁 입법을 추진하면서 1
가구당 토지상한선을 당초 계획보다 훨씬 후퇴시키는 정책 수행상의
파행성을 드러내 보임으로써 '보통사람들을 위한 정부'의 이미지에 커
다란 상처를 입기도 했다.

그런대로 신선한 이미지의 상징언어로 수용되어왔던 '북방 정책'이
란 상징 개념도 공안정국의 소용돌이 속에서 은연중 평가 절하되고 있
고 임수경 양 사건에서 보여준 정부의 경직성으로 인해 반사적 상처를
입어야 했다. 더욱이 무너진 베를린 장벽 앞에서 환호하는 동·서독 국
민들의 모습을 보면서, 헝가리 밀사외교를 공(功)의 하나로 내세워왔던
정부가 공안정국 이후 한두 달 뒤에 닥쳐올 동구 국가들의 엄청난 개혁
물결을 전혀 예측하지 못한 나머지 상대적인 국민적 허탈감마저 안겨
준 사실도 지적하지 않을 수 없다. 정책의 순수성과 일관성, 그리고 탄
력성이 결여된 정치적 상징주의가 가져온 귀결이 아니었나 여겨진다.

우리나라의 최근 현대사에서 정치적 상징주의를 가장 극명하게 이용
한 정권은 박정희 18년 군부정권이다. 박 정권 초기에는 집권 세력에
의해 동원되었거나 그들 정권 내부에서 성장한 우수한 정치 엘리트와
테크노크라트들에 의해 정치적 상징주의가 비교적 순수하게 이용되었
으나 집권이 장기화되면서, '순수한' 의미에서 상징의 정치적 이용은
축소되고 허위적 상징주의가 정치권에 점차 팽배된 것으로 보인다.

여기서 굳이 박 정권의 '순수한 상징주의'의 실례를 든다면 박 정권
의 조국 근대화 정책이 어느 정도 성과를 거두었다고 판단되던 시기에
당시의 '인기 있는' 정치인이었던 김종필 씨의 입을 통해 거듭 제시되
었던 '소비가 미덕인 시대'라는 상징언어를 들 수 있을 것 같다. 이 상징

언어의 정치적 이용은 국회 제3별관에서 날치기로 통과된 3선개헌에 따라 장기 집권의 문을 연 1970년대 초반에 밀어닥친 제1차 오일쇼크로 인해 이내 분해되고 말았다.

박 정권 시대의 가장 대표적인 허위적 정치상징주의의 하나로는 '싸우면서 일하자'는 상징언어를 들 수 있다. 이 정치적 상징언어는 국민들을 반공 이데올로기의 틀 속에 묶어놓고 한편으로는 조국 근대화의 정책적 목표를 앞장서서 달성해야 한다는 당위성을 강조함으로써 정권 안정적인 정치적 정향을 달성하려는 의도성을 내포하고 있었다. '일면건설 일면국방(一面建設 一面國防)'의 정책지표가 박 정권의 장기 집권 구도 속에서 지속적으로 이어져 온 것은 이 상징언어의 정치적 조작이 국민적 허위의식 위에서나마 일단은 성공을 거둔 것으로 판단되었기 때문이었을 것이다.

조지 부시의 상징언어

조지 부시 미국 대통령은 지난해 늦가을 '마약전쟁(drug war)'을 선언했다. 마약전쟁이란 미국 내에 만연되어 가는 코카인 등 마약을 공급하는 콜롬비아와 멕시코, 그리고 마약 중개역을 맡고 있는 것으로 알려져 있는 파나마 등 중남미 국가들의 마약 조직을 어떤 희생을 무릅쓰고라도 소탕하고 말겠다는 의지를 천명한 조작적 언어이다. 이 마약전쟁은 콜롬비아 마약 조직을 '소탕'한 뒤 파나마의 노리에가 대통령을 미국 내 법정에 세우는 데까지 이어지고 있다.

'신냉전주의', '신고립주의' 등 미국의 국익을 앞세운 보수적 이데올로기를 대변함으로써 미국 국민들로부터 어느 정도 인기를 누려왔던 전임 대통령 레이건에 비해 인기 면에서 바닥세를 보이고 있는 부시 대통령으로서는 성조기를 불태우는 행위를 처벌하는 성조기 훼손 금지 입법 후 인기 상승을 위해 보수 색채가 뚜렷한 미국인들의 공감을 불러 일으킬 수 있는 이러한 새로운 국내용 상징언어의 창출을 통해 돌파구를 찾아보려 했는지도 모른다.

실제로 최근 파나마 침공 직후 조사한 미국인들의 여론조사 결과, 미국인의 90% 이상이 부시의 결정을 지지한 것으로 나타난 것만 보아도 그러한 사정은 대강 알 만하다. 그러나 이러한 여론조사 결과는 미국의 '제국주의적 군사행동'을 비난하는 세계 여론과 크게 어긋나는 것은 물론이다. 부시 역시 파나마 침공 이후 증대하는 중남미 국가 국민들의 반미 운동을 달래기 위해 퀘일 부통령을 외부사절로 보내려 했지만 멕시코와 베네수엘라 등 중남미 국가들의 냉담한 반응으로 미국의 체면이 크게 손상당하기도 했다.

지난해 12월 12일 아침시간에 방영된 ABC TV의 고정 프로그램 〈굿모닝 아메리카(Good Morning America)〉에서 미국의 저명한 코미디언인 짐 모리스(Jim Morris)는 사회자인 조안 런든(Joan Lunden)이 부시 대통령의 흉내를 내보라고 권하자 대뜸 마약전쟁을 선언하는 부시의 흉내를 내면서 다음과 같이 비아냥거렸다. "마약이 동유럽 제국을 건설하고 있다(Drug builds Eastern Esteem)." 그는 또 고르바초프의 몸짓을 흉내내며 고르바초프를 동구의 엄청난 개혁을 가져온 '멋진 사나이'라고 치켜세웠다. 고르바초프가 페레스트로이카라는 위대한 상징언어를 통해 세계적 인물로 평가되고 있는 판에 서방 진영의 리더가 '그래, 고작 국내용 마약전쟁이냐' 하는 빈정거림이 그 코미디의 주조였지 않나 싶었다.

코미디언 짐 모리스의 평가가 적중되기라도 하듯 미국의 시사 주간지 ≪타임≫은 고르바초프를 '80년대의 인물'로 선정했다. 지난 1985년 고르바초프 체제가 출범하면서 드러나기 시작한 페레스트로이카 정책은 당초 서구 국가들의 의혹을 받아온 것이 사실이었으나 이제는 지난 연말에 나온 ≪타임≫의 제목 그대로 '정말 진짜였구나' 하는 감탄사를 낳고 있는 것이다.

고르바초프의 상징

1980년대를 마감하는 시대에 들어서면서 동구에서는 고르바초프가 내세운 페레스트로이카 정책에 기초한 엄청난 세계사적 변화가 요원의 불길처럼 번졌었다. 폴란드의 솔리다리티에 의한 민주화가 정착된 데 이어 헝가리에 서구형 사회주의 정부가 수립되었고 지난 40년 동안 동서냉전의 상징이었던 베를린 장벽이 무너지면서 통일 독일 연방의 빛이 보이기 시작하고 있다. 체코슬로바키아에서도 1968년의 '프라하의 봄' 이후 실로 20년 만에 민중에 의해 공산 정권이 붕괴되었고 30여 년 동안 독재체제를 구축해오면서 체제 개혁을 외면해온 루마니아의 차우셰스쿠는 7만여 명의 무고한 시민을 학살한 끝에 시민 법정에 의해 총살형이 집행되었다.

1968년의 프라하의 봄 동안 인간의 얼굴을 한 사회주의를 주창했던 체코의 전 공산당서기장 알렉산데르 두브체크는 프라하의 웬체슬라스 광장에 운집하여 '자유!'를 외치는 50만 체코 시민에게 "이제 우리의 시대는 시작되고 있다"고 선언했다. 두브체크의 이 역사적 연설이 있은 다음날 미하일 고르바초프는 소련의 당 기관지 ≪프라우다≫에 「사회주의 사상과 혁명적 페레스트로이카」라는 제목의 방대한 논문을 발표, 마르크스와 레닌의 사상을 현대에 적용하는 데는 한계가 있다고 비판했는데 그가 사용한 '인간의 얼굴을 가진 민주주의적 사회주의'는 프라하의 봄 당시 체코슬로바키아의 개혁주의자들이 사용했던 용어이다. 고르바초프는 이러한 상징언어를 수용함으로써 현재 진행 중인 동구 개혁에 대한 지지를 표명하면서 소련 내부 개혁의 방향을 천명하고자 한 것으로 보인다. 고르바초프는 또 독일 동방 정책의 기수인 빌리 브란트 전 서독 수상이 펼친 '신사고'를 수용하면서 그의 상징언어로서의 페레스트로이카의 유연성과 신뢰성을 과시한 것으로 평가받고 있다.

고르바초프는 자기 상징의 관리에 특출한 인물로 평가되고 있다. 그는 지난 1985년 서기장으로 취임한 이래 1987년의 블라디보스토크에서의 연설을 시발로 세계사적 분쟁 지역을 찾아 페레스트로이카의 역사성을 누누이 강조했으며, 열강의 지도자들을 만나 페레스트로이카의 혁명성을 부각시키려고 노력했다. 그는 세계열강의 이익이 교차되는 상징적 지역인 지중해의 몰타 섬에서 열린 미·소 정상회담을 위해 가는 도중 바티칸을 찾아 교황 바오로 2세와 만나 회담하는 시간을 가지기도 했다. 동구 개혁의 진원지인 폴란드 출신의 교황이자 세계 평화의 정신적 지도자인 교황과 페레스트로이카의 주창자인 고르바초프가 만난다는 것의 상징성은 실로 엄청나다고 할 수 있다. 고르바초프로서는 스탈린시대의 유물인 소련의 반가톨릭 정책의 수정을 통한 가톨릭과의 화해 제스처를 보여주면서 평화의 사도로서, 혁명적 세계 정치지도자로서의 상징적 이미지를 심어주려고 노력한 것이다.

상징은 왜 생겨나는가

국내외 정치지도자와 권력 집단들은 어떠한 유용성과 기능 때문에 이러한 상징들을 정치적으로 이용하려 드는가.

인간이 정치적 삶을 영위하는 데 상징이 중요한 역할을 하고 있다는 점은 여러 학자들에 의해 이미 오래전부터 인식되어 왔었다. 하지만 이와 같은 일련의 초기적 성과에 대한 중요성이 폭넓게 인식되기 시작한 것은 에델먼(Murray Edelman)이 잇따라 주목할 만한 저술을 내놓으면서부터다. 에델먼은 정치 과정에서 광범한 영향을 미치는 상징의 중요성을 극명하게 보여주었다고 평가되고 있다.

사람들은 누구나 정치의 상징적 측면에 대한 연구를 통해서 집단행위의 논리와 정치적 행동의 역동성을 아울러 통찰할 수 있다. 상징은 개인을 보다 큰 정치 질서와 연결시켜주고, 서로 다른 개개인의 다양한 동기를 수렴 또는 일치시키면서 집단행위를 가능하게 해준다. 이 때문에 상징은 정치 제도의 운용에 필수불가결한 요인이 된다.

상징은 사회 조직과 커뮤니케이션 과정에서 필수적인 요소이기도 하다. 퍼스(Firth)가 지적한 바와 같이 인간은 상징에만 의존해서 사는 것은 아니나 그 상징으로 인한 현실을 규율하고 판단하며 심지어 그 현상을 개조하기까지 한다는 것이다. 상징을 바탕으로 한 시각에서 정치 현상에 접근한다는 것은 곧 집단행동을 가능하게 만들기 위해 다양한 동기와 기대, 가치 체계를 동시적으로 일치시키는 데 따른 여러 가지 독특한 문제점을 인식하는 것을 의미한다. 상징은 이러한 일치화를 실현시키는 매개물이 된다.

상징은 어떤 대상에 의미를 부여하는 과정에서 생겨난다. 특히 우리가 관심을 기울이는 사회적 또는 미드(Mead)가 말하는 바 '의미 있는 상징'은 사람들이 구체적 실체나 행위를 넘어 특정의 의미를 부여한 대상이다.

예를 들어 '워터게이트(Watergate)'라는 상징은 워싱턴 DC에 있는 아파트 단지를 지칭하는 명칭으로서 주목을 받고 있는 것이 아니다. 워터게이트가 관심의 대상이 되는 것은 사람들이 1972년 그곳에 위치한 민주당 본부 침입에 뒤이은 정치적 사태와 연관시켜 떠올리는 복합적 의미 때문이다. 이러한 방식으로 이용된 워터게이트라는 상징은 딱 꼬집어서 직접적으로 언급할 수 있는 대상이 없다. 이런 상징이 사피어가 말하는 '압축적 상징'이다. 이 같은 상징들은 체험과 느낌, 믿음 등을 요약하고 압축시키는 역할을 한다.

정치적 상징이란 정치적 권한의 행사와 사회적 갈등들의 관리와 연관된 상징이다. 그러한 상징들은 개인을 보다 큰 사회 질서와 정치 질서와 연관시키는 고리 구실을 하며 개인과 사회 현실 간의 관계를 조정함으로써 사람들의 인식을 형성시키고 또 이들의 직접적인 체험의 범위를 넘어선 일련의 사태의 의미를 파악하게 해준다. 같은 이유로 상징은 사람들의 상상력을 제약해 조작에 쉽사리 움직이도록 만드는 구실을 하기도 한다.

새로운 상징은 사람들이 자신의 체험이나 감정, 믿음을 표현하기에 알맞은 상징들을 찾아내지 못할 때 생긴다. 극적인 사태나 혹은 자연적·

사회적·정치적 환경의 격변을 맞을 때 등장할 가능성이 많다. 워터게이트는 중대한 정치 스캔들을 야기한 사건의 현장을 나타내고 있는데도 그 사건 자체뿐만 아니라 권력의 남용을 상징적으로 드러내게 한다.

상징은 정치지도자들이나 특정의 정치적 쟁점의 추진자들의 의도적인 주창의 결과로 생길 수도 있다. 예컨대 신임 대통령은 자신이 내세운 실행계획에 대한 국민적 지지를 얻기 위해 그 계획을 전임 대통령의 그것과 구별 지으려 하는 경우가 많다. 그러한 목적에서 이들은 자신의 실행계획들을 새로운 상징으로 포장하려고 한다. 윌슨이 '새로운 자유'를 내세우고 프랭클린 루즈벨트가 '뉴딜'을, 존 F. 케네디가 '뉴 프론티어'를, 존슨이 '위대한 사회'를, 레이건이 '새로운 시작'을 각각 제시한 것 등이 바로 그런 실례들이다.

상징의 기능

이러한 상징들이 창출되는 유인(誘因)은 대체로 세 갈래로 요약된다. 첫째는 지식과 경험을 간결하게 요약·지칭해야 할 필요성이 있을 때 그러하다는 것이다. 이 같은 필요성 때문에 새로운 상징은 사람들이 기이한 상황에 처하거나 또는 뚜렷하게 대비시킬 만한 대상이 없는 낯선 환경에 당면했을 때 생성될 가능성이 많다. 1980년대 초 레이건 행정부가 일련의 새로운 경제 정책을 펼치자 그 정책이 곧 '레이거노믹스'라는 상징적 명칭을 얻게 된 것이 그러한 범주의 예라 할 수 있다.

둘째로 커뮤니케이션의 필요성에 의해 상징이 생성된다는 것이다. 커뮤니케이션이 효율적으로 이루어지려면 경험과 지식, 감정을 쉽사리 되살릴 수 있는 형태로 요약·압축시켜야 한다. 상징은 여러 사람이 공유하는 정보와 가치관, 또는 불안을 분류하는 공동의 준거점을 제공한다. 따라서 새로운 상징들은 공동의 경험을 되살려 이러한 경험을 다른 사람들에게 전하는 과정을 촉진시키기 위해 만들어진다.

새로운 상징의 창안을 촉진시키는 세 번째 요소는 특정 집단을 다른 사람들과 구별시켜 별도의 사회적 주체로 확립하거나 확인시키려는 욕구이다.

기존의 사회적 차별성을 바꾸고 새로운 주체성을 확립하기 위한 새로운 상징이 등장한 두드러진 사례는 인종적 특성을 나타내기 위해 '검둥이'라는 말을 사용한 데서 알아볼 수 있다. 1960년대와 1970년대에 활동한 흑인 행동주의자, 특히 투쟁적인 활동가들은 검둥이라는 말 속에 부정적이고 비하적인 의미가 담겨 있음을 발견하고 이 지칭을 배격한 후 그들 자신을 '흑인'으로 당당하게 지칭했다. 대중 매체의 도움과 격려 속에서 흑인이라는 상징은 이내 그 인종을 지칭하는 표준적 용어가 되었다. 이 말은 새로운 집단의식과 연대감을 조장함으로써 정치적 동원을 촉진시키고 흑인의 정치참여를 확대시키는 자극제가 되었다.

정부의 의사 결정자들은 그들 자신이나 그들의 정체에 대한 지지를 이끌어내거나 유지시키기 위해 이른바 '일관된 상징'들을 계속 내놓는다. 대부분의 정부는 이러한 상징들을 통해 국민들에게 응답하거나 사회적 불안을 완화시키고 정치 체제의 안정과 효율성의 증대를 위해 긴요한 국민적 지지를 획득한다. 또 상징을 정치적으로 이용하여 전체 국민의 사회적 다원성을 통합하는 수단으로 기능하게 한다. 그런가 하면 대부분의 정치지도자들은 분열된 국민들의 의견을 통합하는 수단으로써 상징을 이용하기도 한다.

이처럼 상징은 정치 쟁점화 기능과 정치적 동원 기능, 그리고 정치적 정당화 기능뿐만 아니라 사회적 분화 기능과 사회적 갈등의 해석 기능을 수행하고 있다.

상징은 정부가 모색하는 새로운 가치를 국민들에게 배분하는 과정에서 정부가 내린 결정을 정당화하거나 합리화하는 데 사용되기도 하지만, 그와 같은 결정에 반대하는 세력에 대항하여 정부의 새로운 요구에 대한 국민적 지지를 동원하기 위해 사용될 수도 있다. 또 정치적 정통성의 기능을 수행하며 사회적 분화의 기초로 이용되기도 한다.

거스필드(Gusfield)는 이러한 상징주의의 기능을 인식하고 상징을 결합의 동작(상징)과 분화의 동작(상징)으로 구분하고 있다. 즉 결합의 상징들은 "정부에 대한 지지의 원천인 사회의 공통성과 창의성을 공고히 해주는 역할을 하며, 이들 상징들이 호소하는 것은 사회 내부의 특정 행정 관료나 법률에 무관하게 그 정치 제도를 정당화시켜주는 기초로서, 그것들은 정당이라든지 이익 집단 또는 여러 가지 분파들 사이의 정치적 갈등을 뛰어넘어 존재하는 정부를 향한 충성을 이끌어내려 한다"는 것이다.

반면 문화의 상징들은 사회적 차별화의 기초로 작용한다. 이들 상징들은 서로 다른 사회적 신분들을 따로따로 분류하여 취향이나 도덕 또는 일반적 생활방식 등을 서로 다른 형태 그대로 개괄한다는 것이다.

국제 관계에서의 상징

마지막으로 상징의 갈등 해석 기능을 들 수 있다. 갈등과 관련하여 현대의 세력 동원에서 불리하다고 깨달은 집단들은 갈등을 확대시키거나 아니면 무엇이 문제인가를 재규정함으로써 그 방향을 틀어 버리려고 한다. 갈등에 대한 특정한 규정 때문에 불리한 위치에 놓인 집단들은 더 많은 지지를 이끌어내기 위해 새로운 상징들을 도입함으로써 문제된 쟁점들을 다시 규정하려 하는 반면, 갈등에서 유리한 위치에 놓인 집단들은 이러한 재규정을 막고자 한다는 것이다. 동시에 각 집단들은 갈등의 해석에 대한 영향력을 획득·보전하기 위해 특정한 권위적 상징에 호소할 뿐만 아니라 정적들에게 불명예를 안겨줌으로써 영향력을 확보하려 한다.

상징은 국내의 갈등에서뿐만 아니라 국가들 사이의 갈등에서도 중요한 역할을 한다. 정부 관료들이 국가의 이름으로 취하는 행동들은 상징적 관념 또는 관련 상징들에 대해 색다른 해석을 내리게 하는 일이 종종 있다. 국가 사이의 갈등 대상들은 대체로 대부분 사람들의 경험과는 동떨어진 것이기 때문에 대외 정책 결정자들은 대외적 상황을 규정하거나 그들의 행동에 대한 대중적 지지를 끌어내는 데 상당히 운신의 폭이 넓다. 그들은 애매하지만 일반적으로 널리 알려진 상당수의 상징들을 실제적으로 장악하고 있는데, 이 상징들의 사용에서 그들은 상당히 배타적인 영향력을 행사한다.

정부 관료들은 이러한 상징들을 통해 국제 관계에서의 적(敵)과 아(俄)를 규정한다. 1971~1972년 사이에 있었던 닉슨 행정부에 의한 미·

중 관계의 급변은 이러한 한 예이다.

1949년 중화인민공화국을 건립한 공산주의자들의 승리 이래로, '중공'은 늘 미국 정책 결정자들에 의해 전면적인 적으로 그려져 왔었다. 그런데 1971년 닉슨 당시 미국 대통령이 그동안 계속 인정을 거부해왔던 나라를 곧 방문할 것이라는 극적인 선언을 했다. 거의 하룻밤 사이에 중국은 갑자기 '훌륭한 국가'가 된 것이다.

에델먼은 세계사 속에는 이러한 예가 얼마든지 많다고 지적했다. 에델먼은 이를 미국인들이 수용하는 데 혼란이 일어난 것은 대외 정책의 실마리를 정부가 거의 독점했기 때문이라고 해석했다. 나아가서 그는 미국 내 정치에서는 이와 같은 급속하고 대규모적인 변화가 일어나기는 어려울 것이라 보면서, 그것은 미국 내 정치의 경우, 대부분의 쟁점에 관련된 부분들이 아주 복잡하고 갈등적인 근원을 지니고 있기 때문이라고 설명하고 있다.

문화와 정치

1. 처음 말

문화에 대한 정치적 개입 문제가 새삼스럽게 제기되고 있다. 지난봄부터 일기 시작한 이념도서의 일제단속에 이어 민중주의를 표방하는 젊은 화가들의 그룹전인 '힘' 전(展)에 출품한 작품들의 강제 철거, 무크지 《민중교육》 지에 투고한 교사와 교수들에 대한 징계 조처, 그리고 계간 문예지 《실천문학》과 출판사 〈이삭〉의 등록 취소 등 문화의 광범한 부문에 걸쳐 야기되는 최근 일련의 사건들은 문화와 정치의 관계에 대한 관심을 폭넓게 불러일으키고 있는 것이다.

문학과 예술 그리고 출판에 대한 이러한 강경 조치가 잇달아 취해짐으로써 정부의 정치적 개입 의도를 읽을 수 있게 한다. 정부당국자가 민중 예술의 '투쟁도구론(鬪爭道具論)'을 밝힌 직후 민중의 지팡이인 경

---

* 《외대학보》, 1985년 9월 3일, 제421호.

찰이 민중 예술 작품을 철거한 것은 이 같은 의도를 보여주는 하나의 예라 할 수 있다. 더욱이 이들 몇몇 조처는 의사자율화(疑似自律化)로부터 강경으로 선회하는 태풍의 눈으로 비유되곤 했던 이른바 「학원안정법」의 제정 움직임과 그 맥락을 같이하고 있다는 점에서 커다란 관심을 끌기에 이르렀다.

이 같은 사태의 전개를 지켜보면서 우리의 문화는 과연 정치로부터 자유로울 수 있는가 하는 원칙적인 문제를 생각하게 된다. 왜냐하면 오늘날과 같은 우리의 정치문화의 토양 위에서 우리는 지속적으로 문화의 정치화를 경험해왔고 그 같은 문화의 정치화가 문화의 획일화와 수로화(水路化)를 낳았으며 그럼으로써 문화의 정체를 가져왔기 때문이다. 그런 의미에서 문화의 탈정치화(脫政治化)야말로 자유 속에서 다원적 발전을 모색하는 문화 민주주의의 성장을 위해 무엇보다 긴요하기 때문이다.

2. 닫힌 문화와 열린 문화

이른바 민중에 관한 논의는 1970년대 초반부터 지속적으로 전개되어왔다. 그런데도 현 시점에서 민중을 주제로 한 미술전이나 교육지에 대해 급작스러운 제재가 가해진 이면에는 이 문제의 심각성을 더는 방치할 수 없다는 정부 나름의 인식의 변화가 있었기 때문으로 보인다.

즉, 민중문화 옹호론자들은 '현재 이 땅에 횡행하는 대중문화가 많은 사람들의 삶을 제대로 표현해주지 못하고 무분별하게 외래문화를 수용할 뿐 아니라, 현실과 동떨어진 허위의식을 조장하는 측면 때문에 민중문화의 대두는 긴급을 요하는 시대적 요청의 산물'이라고 주장하는데 반해 비판론자들은 이러한 민중문화가 계급의식을 고취시켜 분열을 획책하는 등의 체제 부정적 성격을 지니고 있기 때문에 마땅히 제재를 받아야 한다는 것이다.

만약 민중문화의 출현이 시대적 요청의 산물이라고 가정한다 해도, 민중문화가 그 내용에 대한 비판의 면죄부를 가질 수는 없을 것이다. 그러나 이러한 문화·예술 행위에 행정력의 강권적(强權的) 발동이나 관(官)에서 설정한 획일적 기준을 일방적으로 적용하여 문화를 닫힌 테두리 안으로 몰아넣으려는 발상은 더욱 위험한 것이라고 하지 않을 수 없다. 이러한 발상은 예술이 추구하는 미(美)나 문화를 몰역사적(沒歷史的)인 것으로 가정하여 인간의 삶에서 역사성을 사상(捨象)하는 우를 범할 위험성을 내포하고 있다고 판단되기 때문이다.

이러한 논의에서 어느 한 쪽에 찬의를 표하든 보다 중요한 것은 현재 우리에게 요구되는 과업이 더욱 바람직한 문화를 창출해내기 위해 필요한 문화활동의 자유와 비판 기능을 회복하여, 문화의 생산·수용의 선택이 외적 강제가 아닌 자율적 규제를 통해서 이루어지는 공간, 즉 열린 문화를 확보하는 일이 우선되어야겠다는 점이다.

3. 문화의 정치화와 정치문화의 파행성

필자는 여기에서 문화와 정치문화에 대해 엄밀한 정의를 내리려는 생각은 없다. 실제 오늘날 우리가 안고 있는 중요한 문제의 하나는 많은 사람들이 민족적 정체감(正體感), 민족아(民族我)를 상실했다고 느끼는 점일 것이다. 그것은 곧 우리의 문화가 외래문화의 무분별한 수용으로 인해 그 내용을 상실해가고 있다는 사실의 반증이기도 하다. 물론 우리 것을 잃어버렸다는 사실이 전적으로 외래문화의 무분별한 수용이라는 관점으로 해석될 수는 없을 것이다.

그럼에도 민중문학이 널리 읽히고 서구에서 유입된 소비 지향적 대중문화에 반대를 표명하는 내용의 탈춤, 마당극 등이 대학가는 물론 노동 현장에 이르기까지 널리 전파·수용되고 있는 것은 문화가 지니고 있는 '삶의 표현'에 주목할 때, 기존의 대중문화가 그 기능을 제대로 발휘하고 있지 못하기 때문이라는 점도 간과되어서는 안 될 것이다. 우리의 정치문화도 이와 대동소이한 문제점들을 내포하고 있는 듯하다. 알몬드(Almond)는 '정치문화란 한 정치 공동체 구성원들이 정치에 대해서 갖는 오리엔테이션의 배분 형태'라고 정의하면서 정치 요소로서 정치 체계, 산출, 투입 기능 등을 들고 있다.

이들 요소 중에서도 민주 정치를 이룩하는 데 가장 중요한 것은 투입 기능의 활성화라고 할 수 있을 것이다. 그러나 우리나라의 정치는 이 기능이 둔화된 채 효율성만을 지나치게 강조함으로써 국민들을 적극적으로 정치에 참여케 하는 것에는 미치지 못하고 있다. 따라서 투입과 산출의 불균형이라는 한국 정치문화의 파행성은 국민들의 적극적 정치 참여를 통해 극복되어야 할 것이다. 노이만(Neumann)의 말대로 정당이나 이익 집단이 국가 기구에 매몰되어 자발성을 상실하면, 사회적 존재 이유를 잃게 되고 그 결과로 어느 일당에 의한 지배정당체제가 될 가능성이 있는 것이다.

이러한 체제가 성립되면 대부분의 정책 결정 과정에서 소외된 국민

들은 자신이 마치 국외자(局外者)와 같은 느낌을 갖게 되며 이러한 상태
는 결국 정치문화의 파행성을 극복하기 어렵게 만드는 요인이 될 것이
다. 또 하나 지적해야 할 것은 이익 집단과 정당의 활성화가 매스 미디
어의 활성화를 전제로 하고 있다는 사실이다. 매스 미디어야말로 정당
이나 이익 집단과 국민들을 매개하여 정보의 공공적 유통과 여론을 수
집하고 전달하는 중요한 역할을 하고 있기 때문이다.

　이렇듯 정당과 이익 집단, 매스 미디어는 정치문화의 활성화와 밀접
한 관련을 지니고 있다. 이들이 자유로운 위치에서 자율적인 기능을 수
행할 수 있어야만 사회적 통합과 국민적 합의와 같은 정치문화의 발전
에 필수적인 여건들이 조성될 것이다.

4. 문화의 다원주의와 문화의 민주주의

　민중문화는 문화를 만들어내고 그것을 수용하는 과정을 기준으로 해
서 문화를 분류했을 때 가능한 표현이다. 대중문화는 문화를 생산하고
전파·수용하는 과정이 일치하지 않은 반면 민중문화는 양자가 일치한
다고 말할 수 있다.

　역사적으로 살펴보면 민중문화를 어떻게 규정하든 그 주체가 정치·
사회·경제적으로 소외된 계층이었다는 사실을 부정하기는 힘들다. 이
와 대비되는 대중문화는, 맥도날드(McDonald)에 의하면, '기업가에 고
용된 테크니션에 의해 제조된 문화에 지나지 않으며 그 수용자는 단순
히 수동적 소비자'일 뿐이다. 대중문화를 비판하는 사람들은 대중문화
가 개인의 자율성을 저해하고 개인을 무기력화할 뿐만 아니라 허위의

식을 조장한다고 주장한다.

일찍이 밀스(Mills)는 이러한 면에 주목하여 대중문화의 권력 엘리트가 대중을 쉽게 지배하는 대중조작적 측면을 지적한 바 있다. 요컨대 대중문화 비판의 핵심은 대중문화의 상업주의적 성격에 그 초점을 맞춘다. 그러나 대중문화가 이처럼 부정적인 측면만을 가지고 있는 것은 아니다.

예컨대 갠스(Gans)는 대중문화가 개인적 차이나 선택의 자유를 인정하여 문화적 다원주의를 가능하게 했다는 점을 지적하고 있다. 또한 대중문화는 소수만이 누리던 문화를 대다수의 사람들이 향유할 수 있게 만들었다는 긍정적 측면이 있음도 사실이다.

고(K. Gough)는 "읽고 쓰기 문화가 지배적인 사회에서 커뮤니케이션의 지배적 형태는 구전적 전통(口傳的傳統)이 아니라 글로 쓴 기록이다"라고 주장하면서 "만일 글로 쓴다는 것이 지식의 비판적 축적, 저장, 재이용 논리의 체계적 이용 등에 대해 결정적인 요소가 된다면 민주적 문화의 필수요건은 전면적인 읽고 쓰기 능력"이라고 논술한 바 있다. 이러한 주장은 상당히 중요한 의미가 있다. 그것은 문화의 민주화와 다원주의를 동일시하려는 일부 대중문화 옹호론에 비판의 단서를 제공할 뿐만 아니라 이 양자의 상관관계에 대해서도 시사하는 바가 크기 때문이다.

한 가지 예를 들어 산업 사회에 진입하면서 노동 계급이 민주적인 잠재력을 보유할 만큼 성장했을 때, 읽고 쓰기 능력이 그들의 이러한 성장에 필요충분조건이라고 할 수는 없지만 민주주의적 문화를 이룩하기 위해 어느 정도의 읽고 쓰기 능력이 필수적인 것은 사실이다. 이렇게 볼 때 민주적 문화와 대중문화의 발전이라는 두 가지 문제는 상대적 독립성을 지니고 있다고 말할 수 있다. 그러한 기존의 대중문화를 유지·지속시키기 위해서는 문화적 중앙 집권화가 불가피할 뿐 아니라 문화를 생산하는 데 드는 막대한 비용은 대중문화의 상품적 성격상 문화의 표준화·획일화를 요구한다는 측면을 간과해서는 안 된다.

대중문화의 이러한 존재양식에 주목할 때 우리는 진정한 의미에서의 문화의 민주주의가 자생적이고 자율적인 문화의 창달을 통해서 가능하리라는 것을 미루어 짐작할 수 있다. 자율적 문화의 창달이야말로 대중문화가 가져오기 쉬운 획일적 문화를 탈피하여 문화의 민주화를 가능하게 하는 길이다.

5. 맺는말

최근에 거론되고 있는 민중문화에 대한 비판이나 옹호는 어느 한 편의 논리적 타당성을 검토함으로써 쉽사리 결론에 도달할 수 없는 복합적 성격을 지니고 있다.

외래문화의 무분별한 유입이 민족적 정체성의 위기의식마저도 갖게 하는 오늘날 외래문화에 대한 무비판적인 수용을 경계해야 한다는 주장은 설득력을 갖기에 충분한 것으로 보인다. 그러나 이러한 주장이 타당성을 갖고 있다는 것과, 이에 대한 비판과 반성이 어떤 시각에서 접근되어야 할 것인가 하는 문제는 어느 정도 차원을 달리하는 문제이다. 이와 마찬가지로 민족주의를 바탕으로 한 민중문화를 규제하는 입장에 일면적 타당성이 있다고 해서 그에 대응하는 양식이 획일적인 행정당국의 발동이라면 그것 역시 바람직하다고 말하기는 어려울 것이다.

그것은 사회·경제적 불평등이 엄연히 존재하는 현실에서 문화의 발전이 이러한 현실과 유리된 채 진행될 수 있다고는 생각할 수 없기 때문이다. 동일한 정치 공동체에 속한 국민을 하나의 전체라고 한다면, 어느 한 편에 의한 지배가 아니라 국민을 구성하는 여러 제구성요소들이 자기 완결적인 자율 기능을 제대로 발휘할 때 우리가 성취하고자 하는 문화와 정치는 스스로 제모습을 드러내듯이 자연스런 과정을 통해 달성될 수 있을 것이다.

그러한 목적을 성취하기 위해서는 이미 살펴본 바와 같이 문화에 접근하는 대립적 시각을 지양하고 문화의 민주주의를 확보해내야 할 것이다. 물론 이러한 문화의 민주주의는 그 성격에 있어, 대중의 문화저 참여를 배제하는 문화의 다원주의와는 명백히 구별되어야 한다. 또한 이러한 문화의 민주주의는 모든 것을 동질화하는 추상적 보편주의와도 그 성격을 달리하며 민족적인 자각이 자칫 빠지기 쉬운 서구문화에 대한 근본적인 거부나 감정적인 편향과도 그 성격을 달리한다. 우리가 추구해야 할 문화와 정치는 우리가 서 있는 땅에 발을 굳건히 딛고 비판적 문화운동을 적극적으로 수렴해나가는 과정을 통해서 새로운 길을 모색해야 할 것이다.

정치가십은 정치언론의 타락을 부른다
가십기사 붐과 왜곡된 언론현상

올해 1월 초부터 ≪동아일보≫가 한국 최초의 '가십'으로 평가되어온 고정 정치가십란 '단상단하'를 폐기조치하는 단안을 내렸다. '단상단하'는 그동안 몇 차례 잠시 자취를 감춘 적도 있었으나 ≪서울신문≫의 '국회스냅'과 함께 50여 년 동안 한국 정치의 최근사 속에서 격랑을 헤쳐온 그야말로 역사성 있는 가십란으로 ≪동아일보≫가 이 가십란을 폐기한 것은 한국언론사에서 하나의 사건이라 할 수 있다.

≪동아일보≫는 그동안 '단상단하'에 게재해왔던 가십성 기사를 초점, 정치섹션 면에 처리하면서 가십성 기사를 해설기사화 또는 배경기사화하거나 일반기사화하는 지면 구성상의 이른바 재디자인(redesign) 작업을 시도함으로써 주목을 받고 있다.

하지만 지난 6공화국 출범과 더불어 시작된 언론사 간의 무한 경쟁, 특히 조·석간제의 폐지와 조간화 선호 경향으로 집약되는 신문사 간의

* ≪신문과 방송≫, 1995년 5월.

증면 경쟁으로 말미암아 기왕에 기껏 3, 4개 토픽에 지나지 않았던 가십성 기사들은 그 토픽 수가 어느새 7, 8개로 증가되었는가 하면 정치가십에 국한되었던 가십기사 고정란이 신문 지면의 거의 모든 부문으로까지 확대되는 추이를 보이고, 경우에 따라서는 이 고정란에 사진까지 곁들이고 있어 가십란의 대형화 양상마저 나타나기도 한다.

한국 신문의 가십은 이제 정치 외에도 경제, 사회, 문화, 교육, 종교, 지방, 체육 등 각 분야로 확산되고 있다. 그런 의미에서 보면 우리나라 신문에는 바야흐로 '정치가십의 시대'가 도래했다고 해도 과언이 아니다. 이처럼 신문에서 정치가십기사를 거의 매일 또는 하루도 빠짐없이 대형박스로 묶어 제작하는 경우는 전 세계에서 한국 신문이 유일한 것 같다.

경위야 어쨌든 한국 신문의 정치가십란은 독자들의 높은 관심 속에 사랑과 인기를 모으고 있다(이성춘, 1994: 1). 소금과 양념과 청량제로서 독자들의 요구가 있기 때문에 가십을 싣는다는 주장은 얼마든지 이해할 수 있다. 하지만 우리나라의 신문들은 독자의 따가운 비판에는 제대로 귀를 기울이지 않는 실정이어서 이러한 주장은 설득력이 없다. 신문 카르텔의 붕괴로 인한 증면 경쟁으로 말미암아 부익부 빈익빈의 신문 구도로 바뀌면서 순익 400~500억 원의 적자를 감수해야 하는 신문이 공존하는 것이 요즘의 현실이다. 이와 같은 신문 구조의 '남북(南北) 현상'에도 불구하고 신문들의 편집 제작 체제는 대동소이하다는 비판은 여전히 제기되고 있다.

그런가 하면 신문 광고량의 대(對) 기사량의 비율은 엄청나게 불어나고 있으나 우리나라 신문들은 질적 향상에 관심을 두기보다는 선정주의적 양적 팽창주의에만 몰입하고 있다는 지적을 흔히 받고 있는 형편이다.

한국의 신문들은 이제 신문의 질적 고양과 신뢰 회복이라는 측면에서 최근 붐을 이루고 있는 가십기사 문제를 정면에서 다시금 검토해볼 단계에 있지 않나 생각된다.

한국적 가십기사의 실체

동아일보 이현락 편집국장은 필자와 전화 인터뷰를 통해 정치가십란 '단상단하'를 폐기한 이유에 대해 "시대의 변화에 능동적으로 대응하기 위한 타 신문과의 차별화 전략의 하나이며, 독자를 위한 배려 때문"이라고 말했다. 즉, 그의 설명에 의하면 오늘의 정치 상황이 '단상단하'가 독자의 절대적 호응을 받아왔던 군사 독재 정권 시절과는 다른 만큼, 기왕에 가십란에서 건질 수 있는 고작 한두 개의 가십성 기사를 해설기사화하거나 일반기사로 처리하는 것이 독자들의 정보 수용 욕구를 어느 정도나마 채워줄 수 있을 것으로 기대했고 그렇게 하는 것이 신문의 정도(正道)라고 생각했으며, 또한 이를 실천할 경우 가십기사가 자칫 가십정치에 악용될 수 있는 소지를 차단하고 독자들에게 보다 신뢰할 수 있는 정보를 제공할 수 있다고 보았다는 것이다.

이 국장의 지적처럼 "세계 저널리즘에서 그 유례를 찾아보기 힘든 한국적 언론 상황에서 태어난 이상한 변형 언론의 장르(김정기, 1994: 1)"로서의 정치가십기사가 우리나라에서 붐을 이루게 된 까닭은 30여 년에 걸친 군사 독재 정권의 언론 통제 정책으로 말미암아 우리나라 독자들은 하나의 '저항의 공간'으로 인식되기도 했던 이들 가십기사에서 이른바 행간의 의미를 찾는 지혜를 발견할 수 있었기 때문인 것으로 여겨진다.

우리나라 신문의 정치가십의 문체나 고정란 등의 정형이 확립되기는 5·16 이후라고 할 수 있다. 4·19 혁명으로 제2공화국의 자유 민주주의가 개화했지만 5·16 쿠데타로 정치활동이 중단되고 계엄령에 의해 언론도 규제를 받게 되었다. 정치가 없어진 데다 모든 것을 마음대로 쓰지 못하고 신문은 반드시 검열을 받아야 했다.

이때부터 정치가십이 점차 고개를 들게 된다. 물론 처음에는 평균 4단 규모의 작은 박스로 시작, 주로 권력을 장악한 국가재건최고회의의 움직임, 특히 장차 어떤 실권 구도를 계획하고 구정치인들을 언제, 얼마나 해금시키고 언제부터 정치활동을 재개할 것인가 등에 관해 조심스럽게 익명과 '소식통에 의하면' 식으로 전망했다. 이러한 가십이 차츰 확대되어 1963년 1월 1일 정치활동이 재개될 무렵에는 중장지의 경우 200자 원고지 10매에서 20매 또는 그 이상 분량의 대형박스로 확대되었다. 일반기사들이 군의 검열로 제약을 받는 것과는 달리 가십은 '가볍고' '별로 영향이 없는 것'으로 당국이 치부하는 바람에, 뜻밖에 제한적이지만 사실 보도의 편법으로 활용하게 된 것이다.

이때부터 정치인·지식인·독자 사이에는 스트레이트기사보다 가십을 차근차근 뜯어서 읽어보면 진짜 내용(사실)이었다는 소문과 믿음이 확산되기 시작했다. 아무튼 당시 비상계엄하에서 늘어난 가십란은 미흡하나마 '정치 소식'에 대한 갈증을 풀어주는 결정적인 구실을 하게 되었다. 이때를 시작으로 유신체제와 5·16 이후 신군부 집권 시대 등

암울했던 시대, 언론이 통제받던 시절, 정치가십은 이처럼 독자들에게
기여하게 됨으로써 촉망을 받았다. 유신체제와 5공 시절 당국은 정치
가십에 신경을 곤두세우면서도 때로는 정치가십을 정치적으로 이용하
기까지도 했다(이성춘, 1994: 5~6).

이처럼 일부 집권자들이 장기 집권과 독재체제 유지를 위해 헌법을
유린하고 부정 선거를 자행하는 한편 5·16과 같이 헌정을 유린하고 헌
정을 중단시키는 사례가 발생함으로써 언론도 정상적인 제작 방법 대
신 가십 같은 편법을 활용하게 된 것이다. 그 같은 관행과 제작 습관이
민주 시대에 들어와서도 탈피되지 못하고 있는 것은 한국 신문이 왜곡
된 병리현상의 만성화에 빠진 때문이 아닌가 싶기도 하다.

다음으로 우리나라에서 가십기사가 날로 늘어나는 것은 비정상적인
헌정하에서의 제작 태도가 결국 정치인은 물론 국민들까지 가십 중독
증에 걸리게 한 때문이다. 스트레이트나 기획기사에서보다 가십에서
정확한 정치 정보를 얻으려는 습관은 심각할 정도로서 매우 우려되는
현상이다.

가십기사가 붐을 이루는 또 다른 이유로는, 정치인들이 언론 정치를
하는 것도 문제지만 특히 가십정치를 하려는 잘못된 태도 때문이다. 정
치인들이 어떤 이슈에 대해 소견과 질책적인 의견을 당당히 정면으로
밝히거나 제시하지 않고 가십을 겨냥하여 발표하고 있는 것이다. 이는
기사를 제대로 실어주지 않는 점도 있지만 가십 쪽은 문제가 될 때 '와
전', '오보(誤報)'로 넘길 수 있다는 안이한 자세에서 연유한다. 이러한
정치 행태로 인해 결국 한국 정치가 제대로 발육, 발전하지 못하고 늘
'작은 정치'의 수준에서 맴돌게 되는 것이다.

우리나라에서 가십기사가 범람하는 마지막 이유는 언론에도 책임이 있다. 수요·공급의 원리에 따라 가십기사를 원하기 때문에 많이 실린다고 얘기할 수 있지만 그것은 결코 떳떳한 자세도 합리적인 논거도 될 수 없다. 언론이 정치 발전에 대한 책임이 있는 만큼 가십정치를 타파하기 위해서도 정책 대결, 대안 제시 쪽으로 유도하는 노력을 보다 더 기울여야 한다. 가십은 흥미 위주의 기사인 만큼 오히려 정치의 질을 저하시키는 요인이 될 수 있는 것이다.

한국언론이 정형화시킨 정치가십은 실은 가십기사라기보다는 화제기사라고 우리는 앞서도 규정했다. 정치기사를 일반기사, 관측기사, 선거보도, 해설기사, 화제기사로 분류할 때 한국 신문의 이른바 정치가십은 대개는 화제기사에 속할 것이다. 화제기사란 뉴스 기사의 뒷이야기 등을 뉴스로서 취급하는 것보다는 부드러운 말로 쓰는 것이 독자들에게 알기 쉽게 어필할 수 있는 경우 채용하는 기사 형식이다. 이 화제기사는 딱딱한 정치기사를 부드럽게 다루면서 만화나 인물 삽화를 삽입하는 수가 많다.

이런 종류의 화제기사는 가십기사와는 성격이 다르지만 미국의 가십기사가 정치를 왜소화(trivialization)시켜 '공허한 재미(empty entertainment)'로 만들어버렸듯이 한국언론의 화제기사는 정치의 문제를 화제의 소모품으로 변모시키고 있다는 점에서 공통성을 지니고 있다.

정치가십의 비윤리적 측면

이처럼 한국 정치가 사회 문제를 생산적으로 푸는 대신 대중의 화제로 소모되는 하나의 현장이 정치가십란임을 쉽게 알 수 있다. 이성춘 한국일보 논설위원이 정치가십에 대해 내린 다음 평가를 들어보자.

> 오늘날 정치인이건 다른 분야 인사이건 대부분 독자들은 신문을 들면 이내 정치가십부터 찾는다. 그야말로 심하게 말하면 전 국민이 가십중독자가 된 것이다. 서로 입씨름하고 말꼬리 잡고 실수 실언하고 엉뚱하게 PR하는 가십이 판을 치고 독자들의 관심을 그쪽으로 묶어두는 한 국민의 정치·국회에 대한 올바른 인식과 이해를 높이는 것은 요원하다. 독자들이 기획기사를 읽고 토론할 수 있게 하지 않고 가십으로 스트레스를 풀게 하는 쪽을 장려·계속하는 한 내실 있는 정치를 기대하기 어려울 듯싶다(김정기, 1994: 3).

이 인용문에서 우리는 문제를 다음과 같이 재구성할 수 있을 것이다. 정치가십은 정치를 파편화, 왜곡화, 화제화, 오락화해 정치 발전을 퇴행시키고 있지 않은가 하는 문제 제기가 그것이다.

정치가십은 본문기사가 내용으로 수용하기 부적당하지만 그렇다고 빼버리기에는 아까운 정보를 담아내는 편리한 기사 장르로 취급받는다. 어떤 주요 정책 결정의 뒷이야기, 분위기 또는 정책 과정에서의 우여곡절, 관련된 사람들의 인간적인 빛과 그늘 등에 관해 기자가 비교적 가벼운 필치로 쓸 수 있는, 말하자면 소프트 뉴스다. 화제기사에서 기자가 가볍게 내리는 해석과 평가는 본문기사의 드라이한 뼈대에 살을 붙이는 효과를 갖는다는 것이다. 따라서 화제기사는 본문기사를 보완하여 인간적인 흥밋거리의 정보를 추가해줌으로써 독자가 기사 전체의 상을 읽을 수 있도록 해주는 장점을 지녔다는 것이다.

이러한 화제기사 예찬론은 어느 정도 진실인 것처럼 보인다. 더구나 독자들이 화제기사를 선호하는 열독 습관에서 보면 화제기사 예찬론은 더욱 수긍이 가는 것처럼 들린다. 그러나 우리나라 화제기사는, 특히 정치화제기사는 다음과 같은 이유에서 정치문화 발전에 유해한 결과를 준다고 볼 수 있다.

첫째, 정치화제는 정치의 큰 흐름을 왜곡시키고 오히려 하찮은 지류를 부각시킴으로써 정치문화 발전을 퇴행시킨다는 점을 지적할 수 있다. 정치가십은 정치의 본류보다는 정치의 지류, 정치 현상의 정상(正常)보다는 예외적 정치 이상(異常)을 극화함으로써 정치의 진실을 정치 연극에 묻어버린다. "신문이 걸핏하면 '큰 정치를 하라'고 하면서 가십란의 활성화를 통해 '작은 정치'를 조장하는 듯한 인상을 주는 것은 모순"이라는 비판을 귀담아 들을 만하다(김정기, 1994: 7).

매스커뮤니케이션에 의한 현실의 사회적 재구성 이론을 빌 필요도 없이 정치기사는 정치 현실을 재구성한다. 정치기사의 언어는 정치현실을 다시 해석하고 새로운 의미를 부여하며 새로운 차원의 정치 관점을 재조명하는 힘을 갖는다. 그런데 정치가십기사가 정치 이상을 부추길 때 정치 현상의 진실은 왜곡되며 정치 시장에서 악화가 양화를 축출하는 꼴이 된다. 그 결과 정치문화 발전을 전반적으로 퇴행시키는 악영향을 낳는다고 생각한다. 이런 맥락에서 5·16 이후 정치활동 재개와 더불어 등장한 정치가십은 전반적인 군사 통치의 제약 아래 '가십정치'를 탄생시킨 책임을 져야 할 것이다.

둘째, 정치화제기사는 본문기사를 문체적으로 그리고 내용적으로 황폐화시킴으로써 한 나라의 정치커뮤니케이션 내용을 척박한 불모지로 만든다. 일반적으로 스트레이트기사는 역피라미드 구조에 맞춰 사실을 있는 그대로 적시하는 것으로 되어 있다. 일체의 주관적인 의견이나 해석 또는 의미 부여를 허용치 않고 사실을 객관적으로 진술한다는 것이다.

오늘날 미국 대신문의 보도를 보면 스트레이트기사의 외형을 지니면서도 거기에는 윤색적 묘사, 주관적 설명, 또는 전문가 평가가 들어가고 있음을 본다. 필자가 보기에는 우리나라 신문은 이와는 대조적으로 사실주의를 금과옥조처럼 지키면서 이상한 방법으로 발명하여 사실주의의 엄격성에서 오는 불모성을 해결코자 했다. 이것이 스트레이트형 기사에서 스케치 내용과 가십 내용을 분리시키는 방법이다. 이는 일본 신문의 해결 방법이었지만 일본 신문의 경우 가십기사는 기자수첩 등 소형 하꼬(박스)에 한정시켜 오래전 가십기사의 남발을 막고 있다.

한국 신문들이 정치기사에서 흥미 있는 화제 내용을 따로 떼고 그림이 될 만한 스케치 기사마저 분리시키자 독자들은 자연 멋없는 1면 기사는 제쳐두고 내지의 화제기사를 더 좋아하게 되었다. 이는 본말이 전도된 양상이다. 따라서 독자가 화제기사를 선호하기 때문에 화제기사를 없앨 수 없다는 주장은 본문정치기사를 희생시키는 대가를 치르지 않는 한 성취할 수 없다.

셋째, 정치가십은 정치언론의 타락을 가져오게 한다. 원로 언론인 조용중 씨는 이른바 가십기사의 '낭만적' 타락을 회고하면서 '가십기자'가 명동의 박카스나 엘리자베스라는 고급 바에서, 청운각이나 백운장에서 취해 있을 때, '기사기자'는 무교동의 수통집이나 용금옥에서 핏대를 올리다가 서로 약주 값을 내겠다고 다투던 일을 쓰고 있다(조용중,

≪신문 연구≫, 1978년 봄호). 이 가십기자의 특권이 적어도 1960년대 중반까지 계속되었다고 그는 주장한다. 그는 다른 글에서 다음과 같은 일화를 소개하면서 정치가십과 언론의 유착을 경고했다.

창피를 무릅쓰고 나 자신이 겪은 경험담을 고백하는 것으로 시작해보겠다. 내무 관료 출신의 자유당 소속 박 모 위원의 심부름이라고 동료 기자가 건네준 봉투를 뜯어보니까 4장 분량의 가십 원고와 함께 현금 얼마(몇 만 원이었는지 몇 천 원이었는지를 기억할 수는 없다. 다만 넉넉한 점심값 정도라는 건 분명하다)가 들어 있었다. 원고의 내용은 박 의원이 며칠 뒤 자유중국(대만)을 방문할 예정인데 특히 농업 문제에 대해서 두 나라의 현장 비교를 해서 국정에 참고가 되게 할 생각이라는 본인의 말을 인용한 것이었다. 약간의 손질을 거쳐 이 원고는 다음날 신문에 났고 다른 세 신문의 가십란에도 비슷한 내용이 실렸다. 고맙다는 인사를 하는 동료 기자는 네 신문에 돌린 원고가 모두 보도되었기 때문에 자기는 고향 선배인 박 의원에게 체면이 서게 되었다는 것이었다. 가십기사에 예고된 대로 박 의원이 여행을 했는지 관심을 갖지 않아서 이야기는 그것으로 끝나 버렸지만 30여 년 전의 신문 가십란의 적어도 일부가 그런 식으로 채워지고 있었다는 것을 나는 증언할 수 있다(조용중, ≪저널리즘 비평≫, 1992년 봄호).

물론 현재 정치가십은 30년 전의 박 의원 가십과 같은 '파렴치한' 경우는 없을 정도로 개선되고 그 질이 향상된 것은 틀림없으나 부스틴이 적시한 의사행사(pseudo-events)가 특히 정계에 만연할 것이므로 가십과 이런 의사행사가 유착할 가능성은 그 어느 때보다도 높다. 우리는 큰 의미를 찾을 수 없는 정치인의 인물 동정이 가십기사의 형태로 실리는 경우를 흔히 보는데 이는 언론인이 의사행사의 함정에 걸려든 것이라고 볼 수 있다.

그 밖에 화제기사가 바람직하지 않은 방식으로 이용되는 사례는 많은 듯하다. 1993년 서해 페리호 침몰사건을 보도함에서 10월 12일자 각 신문은 1면 머리기사를 실어 문책인사 금명단행을 예고하면서 "정치적 인책 차원에서 이계익 교통부장관, 실무 책임 차원에서 염태석 해운항만청장"을 해임할 것이라고 보도했다. 그런데 몇몇 신문은 야당이 "내각 총사퇴를 요구"한다는 사실을 가십란에서 취급하고 있다. 이는 본문기사에 들어가야 할 내용이 화제기사로 후퇴한 인상을 갖게 한다.

문민정부 시대가 펼쳐짐에 따라 정치화제기사는 더는 정치 제약의 부산물이 될 수 없다. 그런데도 정치화제기사는 아직도 우리나라 신문 지면에서 활개를 치면서 정치와 정치커뮤니케이션을 황폐화시키고 있다. 정치화제기사는 정치를 파행적으로, 단편적으로, 표피적으로 그리고 흥미 위주로 다뤄 정치 그 자체를 폄하시키고 희화화하는 면이 짙을 뿐만 아니라 정치본문기사를 내용과 문체에서 황폐화시켜 독자들을 정치 정보의 본류에서 이탈케 하는 결과를 낳는다는 지적은 매우 설득력 있다(김정기, 1994: 6~9).

에드윈 다이아몬드는 일찍이 가십을 가리켜 중단된 문장(suspended sentence)이라고 규정했다. 그가 지적한 이 말은 가십이 진실을 추구해야 할 저널리즘의 규범을 '중단시켰다(suspend)'는 뜻에서 한 말로 이해된다. 즉 가십이 소문, 억측, 반진실(half-truth)을 퍼뜨린다는 뜻에서 이런 표현을 사용했다는 것이다.

‘……이라고 주장’, ‘……강조’, ‘……확인’이라는 ‘파편 문장(fragmented sentence)’으로 일관하는 가십기사가 전체의 현상보다는 본류에서 벗어난 파편 현상만을 극화시킨다는 점에서 이 ‘중단된 문장’은 한국언론의 정치가십을 잘 상징화시키고 있는 것처럼 보인다.

한 마디로 정치가십기사는 앞서도 지적했듯이 세계 저널리즘에서 유례를 찾기 힘든 한국언론 상황에서 태어난 이상한 변형 언론의 장르이다.

언제부터인지 언론 현장에서 ‘가십’ 기사로 이름 붙여 부르고 있으나 실은 가십의 특성을 지닌 기사가 아니다. 가십 언론은 진실과 허구 사이의 중간 영역에 속하는 소문, 추측, 뒷말 등 떠도는 스캔들성의 유언을 다룬다는 특성을 지닌다.

영어를 사용하는 세계의 유수한 신문들에서는 가십기사가 아닌 ‘가십 칼럼’이 드물게 있을 뿐이다. 한국 신문의 정치가십은 정치인을 대상으로 하고 있으나 ‘반진실(half-truth)’, 곧 ‘반사실(factoid)’을 다루는 것이 아니라, 정치인이 실제 수행하는 사실 언어, 사실 상황, 실제 분위기 등을 묘사하고 있다는 점에서 그것은 가십기사와는 다르다. 말을 바꾸면 정치가십의 ‘가십’은 착각한 실체에 붙은 잘못된 이름일 뿐이다.

아무튼 독자들은 정치기사를 통해 새로운 정보와 진상을 알게 되고 궁금증과 불만을 해소시키는가 하면 어떤 비밀스러운 상황과 사건을 감득 내지 음미하게 된다.

그러나 가십은 사실과 진실 보도를 추구하는 심층 분석으로 독자들에게 판단 자료를 제공하고 또 전망할 수 있게 하는 언론의 정도(正道)라고는 볼 수 없다.

가십이 정치에 대한 국민의 이해와 정치에 대한 채찍의 장치로서 긍정적인 면이 적지 않은 것이 사실이지만 부정적인 측면, 즉 각종 폐해와 부작용은 날로 심각해지고 있는 것이다.

1957년 채택된 한국신문윤리강령은 뉴스 보도가 "사실의 신속 충실한 전달을 생명으로" 해야 한다고 못 박으면서 "따라서 출처 및 내용에 있어 보도가 확증될 수 있는 것에 한하여 한다"고 규정하고 있다. 이는 미국신문편집인협회(ASNE)가 채택한 신문강령을 모델로 하고 있는데 보도에서 사실주의를 신성시하고 있는 것이다. 이러한 사실은 당대 풍미했던 사실주의(realism)가 언론과 문학에 큰 영향을 끼친 결과인데 사실주의가 당시 얼마나 엄격한 영향을 끼쳤는가는 당대의 명성을 날린 언론인 스테펀스(Lincoln Steffens)의 다음과 같은 증언을 들어보면 잘 알 수 있다.

> 기자는 뉴스를 발생한 그대로 보도하는 것이다. 기계 같이, 편견과 색깔 없이, 스타일 없이 모두 같아야 한다. 우리 보도에 익살 또는 어떤 인간적 흔적도 포착되면 견책을 받았고 게재 금지를 당했다. 나는 포스트(뉴욕 이브닝 포스트)에서 보냈던 시절 때문에 집필자로서 영구적으로 손상을 입었다.

19세기를 풍미했던 사실주의가 당대의 언론계를 어떻게 옥죄었는지 이 인용구가 잘 말해주고 있지만, 이 절대적 사실주의는 오늘날 우리나라 신문의 정치보도기사에 그대로 적용되고 있다는 것이 개인적인 인상이다. 그런데 1930년대 말에 들어와 미국 언론에서 절대적 사실주의는 수정의 길로 들어선 것에 주목할 필요가 있다.

1932년 초판을 발행했던 맥두걸(Crutis MacDougal) 교수의 『Reporting for Beginners』는 대표적인 신문학 교과서로 1938년 제2판에서는 제목을 『Interpretative Reporting』이라고 고쳤는데 그 서문은 "……보도자와 해설자의 기능이 통합되는 방향으로 분명히 나아가는 데" 주목하고 있다. 이러한 경향에 따라 미국신문편집인협회도 "설명적이며 해설적인 뉴스(explanatory and interpretative news)에 더 많은 주의를 기울이고 많은 지면을 배당해야 한다"는 결의를 통과시킨 바 있다.

이러한 추세에 발맞춰 우리나라 신문들도 언론의 정도를 추구하기 위해 점진적으로 또는 획기적으로 보도의 가십화를 되도록 지양하고 해설기사와 배경기사 그리고 탐사보도로의 전환을 모색하는 전진적 자세가 요구된다고 하겠다.

가십다운 가십이 없는 지면, 그것은 차라리 가십정치의 '놀이마당'에 지나지 않으며 가십이 자칫 정치적 의도성을 지닌 조작적 도구로 이용될 때 가십이 지닐 수 있는 긍정적 요소마저 결과적으로 타락할 수밖에 없다고 보기 때문이다.

*이 글은 필자가 소장으로 있는 한국외국어대학교 국제커뮤니케이션연구소가 가십기사의 문제점과 개선방안을 주제로 1994년 12월 22일 개최한 워크숍에서 발표된 두 편의 논문(김정기, 「한국언론의 정치가십: 실패한 말, 실패한 정치」·이성춘, 「정치가십의 문제점과 개선 방안」)과 토론 내용을 기초로 하여 작성한 것이다.

제3공화국과 언론 통제

1. 제3공화국 정부와 언론관계(言論關係)

지난 1960년대 초반 5·16 군사 쿠데타를 통해 집권한 박정희 정권은 사회개혁과 참신한 정치 체제를 부각시키면서 '조국 근대화'와 '경제 개발' 등의 상징을 앞세워 급격한 사회 변동을 추구해왔고, 1970년대 초반 기왕의 헌정 질서를 붕괴시키고 '헌법 외적' 정치 체제(유신체제)를 정통화하려고 시도하기 이전까지 행정적 민주주의를 제도화하려했다.

박 정권하의 군정(軍政)은 경제 재건과 정치의 안정을 새삼 강조하면서 정치 질서의 개혁과 참신한 정치 제도를 부각시켜 그들의 정통성을 창출함으로써 제3공화국의 기반을 닦았으며 박 대통령은 제3공화국 통치 기간 동안 체제의 정통성을 찾기 위해 조국 근대화, 평화적 정권

---

* ≪대학신문≫, 1985년 4월 8일.

교체, 민족중흥, 경제개발 등의 정책지표를 내걸고 행정적 민주주의를 우리나라의 토양에 착근(着根)시키려고 노력했다.

즉 생산을 확대해 빈곤을 추방하기 위해서는 강력한 정부와 지도자가 필요하다는 논리를 대통령은 서슴없이 주장했으나 안으로는 자신의 장기 집권에 대한 우려와 당시에 줄기차게 제기되었던 미군(美軍) 철수 문제 등 국가안보에 대한 불확정적, 다시 말해서 국가의 위기에 대한 우려가 연결되는 상황에서 이 같은 동시적 위기를 극복하기 위해 또다시 헌정을 중단하고 '유신'이라는 새로운 정치 체제를 재구성하기에 이르렀었다.

이러한 과정에서 박정희 정권은 개발 독재 성향 내지 과두화 경향을 보이면서 정치·경제·사회·문화의 제반 분야에 걸쳐 통제를 강화했다. 여기에서 언론도 예외일 수는 없었다. 박정희 정부는 근대화, 경제 발전, 정치적 안정 및 국가안보라는 상징조작을 위해 사회개혁과 사회·경제·정치변동의 중요한 동적 요인의 하나인 매스 미디어를 동원하면서도 다른 한편으로는 갖가지 유형의 방식으로 매스 미디어를 더욱 통제하기에 이르렀다.

이와 같은 정치 상황 속에서 제3공화국 정부하의 언론은 갖가지 형태로 통제를 받지 않을 수 없었다. 즉, 제3공화국의 박정희 대통령 정부가 차츰 과두화 성향 내지 개발 독재 양상을 보이면서 이질적인 민주주의 체제를 제도화하려고 노력하는 과정에서 우리나라의 언론은 정부와의 갈등과 긴장을 거듭하면서 변질 곡선을 그려갔던 것이다.

2. 1970년대 전후 한국언론의 변화

제3공화국 정부하의 1970년대 전후의 언론사는 한국 현대 언론사에서 매우 중요한 의미를 지닌다. 그것은 이 시기의 언론이야말로 현대 한국언론의 전위(轉位) 과정에서 하나의 분수령이 되고 있다고 보이기 때문이다.

다시 말해서 근대적 의미의 신문인 ≪한성순보≫가 창간된 이후 100여 년, 그리고 순수 민간 한글 신문인 ≪독립신문≫이 창간된 이후 80여 년간의 한국언론 사상 우리나라의 언론이 가장 중대한 변화를 한 것은 1970년대 전후인 1960년대 후반과 1970년대 초반이라 볼 수 있으며, 특히 1960년대 후반기로부터 비롯되는 이와 같은 변화는 그 후 한국언론을 크게 변질시키는 계기가 되었다고 볼 수 있기 때문이다.

5·16 이후의 한국언론은 1960년대의 언론기업화 시대와 1970년대 초반의 언론 유신화(維新化) 시대를 거치는 동안 점차 변질되어 체제 내의 이른바 제도언론(制度言論)으로 동화되어갔다. 이 같은 시각에서 보는 일부 연구자들의 견해에 따르면 1960년대 후반을 분수령으로 해서 한국언론은 바야흐로 편집인의 손에서 떠나 이미 자주성을 잃게 되었다는 것이다.

또한 이러한 견해에 의하면 5·16 이후 경제적 수혜(受惠)를 크게 입어온 한국언론기업은 1970년대에 들어서면서 더욱 권력의 혜택에 참여함으로써 권력과 언론의 유착관계는 언론활동을 점차 체제 내의 언론으로 변화시켰다는 지적이다.

한국언론은 5·16 이후 엄중한 계엄통치하에서 언론활동이 크게 위축되었으며 심각한 언론부재현상마저 초래했다. ≪민족일보≫와 ≪동아일보≫·≪한국일보≫ 편집사건을 가져온 군사 정부는 물리적 압력과 병행해서 '권장적(勸裝的) 방법'으로 언론을 통제하려 했다.

군사 정부의 권장적 방법에 의한 언론정책의 핵은 그것에 물리적 강제력을 펴지 않는다는 점에서 형식상 온전한 것으로 보이나 언론의 본질을 근본적으로 제한할 우려가 있는 구조적 개편의 양상을 보이고 있었다는 점이 흔히 지적된다.

한국의 언론들은 이와 같은 군사 정부의 방침으로부터 영향을 받으며 위축의 길로 치달았다. 1962년 8월 20일부터 ≪동아일보≫, ≪경향신문≫, ≪대한일보≫, ≪서울신문≫이 석간으로, 다음날부터 ≪조선일보≫, ≪한국일보≫가 조간으로 발행되기 시작한 사실은 그 외형적 변화의 예에 불과하다고 하겠다. 1963년 12월 16일 국가재건최고회의가 해체되기까지 언론기관들은 언론의 기업화를 유도하는 정부의 방침과 보조를 같이 함으로써 크나큰 변화를 자초하기 시작했던 것이다.

1963년 12월 17일 신헌법의 발효로 발족된 제3공화국은 박정희 대통령의 취임과 함께 민정 시대로 들어섰다. 제3공화국은 1964년 6월 3일 대규모 학생 데모로 인해 서울시 일원에 비상계엄령 선포, 7월 21일 이를 해제했으나 1965년 4월부터 일기 시작한 대일 굴욕외교 반대 학생 데모에 따라 4월 19일과 8월 26일 위수령을 발동하고 1969년 9월 14일 새벽 3선개헌안(三選改憲案)을 전격적으로 통과시키는 등 여러 가지 진통을 겪으며 정치지도를 그려갔다.

이 시기의 한국언론은 박 대통령이 5대 대통령으로 재취임한 후 3선개헌을 거쳐 6대 대통령 재임 초 '유신' 작업을 통해 제7대 대통령으로 당선된 시기까지 정부의 근대화 작업 추진에 따른 음양(陰陽)의 지원으로 기업화의 길을 걸어왔다고 볼 수 있다.

민주 공화당은 6·3 사태로 인해 선포된 비상계엄이 해제된 것을 계기로 1964년 7월 30일, 언론의 자유를 침해할 수 있는 내용이 포함된 「언론윤리위원회법안」을 국회에 단독으로 제출, 통과시킴으로써 이른바 「언론윤리위원회법」 파동을 야기했다. 당시 이 법안이 국회에서 통과되자 언론계 안팎에서 이 법에 대한 광범위한 반대 운동이 일어났었다.

이와 같은 소용돌이 속에서 박 대통령과 언론계 대표(6인)와의 소위 '유정 회의'를 통해 이 법의 공표가 보류되게 됨으로써 이 파동은 일단락되었다.

일부 연구자들은, 언론계가 이 법을 반대하는 데에서 정부의 시행보류조치와 타협하고 정부의 우호적 배려로 규제를 면제받는다는 형식으로 낙찰되어 일견 언론계가 승리한 듯 보였으나 결론적으로는 바로 이때부터 권력과 언론과의 대등한 관계가 언론의 권력에의 의존이라는 심리를 싹트게 했다고 비판하고 있기도 하다.

한국언론은 1968년 12월 초 ≪신동아≫에 실린 차관 기사와 관련된 이른바 신동아 필화사건을 제외하고는 이 시기에 그 비판 기능을 점차 상실하기에 이르렀다. 이에 따라 언론에 대한 사회적 압력은 1969~1971년 사이에 점차 심화되었다.

1971년 4월 15일 ≪동아일보≫ 기자 일동의 이름으로 된 언론자유 선언문의 채택과 그것을 신호로 하여 각 신문사로 번진 제1차 언론자유 수호선언은 이 시기에 유일하게 일어난 언론자유수호운동으로서 이 같은 언론에 대한 사회적 압력과 맥을 같이한다고 볼 수 있다.

한국기자협회는 이러한 운동을 뒷받침하기 위해 언론자유수호행동 강령과 결의문을 채택한 바 있다.

앞서 언급했듯, 한일 국교가 정상화되면서 권력과 언론기업이 근대화를 내세운 차관 특혜를 둘러싸고 점점 접근하기 시작했다. 그리하여 1960년대에서 1970년대로 넘어가는 한국언론의 과정은 권력과 언론기업과의 관계가 단순한 존중 단계에서 자발적으로 참여하는 권(權)·언(言) 일체화 작업이 더욱 굳어져 갔다고 볼 수 있다.

3. 제3공화국 언론 통제의 논리와 방식

유네스코의 제20차 총회에서 채택된 이른바 언론선언에 따르면 근대화라는 급격한 사회 발전을 추진하고 있는 개발 도상국들에서 언론 통제의 정도가 증대되고 있다는 것이 일반적인 추이라고 한다.

이러한 사정은 지난 1960년대 초반부터 근대화를 하나의 국정지표로서 강력하게 추진해온 제3공화국 정부하의 우리나라의 경우를 살펴보더라도 수긍이 가는 지적이다. 한국의 언론은 정부의 끊임없는 간섭을 받아왔으며 이 부당한 제약을 배제하기 위해 부단하게 노력했지만 막강한 정치권력으로부터의 자유는 이루어지지 않아왔던 것이다.

클라우스 뮐러(Klaus Müller)에 의하면 대부분의 개발 도상국에서 이처럼 언론을 규제하고자 하는 데는 그들 나름대로 이유가 있는 것이다. 즉 경제 개발을 추진하기 위해서 언론을 통제하는가 하면 정치적 안정과 국가안보를 위해서 언론을 규제해야 한다는 것이 그 주된 이유들이다. 다시 말해서 국민 간에 사회적·정치적 동원을 격발, 가속화시키기 위해 정부가 언론을 동원하면서 다른 한편으로 정치안정과 국가안보를 내세워 언론 통제의 정당성을 구축하고자 한다는 것이다.

프레드 S. 시버트(Fred S. Siebert)가 지적한 바와 같이 매스 미디어가 전달하는 내용은 '체제 안정적'으로 나타날 수도 있고 때로는 '체제 파괴적'으로 나타날 수도 있다. 한국의 언론은 자유방임 상태에 놓아두면 사회 불안을 야기하고 나아가 국가안보와 국민총화를 저해할 수도 있기 때문에 언론이 자율적으로 절제하지 않으면 정부가 좌시할 수만은 없다는 것이 박 정권하의 정부와 집권층의 견해였다고 보면 그 같은 견해는 '체제 파괴적 언론'에 대해서는 갖가지 통제가 행해졌다고 보인다. 그런가 하면 박정희 정부는 경제발전(조국 근대화, 국가의 이익과 발전, 일면건설)과 정치안정(국민총화, 사회 안정, 체제에 대한 도전의 불용) 및 국가안보(일면건설, 일면국방, 안보의 중대 사항을 해하는 행위) 등 중요한 요인의 국가 목표를 달성할 수 있도록 체제 안정적 언론으로 유도하거나 이러한 성향을 보이는 언론에 대해서 엄청난 혜택을 부여했으리라 보이는 것이다.

제3공화국 정부하의 이러한 언론 통제는 억제(sanctions)와 지원(assistances)의 두 가지 양상을 모두 함축하고 있는 것으로 보인다.

요는 언론 통제 방식을 단순화시켰으나 점차 언론 통제의 모든 국면을 복합적으로 활용한 것으로 보이는 점이다. 박정희 정부하의 이러한 언론 통제는 주로 정치적 법적 통제와 경제적 통제 방식에 의해 이루어져 왔으며 한국 경제가 발전하면서 정치적 법적 통제 방식에서 점차 경제적 통제 방식을 원용해왔다는 사실이 필자의 실증 연구결과와 함께 나타나기도 했다.

따라서 제3공화국 정부하의 한국언론은 때로는 정부와 갈등하면서 때로는 정부와 화해하면서 정부가 그리는 언론지도(言論地圖) 안에서 엄청난 비대화를 가져왔고 동시에 그와 상대적으로 내재적 위축을 경험하면서 이른바 유신 시대에 편입되기에 이르렀던 것이다.

언론의 대중조작이 용이한 단순구조

1. 서언

변하면 변할수록 결국 달라진 것은 아무것도 없다는 프랑스 속담이 있다. Plus ça change, plusque même란 말이 그것이다. 이 속담은 얼핏 보아서는 말장난 같기만 하지만 곰곰 씹어보면 많은 내용을 함축하고 있다. 필자가 언론계에 몸담았던 1960년대 말부터 지난 1970년대 중반까지 정국이 소용돌이칠 때마다 이른바 정치 발전 문제와 함께 언론의 활성화 문제가 제기되었었다. 대부분의 경우 지식인들과 학생들에 의해서였음은 물론이다. 그로부터 강산이 두 번이나 바뀌었을 오늘의 1980년대 후반에 이르러서도 여전히 지식인과 학생들에 의해서, 격동하는 정국의 회오리 속에서 민주화 요구와 함께 자유 언론의 문제가 사뭇 거론되고 있는 터이다. 지난 20여 년 동안 GNP가 100억 달러에

* ≪원광문화≫, 1987년 10월, 24호.

서 1,000억 달러로, 수출액이 10여 억 달러에서 400여 억 달러로 무려 20~40배씩 실로 '극적인 성장'을 기록했는데도 우리나라의 정치 발전은 경제발전에 걸맞지 않게 제자리걸음을 하고 있다. 이 같은 사실은 개스턴 시거 미 국무성 동아시아·태평양 문제 담당차관보가 지난 5월 6일 동하원외교위원회(同下院外交委員會)의 아시아·태평양문제소위원회(太平洋問題小委員會) 및 인권(人權)·국제기구소위원회 합동청문회(國際機構小委員會 合同聽聞會)에서 한국 문제에 관한 증언에서도 지적된 바 있다. 그런가 하면 개스턴 시거 차관보는 이 증언에서 한국에서의 자유 언론(自由 言論)의 문제에 대해 다음과 같은 견해를 밝히고 있어 시사적(示唆的)이다.

> 국가들은, 역사적인 배경과 문화적인 전통에서 서로 다르지만, 민주 사회 국가들에게는 많은 이념들이 기본적인 것으로 되어 있다. …(중략)… 입후보자들은 정당한 방법으로 국민에게 자신과 자신의 이념을 소개할 수 있는 기회를 가져야 한다. 이러한 과정에서 자유 언론은 절대 중요하다. TV, 라디오 및 신문 등이 검열을 받지 않는 뉴스를 보도할 수 있도록 보장하는 개혁은 전 대통령 자신이 언급한 훌륭한 아이디어이다. 분명히 개개 국민들이 언론 자유의 권리를 행사할 수 있어야 한다.

프랑스 속담의 함축성이 실감되는 대목들이다.

위에서 예시한 자유 언론 즉 언론 자유(Freedom of Press)의 문제는 특정 국가가 보다 개방적이고 정통적인 정치 철학, 바꿔 말하면 민주 제도를 지향하는 긴요한 주체라고 말할 수 있을 것이다. 다시 말해서

한 국가가 민주주의 정치 제도를 이룩했느냐 그렇지 않느냐의 척도는 언론 자유의 향유 정도에 달려 있다 해도 과언은 아니며, 제아무리 특정 국가가 민주주의와 사회 정의를 주장한다고 하더라도 그것이 언론 자유를 수반하지 않는다면 한낱 속임수에 지나지 않는다고 할 것이다. 그런 의미에서 언론 자유는 정치의 건전성과 정비례한다고 볼 수 있다. 정치가 건전하게 운용되는 경우, 언론은 그와 같은 건전한 정치 정세 안에서 상대적으로 자유로울 수 있기 때문이다.

따라서 대부분의 정부는 정부가 처해 있는 조건과 국가 특성 안에서 언론에 대해 지속적인 관심 또는 지원을 보내게 된다. 이처럼 언론에 대한 정부의 지원이 다양하게 이루어지고 있듯, 안팎으로부터의 언론에 대한 제재 또한 갖가지 유형으로 전개된다. 이는 정부가 마땅히 지향해야 할 정의의 개방성과 정통성의 요소 가운데서 왜곡된 개방성을 선호하는 데서 비롯된다고 했다. 여기에서 뮐러(K. Müller)가 지적하는 바 왜곡된 커뮤니케이션 현상이 대두된다고 하겠다. 언론에 대한 외부의 지원과 제재를 집약하여 표현하는 이 언론 통제 현상이 오늘날 세계 각국의 현실적 관심 영역이 되고 있는 것은 이 같은 추이로 볼 수 있다 하겠다. 특히 우리나라와 같은 개발 도상국의 경우 언론 자유의 문제가 시대가 변화했음에도 여전히 현실적 문제로 제기되고 있는 실정이다.

따라서 이 글에서는 주로 정치 사회적 측면에서 우리나라의 언론 자유 문제를 살펴보고자 한다. 그와 관련해서 언론 자유 개념의 기본원리를 살펴보고 언론자유이론의 발전 추이 속에서 추출할 수 있는 언론 체계와 언론 자유의 상관성을 살펴본 다음 우리나라의 언론 자유의 제 문제(諸問題)를 고찰해보고자 한다.

2. 언론 자유의 기본원리

인간의 기본권적 자유로서 언론의 자유에 대한 논의가 언제부터 제시되어 왔느냐에 대한 견해는 다양하다. 하지만 16세기의 절대주의를 극복하려는 18세기의 자유주의 철학으로부터가 아니겠느냐는 견해가 지배적이다.

자유주의 철학자들은 언론 자유를 궁극적으로 인간의 정신적 자유가 발현된 것으로 보았다. 이 정신적 자유는 역사적 맥락과 함께 표현의 자유, 언론의 자유라는 개념으로 좁혀 사용되어왔다.

언론 자유에 관한 철학적 근거를 살펴보면 첫째로 자유공개시장론, 둘째로 자연권이론, 셋째로 권력견제론, 넷째로 공리주의론 등이다.

언론 자유를 최초로 글로써 주장한 사람은 존 밀턴(John Milton)으로 그의 이론은 흔히 자유공개시장론(自由公開市場論)이라고 부른다. 1664년 그의 저서 『Areopagitica』는 출판물에 대한 검열과 허가제를 거부하면서 자유 언론을 옹호하는 논지를 내세우고 있다.

그는 인간을 이성적 존재로 보고, 인간을 선과 악을 스스로 판단할 수 있다고 믿었다. 따라서 진리와 거짓이 사상의 자유 시장(the free market of ideas)에서 대결하면 진리가 궁극적으로 자기 교화 과정(自己敎化過程, the process of self-rightening)을 통해 우선된다고 보았다.

한편 존 로크(John Locke)의 자연권(自然權) 사상은 인간은 자연 상태에서 자유롭고 평등하며 양도할 수 없는 천부(天賦)의 권리를 가졌다고 주장한다.

로크의 이러한 사상은 1787년 프랑스 인권 선언과 1791년 미국의 제1차 수정헌법(The First Amendment)에 반영되어 표현의 자유, 언론의 자유를 법으로 보장하게끔 되었다.

다른 한편으로 토머스 제퍼슨(Thomas Jefferson)으로 대표되는 권력 견제론(權力牽制論) 주창자들은 언론 자유를 의회 민주주의나 국민 자치의 기본요소로 본다. 인간은 근본적으로 이성적 존재로서 일정한 자연권을 가지고 있으며, 그것이 손상되어서는 안 될 최소한의 통치를 받아야만 하며 선한 정부하에서도 공직자들은 부패하려는 경향과 인민의 자유를 말살하려는 경향을 갖는다는 것을 전제로 한다. 따라서 인민은 그런 경향을 가진 정부를 견제할 필요성을 가지며 이러한 견제 기능을 수행하는 것이 바로 언론의 자유라는 것이다.

끝으로 밀(J. S. Mill)은 공리주의론(功利主義論)을 언론 자유의 근거로 주장했다. 그는 자유론에서 언론 자유를 효용성(效用性)의 입장에서 정당화했다. 그의 명제는 첫째, 만약 한 의견을 묵살하면 진리를 저버리는 결과가 될 수 있으며 둘째, 그릇된 의견도 전반적 진리 탐구에 필요한 약간의 진리를 반드시 포함하며 셋째, 일반적으로 용인된 전반적 진리도 그것이 계속 반복 강조되지 않으면 편견으로 간주될 위험이 있으며 넷째, 일반적으로 진리를 다른 의견과 논쟁을 함으로써 인간 행위나 인격에 대한 영향력을 잃지 않을 것이라는 것이다.

앞에서 말한 바와 마찬가지로 언론 자유의 발아기에 나타난 이 이론들은 개인의 자유 영역인 표현의 자유와 외부의 간섭이 배제된 자유로운 언론을 주장하는 차원에 머물렀었다. 즉 이 시기의 언론 자유란 소극적 의미의 자유로서 단지 '~로부터의 자유'의 단계였다고 볼 수 있다.

현대 사회는 정부 기관들이 행하는 역할이 국민 생활의 각 부문에 깊이 관여되어 있다. 이러한 국가 기능의 증대는 행정부 우위 현상, 즉 행정부가 사실상 현대 사회의 모든 발전을 계획하고 관리하게끔 되었다. 이러한 과정에서 취득한 정보의 상당 부분을 국가 기밀, 행정 비밀이라 하여 공개하지 않으려고 하는 경향이 날로 심화되고 있다.

따라서 언론의 자유를 올바르게 행사하기 위해서 보다 많은 정부 보유 정보를 공개하라는 요구가 1960년대 이후 선진국에서 정부정보청구권(政府情報請求權)이라는 이름으로 대두되고 있다.

이러한 단계를 적극적이고 능동적 권리인 '~을 향한 자유(freedom for)'의 단계라고 하겠다.

이 단계에서 언론 자유는 표현 행위의 본질적 기능을 수행하는 자유권적(自由權的) 효과가 복합된 공권(公權)으로서의 효력을 갖게 될 것이다.

경제의 성장과 궤를 같이하는 언론의 기업화 현상과 언론 매체들은 거대화·집중화되고 계열화가 촉진되었다. 따라서 언론 매체 이용자는 특정 소수자로 한정되고 일반 국민은 그들의 의견만을 듣는 자유를 누리게 되었다. 이 단계에서 언론은 언론 자유의 긍정적 공헌이라는 본래의 역할에서 벗어나, 자본의 논리와 사회 체제의 이론에 지배되어 자유롭고 중요한 정보 유통을 저해하는, 결국 언론 자유에 대한 부정적 역할을 하게 되었다.

또한 이 단계에서의 언론 자유는 상실된 정보의 다양성 회복과 일방적이고도 불공정한 정보 흐름의 시정을 요구하는 차원으로 발전하게 된다.

이상의 내용을 요약해보면 언론 자유는 역사의 발전과 함께 정부로부터의 개인적인 표현의 자유를 요구한 소극적 자유의 단계와, 행정부

우위 시대의 중대되는 국가 기밀과 행정 비밀에 대한 정보공개청구권 요구 단계인 적극적 자유 단계, 그리고 언론 독점하의 여러 문제점을 시정하는 단계까지 포함하는 보다 적극적 단계까지를 포용한다고 볼 수 있다.

3. 언론자유이론의 발전적 특성

언론이론, 즉 규범이론이란 대중 매체 특히 언론이 위로 정치적 권력 구조, 아래로 일반 국민과 어떤 관계를 형성하느냐에 관한 이론들을 일컫는다.

언론이론은 우선 A-L 이분법에 의한 권위주의이론(Authoritarian theory)과 자유주의이론(Liberterian theory)으로 구분된다. 권위주의 이론은 마키아벨리(N. Machiavelli)나 홉스(T. Hobbes)의 철학을 사상적 배경으로 하며 정권에 대한 도전·비판이 금지되고 언론은 정치권력에 적극 협조해야 한다. 반면 자유주의이론은 로크(J. Locke), 루소(J. J. Rousseau) 등의 계몽주의를 사상적 배경으로 하며, 인간의 천부 인권과 이성에 최고의 가치를 둔다. 또한 자유주의이론하의 언론은 사상의 공개 시장의 역할을 자유롭게 수행하게 되며, 정부에 의한 간섭과 제약을 전혀 받지 않는다.

A-L 이분법이 그 적용 범위의 한계가 노정되자 시버트(F. Siebert), 피터슨(T. Peterson) & 슈람(W. Schramm)은 언론의 4이론(Four Theories)을 주창하게 된다. 이 이론은 기존의 A-L 이분법에 사회책임이론(Free and responsible rest)과 공산주의이론(Communist totalitarianism)이 추가된

것이다. 사회책임이론은 자유주의이론에 대한 비판과 반성으로 대두된 이론으로서 언론은 정부로부터 충분히 자유로우면서 국민에 대한 철저한 책임성을 가져야 한다는 것이다. '언론의 책임'이란 원래 민주주의 사회에서 공중(Public)의 편에 선 책임을 의미한다. 그러나 근래에는 책임의 개념을 특히 정부 차원에서는 '정부에 대한 협조'라고도 해석한다. 이와 같은 해석은 분명히 권위주의 입장과 유사한 것으로 보이며 정부·언론 간에 갈등의 소지를 남긴다. 끝으로 공산주의이론은 국가나 국가의 심장부인 공산당의 입장에서 언론의 임무가 규정되며, 언론은 집단적 선전(propaganda)와 선동(agitation) 그리고 조직(organize)을 위한 효율적 수단으로 사용된다.

그런데 시버트(Siebert) 등의 4이론 주창자들은 사회책임이론과 타 이론들 간에 중요도에 차별을 두지 않는다고 주장하면서도 실제로는 사회책임이론만을 중시하고 타 이론은 무용 이론으로 취급하는 경향이 짙다.

이런 이유로 4이론의 수정이 불가피해짐에 따라 진보적 접근 방법(progressive approach)이 등장하게 되었다. 진보적 접근 방법에서는 사회책임이론과 권위주의 이론, 공산전체주의이론이 〈그림〉과 같이 서로 맞물려 있고, 자유주의이론은 따로 떨어져 점선 아래에 위치한다. 점선에 의해서 언론 통제의 상황과 언론 자유의 상황이 구분되는데, 자유주의이론이 언론 자유의 상황(하단부)에 위치한 반면 여타 이론은 언론 통제(상단부)에 처해 있음을 쉽게 알 수 있다.

한편 로벤슈타인(Rowenstein)은 Soviet Communist 대신 Social Centralist를 사용, 동구권 국가와 개발 도상국의 언론 체계를 모두 수용할 수 있는 다음과 같은 새로운 모델을 개발했다(〈표〉 참조).

〈그림〉 진보적 접근 모델

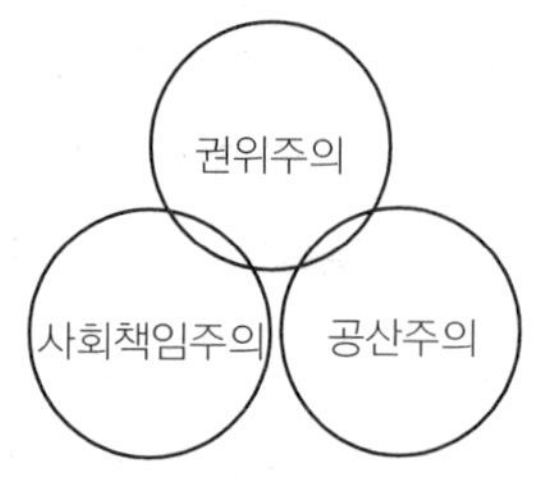

* 언론 통제
• 미디어 간 상호 협동
• 미디어에 외부 통제
• 사회적 결정주의(social determinism)

* 언론 자유
• 미디어 간 자유 경쟁
• 미디어에 외부 통제 없음
• 미디어 결정주의(self determinism)

〈표〉 로벤슈타인의 발전 모델

체제	신생국·저개발국	중진국	선진국	유토피아
이론	A 권위주의	L 자유주의	SL 사회적 자유주의 / SC 사회적 독점주의	? 유토피아
특징	• 정부 규제 • 개인 & 정부 소유 • 사회적 안정 • 채널 부족	• 미디어 독립 • 개인 소유 • 사회적 부조화 • 채널 다양	SL • 자체 규정 & 정부 규정 • 개인 소유 • 채널 부족 SC • 정부 규제 • 정부 소유 • 다른 요인은 SL과 거의 동일	• 최대의 개인적 자유 • 최대의 사회적 안정 • 최대의 미디어 결정주의

4. 개도국(開途國)의 언론 체계와 언론 자유의 상관성

콜먼(J. S. Coleman)은 개발 도상국을 과도기적 사회(transitory society)로 보고 개발 도상국의 사회적 특징을 다음과 같이 세 갈래로 요약하고 있다.

① 개도국은 사회적·경제적·정치적 과정에서 혼합적인 성격을 갖는다는 점이다. 즉, 근대화된 도시 지역의 고소득층과 전근대적인 농촌 지역의 저소득 계층이 혼재하고 정치적으로는 근대적 정치 제도의 외형에 전근대적 정치 요소를 포함하고 있다.

② 개도국은 통합성이 결여되어 있다는 점이다. 바로 이것은 근대화 과정이 인간 및 지역에서 다같이 한정적이고 불균형적으로 이루어졌다는 데서 기인한다.

③ 개도국은 대중과 서구화된 엘리트가 서로 유리되어 있다는 사실이다. 이러한 사회적 특징은 필연코 갈등의 요인을 내재하고 있는 것이다. 갈등의 요인을 내재한 개발 도상국은 근대화를 위한 사회 변동의 와중에 처하게 된다. 이 개발 도상국의 사회 변동은 항시적이며 계획된 변농의 성격을 가진다. 이것은, '자극을 받아 일어난 것'이고 '유발된 것'이며 의도적이며 돌연적이고 부자연스럽기 때문에 이와 같은 부자연성이 갈등의 원천이 된다. 즉 근대화 자체가 갈등의 최대 원천이 된다고 볼 수 있다.

이러한 개발 도상국의 갈등 중의 하나가 언론과 정치권력과의 갈등이다. 이 갈등은 정치권력의 목적이 스스로의 권력을 유지하려는 안정성(stability)에 있는 반면, 정치참여자들의 목적은 변동성에 있는 것이고 이런 정치참여자들의 입장에 서는 것이 언론의 입장이기 때문이다.

개발 도상국은 근대화 과정이 진전됨에 따라 갈등이 심화되는 필요충분조건을 갖추고 있으며 언론과 정부 간의 갈등도 이에 속한다. 따라서 개도국의 정치 현실은 이러한 모든 갈등을 조정할 당위성을 갖는 것이다.

하야카와(Hayakawa)는 사회 조직과 커뮤니케이션 발전 수준에 따른 사회 발전 단계를 두 가지로 나누고 있다. 즉 '외형적 상징(Physical Symbol)'을 기반으로 한 사회와 '근간적 언어상징(Master Verbal Symbol)'을 기반으로 하는 사회가 그것이다.

외형적 상징이란 신앙적 조형물인 피라미드 신전, 운동 경기장 등을 의미하며, 근간적 언어상징이란 종교의 교리나 정치 이데올로기를 말한다.

공유된 인지란 언어상징 단계의 사회에서는 사회의 합의가 위에서부터 이루어져 아래로 확산되는 유형의 정치문화를 갖는다. 회교 군주국이나 파시스트 전제 국가, 대개의 개발 독재 국가가 이에 속한다. '공유된 인지'를 기반으로 하는 사회는 사회적 합의가 아래에서부터 위로 수립되는 유형의 정치문화를 갖는다. 서구 선진국이 이에 속한다.

대개의 개발 도상국들은 근간적 언어상징형의 정치문화에서 공유된 인지형의 정치문화를 이행하는 과도기적 정치문화에 속해 있다고 보겠다.

따라서 개도국의 정치문화에서는 사회적 합의 과정이 필연코 갈등을 수반한다는 것을 재확인할 수 있다. 또한 이전의 정치문화의 특성으로 근간적 언어상징을 강화하려는 체제 유지적 목적이 발생하며 이 목적을 위한 수단이 언론 통제와 언론 조작임을 알 수 있다.

레이먼드 윌리엄스(Raymond Williams)는 언론의 자유와 통제의 정도에 따라 언론 체제를 권위주의 체제(Authoritarian System), 가부장적 체제

(Paternal System), 상업주의적 체제(Commercial System), 민주주의적 체제(Democratic System)로 나누고 있다.

권위주의 체제에서 언론은 소수 권력자가 사회를 통치하고 관리하는 전제적인 정치의 일부로 존재하며, 그 존재 목적은 권력 집단을 지지, 선전하며 사회의 기존 질서를 보호·유지하는 것이다.

가부장적 체제는 권력 집단이 단순한 권력 유지를 초월하여 특정의 가치관과 목적을 가지고 피치자를 보호·교도할 의무를 내세우는 체제이다.

상업주의적 체제에서의 언론은 정치 목적을 위해 존재하지 않으며 다만 이익을 추구하기 위해 존재하는 기업적 성격을 가진다.

민주주의적 체제는 모든 인간이 자신이 원하는 것을 제시하고 수용할 수 있다는 언론 자유의 원칙에 입각하여 운영되는 체제이다. 즉 언론은 공익 봉사 기관으로 존재한다. 이러한 개도국의 상업적 체제와 가부장적 체제가 혼재된 언론 체제에서 언론이 갖게 되는 특성은 언론의 사회적 독점인 것이다. 이러한 독점을 경제적으로는 언론의 소유권이 소수 대기업으로 집중, 계열화되고 정치적으로는 현상의 영속화를 위한 수단으로 국민을 유리시키는 사회적 독점을 취하고 있다.

가부장적 요소를 살펴보면 개발 도상국은 근대화라는 국가 이데올로기를 가지고 있으며 개도국의 언론은 이 국가 이데올로기를 지지·선전하고 국민들에게 교도할 의미를 갖게 된다.

이러한 전제로써 정치권력은 언론 통제를 정당화하는 것이다. 이 같은 언론 통제의 한 형태로 매체를 국가가 소유하거나 정부의 입김을 작용시킨다. 또한 정부의 가치관에 부합하는 소수의 경제층에게만 언론 소유를 허가함으로써 정부의 언론 통제를 원활히 한다. 이러한 제재적 특성으로 인해 개도국의 언론은 정치적 경제적 독점층의 가치관만을 제시하는 현상(status quo) 유지의 수단으로써, 또한 사실상의 정치적 탄압의 도구(de facto instrument of political oppression)로서 전락하고 마는 것이다.

5. 결언 — 한국의 언론 체계와 언론 상황

'미완의 혁명'이라 하는 4·19를 통해 탄생한 제2공화국이 5·16 군사 쿠데타에 의해 붕괴된 이후 우리나라의 현대사는 지금까지 세 차례의 비정상적 정치변동으로 점철되어왔다. 1962년의 5·16 쿠데타와 1972년의 이른바 유신체제의 구축, 그리고 1980년의 5·17이 그것이다.

5·16 군사 쿠데타에 의해 헌정이 중단된 이후 지금까지 한국 정치에는 지속적인 위기가 있어왔고 그 결과 이처럼 폭력적인 정치변동이 이어져 왔던 것이다. 즉 헌정과 군정이 교체되는 가운데 참여, 반감 및 정통성의 위기가 중복되어 헌정 중단 - 헌정 시도 - 장기 집권 - 반체제 도전 - 신체제 시도 - 헌정 중단 - 신체제 시도 - 반체제 도전의 곡선 사이클(cycle)을 그려왔다고 볼 수 있다.

이러한 정치변동을 통해 탄생한 새로운 정치 체제는 그 체제가 지향하는바 정통성(legitimacy)을 구축하고, 정치 체제의 안정을 제도화하기 위해 한편으로 언론을 동원하면서도 다른 한편으로 정통성의 원리에 반(反)하는 언론에 대해서는 가혹한 통제를 서슴지 않는다.

5·16 쿠데타로 집권한 박정희 군사 정부는 군정과 제3공화국으로 표현되는 민정으로 이행해오는 과정에서 그 정치 체제의 정통성을 구

축하기 위해 새로운 언론정책을 양도했고 이른바 언론위원회 파동 등을 야기했으며, 비상계엄령 선포와 함께 발표된 대통령 특별 선언으로 시작된 이른바 유신체제를 정통화하기 위해 개헌 조치 4, 9호 등을 포함하여 '초헌법적'인 새로운 특별조치법 등을 잇달아 제정하여 언론 통제를 강화했으며, 10·26 이후 5·17을 통해 출범한 제5공화국 정부는 여전히 숙제로 안고 있는 정통성 시비를 해결하기 위해 입법 회의를 통해 언론 통폐합 조치와 「언론기본법」 제정 등 일련의 조치를 단행하기에 이르렀다.

5·17을 통해 전격적으로 집권한 새로운 정치 체제는 당면한 정통성 구축을 위한 기반을 조성하기 위해 지난 1980년 11월 언론 통폐합 조치를 취한 데 뒤이어 같은 해 12월에는 비상 입법 기관인 입법 회의 과정을 거쳐 「언론기본법」이라는 강력한 제도적 규제 장치를 마련했다.

언론사 통폐합은 '80여 년의 우리나라 근대 언론사상 초유의 혁명적인 언론 구조의 개혁'이라고 표현된 대규모의 언론 구조 개편 작업의 일환으로 실현된 것이었는데, 이는 TV, 라디오, 통신 등 민간 미디어가 사실상 모두 국영화된 것으로서 실로 혁명적 개혁임에 틀림없었다. 통폐합을 추진하는 주연의 구실을 한 한국신문협회와 방송협회가 1980년 11월 14일에 채택, 공포한 '건전 언론 육성과 창립을 위한 결의'에 의하면 신문·방송·통신사가 난립하여 국민에게 누를 끼쳐왔고, 사회적 적폐(積弊)가 많아 조화적 공론 기관으로서의 언론기업의 발전과 체질 강화를 기할 목적으로 언론 통폐합을 단행했다고 하지만, 언론 구조의 단순화 작업을 꾀해 언론의 조종과 대중조작을 용이하게 하려는 데 주안점이 주어진 것이 아닌가 한다.

더욱이 새로운 정치 체제는 「언론기본법」이란 강력한 규제 장치를 마련, 그에 따라 문화공보부 내에 홍보조정실(1985년 말부터 홍보정책실로 명칭이 바뀜)을 신설하고 언론을 조정하는 작업을 구체화시켜왔다.

문공부 직제 규정에 의하면 이 홍보정책실은 ① 홍보 정책의 기획·조정 ② 홍보활동의 조정 ③ 홍보활동 성과의 분석·평가 ④ 언론인의 취재 보도 활동에 대한 협조·지원 등의 기능을 수행한다. 즉, 이 홍보정책실은 다름 아닌 언론 통제의 구체적 실무 작업을 담당하는 정부 기관이라 할 수 있다. 이렇게 볼 때 언론정책 면에서는 제5공화국 정부가 제3, 4 공화국 정부보다 더욱 다양하고도 강력한 통제를 가하고 있다는 주장이 나옴직도 하다.

1980년 12월 31일에 제정된 「언론기본법」은 관행상의 언론 통제를 제도적 장치로 통합했다는 지적도 있다.

이 「언기법(言基法)」은 첫째, 언론의 자유보다 공적 책임을 강조하고 있으며 둘째, 법인이 아니면 정기 간행물을 발행하거나 발송 행위를 할 수 없도록 규정하고, 언론인에 대한 자격 요건을 강화하는 규정을 두었으며 셋째, 정기 간행물의 등록 취소 조항을 강화했으며 넷째, 언론기관의 존립을 법원의 판결이 아닌 행정 관청이 전담토록 함으로써 행정 관청(문공부)이 언론기관의 존립을 좌우할 수 있다는 비판이 제기되고 있다.

바로 여기에서 자유롭고 균형 있는 정보의 흐름 원칙이 지켜져야 한다는 언론의 민주화 요구가 정치적 민주화의 구체적 실체로서 제기되어 오고 있다 하겠다.

'사법살인'의 협력자들

1975년 1월 9일 그날도 서울 종로 5가 기독교 회관에서는 어김없이 목요기도회가 열리고 있었다. 혹독한 유신정권에 의해 인권을 유린당한 사람들의 가족들은 목요일마다 열리는 이 기도회에서 그들의 억울한 사정을 토로하거나 서로의 안부를 걱정하면서 위안을 삼았다.

필자는 당시 법조 출입기자로서 '민청학련' 관련 사건 피의자 가족들을 만나기 위해 그곳을 자주 찾았다. 그곳에서 '인혁당' 관련 피의자 가족들도 만날 수 있었다. 이른바 '시국사건' 취재를 위한 정보 접근이 어려웠던 기자는 이 기도회를 통해 많은 정보를 얻을 수 있었다.

인혁당 연루 가족도 고문

명동성당에서 열린 '인혁 가족'을 위한 기도회 다음날 기독교 회관에

---

* ≪동아일보≫, 2002년 9월 20일.

서 열린 이 목요기도회는 시종 울음바다를 이루었다. 이른바 인혁당사건에 연루된 김모 씨의 부인이 다른 가족들과 함께 남편의 억울함을 호소하고 다닌다 하여 중앙정보부에 끌려가 성고문을 당한 과정이 적나라하게 폭로되었기 때문이었다.

이 성고문 피해자의 남편을 포함한 8명의 인혁당 관련 피고인들은 3개월 만인 4월 9일 대법원의 확정판결이 있은 지 20시간 만에 서울구치소에서 사형이 집행되었다. 구치소로부터 연락을 받고 달려간 유가족들은 이날 오전 교수형에 처해진 사형수들의 시신을 수습해 버스에 싣고 당시 함세웅 신부가 주임신부로 있던 서울 응암동 성당에서 장례식을 치르려 했으나 경찰이 이 운구차를 강제로 견인해 벽제화장장에서 시신을 화장해버렸다.

그로부터 어언 30년 가까이 흐른 지금 그 인혁당사건이 바로 중앙정보부에 의해 조작되었음이 국가 기관에 의해 확인되었다. 의문사진상규명위원회는 최근 "1974년 유신체제에 반대하던 민청학련을 배후 조종해 국가를 전복하고 공산 국가를 건설하려 했다는 혐의로 23명이 구속되고, 김용원 씨 등 8명이 사형된 인혁당사건이 중앙정보부에 의해 조작된 것"이라고 밝혔다. 유신 정권은 인혁당사건의 조작을 위해 검찰은 물론이고 인권의 최후 보루인 대법원마저 동원했다. 독재 정권의 법을 동원한 이 같은 폭력에 대해 국제법학자협회는 인혁당사건 관련자 8명의 사형이 집행된 1975년 4월 9일을 '사법 암흑의 날'로 규정했었다. 아무리 초헌법적 대통령 긴급 조치가 공포된 상황이라 하지만 대법원이 '사법살인'에 끝내 협력해 역사적 오판을 한 1975년 4월 8일 이미 사법부의 조종(弔鐘)이 울렸던 것이다.

인혁당사건의 상고심 판결은 두 차례나 담당 재판부가 바뀐 끝에 이례적으로 당시 민복기 대법원장을 재판장으로 하는 13명의 대법원 판사들로 구성되는 대법원 전원 합의체에 의해 이루어졌다. 이 같은 사실은 대법원 판사들이 그들의 양심에 따라 재판하지 않고 권력에 굴종해 개연성이 높은 '사법살인'에 대한 책임을 공유하는 쪽으로 타협했음을 보여준다.

당시 대법원장을 제외한 12명의 판사들은 각자 2명씩 연구원 판사(총 24명)를 두고 있었다. 이 판사들 가운데는 대표적 '어용 판사'들도 있었지만 소수 이견을 많이 남긴 '대쪽 판사'도 있었고, 일생을 청빈하게 살다 간 '도시락 판사'도 있었다.

우리나라 현대사에서 '사법살인'의 논란이 일고 있는 것은 인혁당사건 이외에도 진보당사건과 민국일보사건 등도 있다. 하지만 국가 기관이 '사법살인'으로 공인함으로써 논란의 여지조차 없는 인혁당사건에 대해 사법부가 지금껏 침묵하고 있는 것은 이해가 되지 않는다.

사법부, 직접 조사 나서야

왜 그 당시 인혁당사건 담당 상고심 재판부가 두 차례나 바뀌었고, 왜 전원 합의체에서 심리하게 되었는지, 어느 판사가 적극 협력했는지, 이 '평풍 재판' 과정에 권력의 입김이 어떤 경로로 개입했는지, 그 주체가 누구였는지에 대해 사실대로 조사하고 밝혀야 한다. 당시 대법원 판사들 가운데 많은 분들이 이미 세상을 떴지만 아직 생존한 분들이 있지 않은가. 어디 그뿐인가. 당시 대법원 연구원 판사들도 중진 혹은 원로 법조인이 되어 대부분 생존해 있지 않은가.

　사법부는 억울하게 숨져간 원혼들을 달래고 그 가족들을 위로하기 위해서라도 뒤늦게나마 역사적 진실을 밝히고 권력에 협력해온 대법원의 오류에 대해 국민에게 고해하고 사과할 것은 사과해야 한다. 그것이야말로 사법부의 존엄을 되찾는 길이 아니겠는가.

정치 논리에 따라 오락가락
한보사태 보도를 보고

지난 1월 중순 한보 그룹의 부도 사태로 시작된 한보사태는 김영삼 정권의 레임덕 현상을 가속화시키면서 정치와 경제를 얼어붙게 했고 신문들은 장기화된 이들 한파 속에서 지면을 압박당할 수밖에 없었다. 이런 와중에서 우리나라의 신문들은 한보사건의 구체적 본질이라고 할 수 있는 특혜의 몸체와 노태우 비자금을 포함한 대규모 정치자금의 한보를 통한 대선자금 유입 문제는 비켜 가고 '정태수 리스트'와 각종 음모론 등으로 비빔밥을 만들어 독자의 판단을 흐리게 하는 데 앞장섰다. 그런가 하면 한보 청문회를 전후하여 드러난 온갖 거짓말 퍼레이드를 크게 보도함으로써 사실 보도와 진실 촉구의 전령자로서보다는 거짓말 정치를 증폭시킴으로써 거짓말을 확대 재생산시켜 왔다는 비판을 받기도 했다. 그런가 하면 한보사건 및 김현철씨 비리사건과 관련하여 축소 보도의 잘못된 관행이 여전히 불식되지 않고 있음을 보여주는 사례들

* 《신문과 방송》, 1997년 6월.

이 나타나기도 했다.

흔히 건국 이래 최대의 비리사건으로 거론되고 있는 이 같은 엄청난 사건을 신문들이 뉴스의 의제로 부각시키기보다는 오히려 정치 논리에 따라 뉴스의 본질을 흐린 것은 언론의 정도가 아니다. 특히 '킹 메이커'로 나선 일부 신문들이 특정 후보를 밀어주거나 편들기 위해 뉴스를 정치적으로 악용하고 있다는 ≪미디어 오늘≫과 ≪바른 언론≫ 등 일부 비평 언론의 다음과 같은 지적은 그와 같은 파행적 언론의 구체성을 보여주는 것이다.

올해 대선 보도가 어떤 형태로 진행될지를 전망하기는 쉽지 않다. 다만 과거와 비교한다면 개별 신문사 차원의 노골적인 '대통령 만들기'는 적어질 것이라는 예상이 우세하다. 그 같은 예상의 출발점은 무엇보다 '정치적 현실'에서 출발한다. 과거 87년이나 92년 대선과 달리 대선 후보 자체가 오리무중인데다 섣부른 '편들기'가 낳는 부작용이 너무 크다는 것이다. …(중략)… 물론 일각에선 언론이 현재 누리고 있는 정치적 파워를 감안한다면 대선 보도 과정에서 일부 언론사의 '장난'이 재연될 소지도 적지 않다는 분석도 나온다(≪미디어 오늘≫, 1997년 3월 24일).

중앙일보의 '이회창 밀어주기'가 지면을 통해 두드러지게 나타나고 있다. 92년 대선 당시 조선일보의 '대통령 만들기'를 연상케 하는 기사가 신한국당 대표에 이회창 고문이 선임되면서 중앙일보 지면을 통한 이회창 대세론의 확산으로 작용하고 있다. 이런 판단의 근거는 여타 신문들이 정도의 차이는 있지만 이 고문의 대표직 취임을 기회이자 위기로 보면서 위기를 불러오게 될 여러 변수에도 주목하고 있는 데 반해 중앙만 유독 기회의 측면을 강조하면서 그것을 토대로 한 전망 기사를 싣고 있기 때문이다. 반면 위기를 불러오게 될 변수를 가장 많이 강조하고 있는 신문은 동아일보다(≪바른 언론≫, 1997년 3월 22일).

대특종 스스로 축소보도

다음으로 최근 우리나라의 신문들은 이른바 정태수리스트, '이용남 리스트'와 관련하여 드러난 정치인들의 일련의 거짓말들을 인터뷰 형식을 빌려 잇달아 보도해왔고, 한보 청문회에 불려 나온 주요 증인들의 거짓말 시리즈를 엄청난 지면을 할애하여 그것도 청문회 증언록이라는 페이지를 따로 만들어 제공하는 친절함을 보여주었다. 신문사들의 이 같은 보도 태도는 독자들에 대한 정보 서비스 차원에서 어느 정도 이해 될 수도 있겠으나 거짓말의 개연성이 많은 증언 내용에 대해 그렇게까지 많은 지면을 이용하여 상세하게 보도할 필요성이 있겠는가에 대해서는 비판적 지적이 상대적으로 크게 나타날 것으로 생각된다. 현 단계에서 독자들에게 더욱 요긴한 것은 증인들의 증언록이 아니다. 거짓 증언을 신랄하게 비판하여 진실에 다가가기 위한 날카로운 스트레이트 뉴스와 깊이 있는 해설기사 및 심층기사의 확충이다. 이를 통해 올바른 저널리즘의 기능을 제대로 수행하는 것이 아닐까 한다.

그런가 하면 우리나라 주요 언론들이 다른 언론사가 축소보도한 내용을 앵무새처럼 그대로 보도함으로써 축소보도의 풀(pool)을 감행하는 어처구니없는 경우가 드러나기도 했다. 지난 4월 18일 서울방송은 밤 9시 뉴스를 통해 대검 중수부 간부가 청와대 고위 관계자의 전화 통화 내용을 적은 메모지를 입수했다며 이를 특종보도했다. 이 메모의 내용은 '전 총무수석이 구속된 데다 다시 전직 경제수석이 사법 처리된다면 정권의 크나큰 부담이 된다/ 은행장을 배임 혐의로 처벌할 경우 금융계가 마비될 것이기 때문에 더 이상의 은행장 사법 처리는 안 되며 은행장의 경우 불구속 입건도 안 된다/ 뜻대로 하려면 총장 등 검찰 수뇌부가 사표를 낸 다음에 하라는 것' 등이 요지였다. 그런데 서울방송은 검찰수사에 대한 외압과 관련한 대특종을 하고도 스스로 축소보도를 함으로써 특종의 가치를 떨어뜨렸다. 더 어처구니없었던 것은 우리나라 대부분의 주요 언론들이 확인 과정을 거치지 않고 축소보도의 풀을 감행했다는 사실이다. 축소보도의 외압 때문이었는지는 몰라도 적어도 외형적으로는 이 엄청난 특종기사와 관련하여 이를 확인하거나 더 깊이 있게 추적한 대목은 보이지 않았다. 확인 없는 기사화의 잘못된 관행을 보여주는 사례였다. 그러고도 어찌 언론이 검찰의 수사 축소와 검찰수사의 외압을 비판할 수 있는지 적이 의심하지 않을 수 없었다.

의회권력의 '폭거'와 언론의 암묵적 지원

그것은 하나의 총칼 없는 쿠데타였고, 법의 이름으로 자행된 폭력적 정변이었다. 진보 성향의 한 마이너 신문은 이를 두고 수구 세력의 '탄핵 쿠데타'로 규정하면서 "두 보수 정당이 대한민국 헌정사상 최초로 대통령 탄핵안을 통과시킨 것은 낡은 정치 세력의 합법을 가장한 폭거"라고 비판했다.

쿠데타와 정변의 성공 뒤에는 드러난 주역과 드러나지 않은 주역이 있게 마련이다. 이번 쿠데타의 드러난 주역들은 변신에 변신을 거듭해 온 '야만의 정치인' 군상들이다. 하지만 국민적 관심은 이제 이들 드러난 주역의 얼굴에 있기보다는 드러나지 않은 주역들에 대해 모아지고 있다. 이들 드러나지 않은 주역들은 보수적 학자들과 수구적 논객들일 수도 있다. 최근 목소리를 내기 시작하는 기득권 세력을 의회 쿠데타의 드러나지 않은 주역으로 볼 수도 있다. 그런데 중요한 것은 국민들이

---

* ≪기자협회보≫, 2004년 3월 17일.

거대 야당의 의회 폭거를 보면서 이번 의회 쿠데타의 성공 뒤에는 보수 언론이 있었음을 깨닫게 되었으리라는 점이다.

이들 보수 신문들은 지난 9일 끝내 탄핵안이 두 야당에 의해 전격적으로 발의되는 날까지도 노무현 대통령의 책임론을 부각시켜 국민의 반탄핵 여론이 확산되는 것을 차단시키는 데 암묵적으로 기여했다. 대통령을 비판해온 이 신문들은 50%가 넘는 국민이 반대(탄핵안이 통과된 후에는 70%까지 상승)한 야당의 대통령 탄핵안 발의의 부당성을 비판하지 않고 애써 눈을 감아버렸다.

한 여론조사 결과 우리나라 공법(헌법)학자의 70%가 탄핵 사유가 되지 않는다고 응답한 사실이 말해주듯 이 탄핵 발의가 잘못된 것임을 번연히 알면서도 이들 신문들은 이해할 수 없는 보도 태도를 보였다. 불을 보듯 뻔한 국정 혼란과 국민적 불안 및 대외 신인도의 하락 등 탄핵안이 가져올 부정적 측면에 대해 이들 신문들은 강 건너 불구경하듯 했다.

지난 10일자 한 보수 신문을 보자. 이 신문은 헌정사상 초유의 탄핵안이 발의된 날 한가하게 1면에 "지금 경제는……" 제하의 특집기사를 박스로 처리했다. 이는 이날 H 신문의 지면 구성과 대조적이었다. 이 신문은 탄핵안 발의 관련 스트레이트기사와 함께 시민 단체들의 반응기사와 헌법학자의 기고문 등을 실어 야당의 탄핵안 발의를 비판했다. 이 신문은 이날 사설로도 이날의 의회 폭거를 비판했다. 하지만 보수 언론들은 비판과 타협을 위한 공개토론과 대화의 장을 제공해야 하는 저널리즘의 기본원칙을 지키지 않았다.

보수 신문들은 이번 의회 쿠데타에 대한 국민적 반감과 저항의 칼끝이 차츰 자신들에게 향하고 있는데도 의회 쿠데타 세력의 '의도된 거짓말'을 전파하는 나팔수로 전락하고 있다. 우리나라의 체제가 탄핵안 발의로 흔들리지 않을 만큼 건강하다는 '체제 건강론'을 펴면서 탄핵 발의로 인한 국정 혼란에 대한 국민적 우려를 잠재우는 데 기여해온 이 보수 신문들은 이번엔 같은 입으로 국민이 불안해한다면서 이의 최소화를 위한 '국정 안정론'을 말하고 있다. 이러한 언론 현실을 보면서 코바치와 로젠스틸(B. Kovach & T. Rosenstiel)이 지적한 바대로 진실만을 추구하고 다른 누구도 아닌 시민에게만 충성해야 할 언론이 이데올로기의 포로가 되어 '편향된 권력의 감시자'로 추락하고 있는 현장을 목도하면서 한국 저널리즘의 위기를 느낀다. 우리의 저널리즘은 과연 누구를 위한 것인가? 편향 보도로 신뢰를 잃고 있는 신문이 의회 쿠데타의 드러난 주역들과 함께 방송의 편향성을 말하고 있다. 슬픈 일이다.

우리 언론은 언제쯤 변할까

4·15총선이 막바지에 접어들고 있다. 이번 총선은 역대 총선에 비해 '저비용' 선거로 치러지고 있으나 '고효율' 선거가 될지는 아직은 미지수다. '식물 국회'로 거의 기능을 상실한 지난 마지막 임시 국회에서 선거가 임박한 시점에서야 가까스로 통과된 정치 개혁을 위해 추진된 개정 선거법에 따라 선거가 치러지는 만큼 이번 총선은 역대 선거 중 '가장 조용한 선거'가 될 것으로 전망된다.

하지만 이번 총선은 유권자들에게 유용한 정보를 제공해온 기왕의 채널들이 지나치게 제한됨으로써 유권자들이 후보의 인물과 정책을 비교 평가하여 후보를 결정하는 '정책 선거'라기보다는 언론이 전달하는 각 당 지도부의 현란한 정치적 제스처와 정치상징에 따라 현혹되는 '이미지 선거'로 전락되지 않을까 하는 예측적 비판이 제기되고 있기도 하다.

------

* ≪기자협회보≫, 2004년 4월 14일.

　언론이 '감성 선거' 분위기를 확장시켜가자 한나라당 박근혜 대표는 1주일이 넘도록 붕대를 감고 표밭갈이를 했고, 민주당 추미애 선대위원장은 광주에서의 '삼보일배' 끝에 휠체어를 타고 호남을 누볐다. 그런가 하면 열린우리당 정동영 의장은 노란 점퍼를 입고 기회 있을 때마다 민생투어를 하고, 노인정을 찾아 그의 '노인 폄훼 발언'에 대해 사과하는 모습을 잇달아 보여주었다.

　이처럼 정책보다는 감성에 호소하는 선거 전략으로 인해 언론 의존도가 높아지자 정책 지향을 선도해야 할 언론들도 감성적 편파보도와 축소보도 및 과장보도를 일상화하다시피 했다. 선거 때마다 등장해온 파행적 보도 관행의 망령이 되살아난 것이다. 유권자들에게 다양한 정치 정보를 알려주고 유권자들이 정책을 비교 평가할 수 있도록 공약을 검증하기보다는 각 당 지도부의 '유세 중계 보도' 기관으로 전락했다는 비판마저 제기되었다. 이들 '표밭갈이 보도'에서 처리되는 사진 보도의 의도성은 편파보도의 압권이다. 특정 정당의 대표는 항상 웃고 있고 특정 정당의 대표의 표정은 늘 긴장되어 있다. 선거 스케치에서도 그러했다. 특정 후보에 대한 유권자들의 반응은 열광적인 데 반해 특정 정당에 대한 상황은 싸늘했다.

　이와 함께 특정 정당을 의도적으로, 음성적으로 지원하기 위해 저널리즘의 기본원칙도 지키지 않은 보도가 많았다. 언론들은 '박근혜 대표 띄우기'와 '추미애 선대위원장 띄우기', '정동영 의장 구하기'를 위해 부풀리고, 짜깁기하고, 침묵하고, 거짓말하고, 특정 이슈를 쟁점화하기 위해 뉴스가치가 없는 내용을 반복적으로 보도했다. "박풍이 수도권까지 위협하고 있다", "추풍으로 호남 지역 정서가 개선되고 있다", "정 의장의 선대위원장 사퇴론이 여전히 꿈틀대고 있다" 등의 보도가 그것이다.

이번 총선 보도에서 특히 눈에 띠는 것은 여전히 일부 언론들이 지역주의를 자극하고 세대 간 갈등을 부추겨 특정 정당에 이득을 주려한 '음모론'이 제기되었다는 점이다.

4·19세대 원로들이 지난 6일 기자회견을 통해 "수구 기득권 세력은 일부 수구 언론을 앞세워 4·15 선거판을 다시 지역 간·세대 간 갈등의 장으로 변질시키려 하고 있다"고 주장하면서 이들 세력과 일부 언론의 국민을 배반한 여론 조작에 반대한다고 밝힌 것은 이러한 우려의 실례적 표출이다.

봄꽃 세상이다. 그러나 아직 봄은 아니다. 세상이 참으로 어수선하다. 올해 신문의 날 표어처럼 우리나라 신문이, 언론이 '국민 속으로, 세상의 빛으로' 거듭 나서 어수선한 이 세상을 아름다운 봄꽃 세상으로 만들어줄 날은 언제쯤일까.

2장

한국언론,
그 끝없는 가벼움

한국외국어대학교 교수 시절,
냉전시대의 유물이었던 독일 베를린 장벽 앞에서.

오보의 원인과 책임

목차

1. '순수한 객관적 신문'의 지향은 가능한가
2. 작위(作爲)의 오보와 부작위(不作爲)의 오보 — 작위의 오보는 신문
의 범죄다
3. 부작위 오보는 통상적(通常的)이다
4. 오보 발생의 원인들
5. 오보에 대한 책임

* 한국기자협회와 서울대 신문연구소가 공동주최한 '오보 발생의 내외적
요인'을 주제로 열린 세미나에서 발표되는 이 글의 내용은 이론 신문학에
서 큰 비중을 차지하는 에밀 도비파트(前 자유베를린대 신문연구소장)의
『신문론(新聞論, Zeitunglehre)』과 오노 히데오(小野秀雄, 前 동경대 신문
연구소장)의 『신문원론(新聞原論)』, 가네코 가시지(金戶嘉七, 관서대 교
수)의 『개설 신문학(槪說新聞學)』, 커티스 D. 맥도걸(MagDogall)의 『신
문의 제문제(新聞의 諸問題, The Press and its Problems)』 등에 담긴 오
보에 관계된 논문들을 토대로 작성, 이를 소개하는 것이다.

1. '순수한 객관적 신문'의 지향은 가능한가

"하나의 신문이 비록 주관적으로 진실하다 하더라도 객관적으로 진실일 수 없다(Nicht 'objekiv wahr' kann die Zeitung Sein, Wahl aber 'Subjektiv Wahrhaftig')." 인간은 이와 같은 신문의 한계에도 불구하고 하나의 '순수한 객관적 신문(eine rein objektive Zeitung)'을 그린다.

전 자유베를린대 신문연구소장 에밀 도비파트(Emil Dovifat)의 말이다. 에밀 도비파트의 이 말은 순수한 객관적 신문의 출산이 얼마나 어려운가를 토로하는 것으로 압축된다. 도비파트가 여기서 지적하고 있는 바로 그 신문의 한계는 기왕에 여러 시각에서 논란이 되어온 것으로 어떤 강제하에서 또는 보이지 않는 구속력 아래서 보도할 것을 보도하지 못하거나 보도하지 않아야 할 것을 보도해야만 되는 또는 '선택보도'와 '굴절(屈折) 보도'하게 되는 체제나 그와 유사한 사회 상황 아래서는 그대로 노정되는 것으로 순수한 객관적 신문은 그야말로 '인간의 향수'에 지나지 않는다는 사실을 실감하게 해준다.

본 세미나에서 주제로 잡고 있는 오보 문제만으로 좁혀본다 해도 이 같은 신문의 한계는 그대로 드러난다고 하겠다. 일반적으로 쉽게 감별될 수 있는 오자나 오식(誤植, Setzfehler), 오제(誤題) 등 좁은 의미의 오보로부터 앞서 실례로 제기한 바 있는 '강압적 체제나 상황'으로 인해 어쩔 수 없이 오보에 빠지게 되는 넓은 의미의 근원적 오보에 이르기까지 너

* ≪신문과 방송≫, 1975년 9월.

무나도 많은 '오보로 도식(塗飾)된 보도'를 일상적으로 접하게 되는 게 현실 아닌가.

또 '진실 보도'라는 쪽에서 봐도 그렇다. 실례를 들어 보자. 일반적으로 신문기사는 '5W1H'라는 요건을 갖출 필요가 있다고 말해진다. 사실 최소한 이 정도의 요건만 구비하면 훌륭히 하나의 사실을 전달할 수 있다. 마찬가지로 이 가운데 어느 한 가지를 결여했다면 그 기사는 완전하다고 할 수 없다. 신문기사인 이상 그 어느 한 가지를 결여한 기사가 지면에 나타나리라고는 생각되지 않지만 그렇다고 이것만으로 진실을 보도하고 있는가 하면 그렇다고 말할 수 없다. 그곳에 잘못이 있었다고 하더라도 사실을 말하는 것뿐이지 진실이라고는 할 수 없는 경우도 있다. 이처럼 진실은 불가지(不可知)의 것이다. 때문에 신문보도는 진실을 추구하는 것으로써 겨우 사실에까지 도달할 수 있을 뿐이라고 할 수 있다. 그러나 실제로는 그 '사실'에 까지도 도달할 수 없는 경우가 너무도 많은 게 또 현실이다.

중요한 진실 추구 의지

상술한 바와 같이 오보가 나오고 또 진실과 거리가 먼 보도가 나타나게 되는, 말하자면 '순수한 객관적 신문'이 불가능하게 되는 사정은 다음과 같은 이유로써 개괄적이나마 설명될 수 있을 것 같다.

우선 원초적인 문제로서 보도자의 '주관적 영향'을 통해서 흘러가게 되므로 이 보도자의 주관적 영향 속을 헤어나지 못한다. 물론 뉴스 가운데는 수돗물 소식이라든지 증권 시세, 물가 소식 등 주관적 영향을 받지 않는 내용도 있지만 대부분의 경우 주관적 영향이라는 늪에 빠져

들고 있다는 것이다.

다음으로 보도자(기자)의 능력과 지식 등 보도자의 한계를 들 수 있다. 다음에 논급(論及)하게 되는 오보 가운데 대부분을 차지하는 부작위적인 오보와 '신문의 범죄'로까지 일컬어지고 있는 보도자의 인위적 또는 조작적인 오보가 어떤 의미에서는 이 보도자의 한계 때문에 빚어지고 있다는 점에 유념할 필요가 있을 것 같다.

다음으로 신문 경영권의 권력 의존적인 취약성과 그로 인한 편집권의 동화 작용을 들 수 있겠으나 이 문제에 대한 논급은 여기서는 유보하기로 한다.

그다음으로 특히 주목되는 것이 이른바 강제적 체제와 사회 상황으로 인해 빚어지는 문제다. 예컨대 독재체제나 전체주의 체제, 비상계엄하 등의 사회 상황에서 파생되는 문제들은 너무나도 많다. 이런 체제나 사회 상황에서 나타나는 언론은 바로 '오보의 언론' 자체라 해도 과언은 아니다. 오늘날 우리나라의 경우도 언론을 제약(制約)하는 '긴급 조치 9호'가 내려져 있다. 이 조치를 위반할 경우에는 최악의 경우 기자의 파면 및 신문사의 폐쇄까지 할 수 있도록 되어 있다. 더욱이 이번 조치는 검열 등을 하도록 돼 있는 비상계엄하에서와는 달리 검열을 규정하고 있지 않기 때문에 사실상 신문이나 기자에게 더 큰 짐이 되고 있는 게 현실이다.

이렇게 위축된 언론 상황 아래서 '오보의 언론'이 나오지 않으리라는 보장은 현재로선 없다. 그런 까닭에 본 세미나에서는 오히려 이런 차원에서 오보 문제를 집중적으로 다루어줬으면 싶다.

이 밖에 광고 압력과 압력 집단과 신문과의 관계를 들 수 있는데 커티스 D. 맥도걸(C. D. MagDogall)에 의하면 미국의 경우에는 압력 집단이 광고주보다 오히려 더 중요한 관계를 맺고 있기도 하다는 것이다.

이와 같은 사정 속에서도 신문은 진실을 보도하지 않으면 안 된다고 말한다. 그러나 적어도 이 같은 문제점들을 감안한다면 그것이 거의 불가능한 일이라는 것은 신문 종사자들이라면 대부분 지실(知悉)하고 있을 것이다. 그렇다고 내버려 두어도 좋은가 하면 물론 그렇지도 않다. 비록 신문보도 내용이 '진실의 복사'라거나 또는 '진실의 단편'에 불과하다 하더라도 진실을 추구하는 의지는 신문의 근본 의의이기 때문이다.

2. 작위의 오보와 부작위의 오보 — 작위의 오보는 신문의 범죄다.

그러면 순수한 객관적 신문을 저해하는 장애 요인으로서의 오보 문제만으로 좁혀 논급하기로 한다.

위에서 이미 언급한 바 있는 어떤 강제적 체제나 사회 상황에서 빚어지는 '눈에 보이지 않는 오보', 말하자면 넓은 의미의 오보 문제는 가급적 본 세미나의 토론 과정에서 심각하게 논의될 것으로 기대하며 다만 여기서는 오보의 작위성의 차원에서 본 작위적 오보와 부작위적 오보만으로 나눠 다뤄보기로 한다. 본 항은 가시지의 견해임을 밝힌다.

취재 기자는 언제나 모든 사건(뉴스거리)의 전모(全貌)를 틀림없이 전달하려고 취재활동을 한다. 그런데도 기사는 자칫 여러 가지 점에서 잘못을 덮는 경우가 많은데 이것이 이른바 부작위의 오보에 속한다. 그러나 결코 이 같은 경우만 있는 것은 물론 아니다. 처음부터 조작된 기사도 있다. 그것은 한마디로 고려의 여지도 없는 범죄로서 작위의 오보라고 불린다.

　이 작위의 오보로 해서 전쟁까지 일어난 사례도 있다. 1880년의 보불(普佛) 전쟁의 경우다. '엠즈' 전파사건이라 불리는 것이 그것으로, 스페인 왕위 계승 문제를 정략적으로 이용해서 프러시아 재상 비스마르크가 허보(虛報)를 유포시킨 것이었다.

조작 기사는 범죄

　전후(戰後) 일본에도 이른바 '3대 오보(三大誤報)'라 불리어온 작위적 오보가 있었다. 그 하나가 1950년 9월 27일 ≪조일신문≫ 지상에 나온 '잠복 중인 일공간부(日共幹部) 이등률(伊藤律)과 ≪조일신문≫ 장강(長岡) 기자와의 보총산중(寶塚山中)에서의 회견(會見)'이라는 가공(架空)의 특종기사였고 하나는 1952년 4월 9일 일선(日船) 모쿠세 호(目星號) 조난 때 전원(全員) 구조의 정보를 믿은 나가사키 ≪민우신문(民友新聞)≫이 우연히 함께 배에 탔다 만담가(漫談家) 대십사랑(大辻司郎)의 조난담을 대서특필한 기사였다. 나머지 다른 하나는 1959년 6월 20일에 있었던 세일론 일식(日蝕) 관측 때 공동통신사(共同通信社)가 미리 계약 신문사에 배포한 예정 원고의 지시를 잘못 하는 바람에 때마침 우천(雨天)이어서 관측 등을 할 수 없었는데도 어처구니없게도 "맑은 하늘에……" 운운제하(云云題下)의 일식 관측 기사가 각 신문 지면에 나온 일 등이다(成戶又一編 '오보' 재인용). '3대 오보'라고는 하지만 일본의 경우 그 후에도 이보다 훨씬 앞지르는 오보가 많이 있었으리라 짐작되고 극단적으로 말하면 오보가 없는 지면은 하루도 없다 해도 과언은 아니다. 그런데 이제 전술(前述)한 3대 오보를 살펴보면 작위의 오보가 일어나는 데는 각각 다른 원인이 내재하고 있다는 것을 알 수 있다. '3대 오보'의 첫째 것은 기자의 특종 의식, 둘째 것은 신문사 간의 경쟁의식, 셋째 것은 예정 원고가 제각기 원인이 되고 있다.

취재 기자가 항상 염두에 두고 있는 것은 타사의 손이 미치지 않는 취재를 하는 것임은 물론이다. 그러나 특종 의식이 지나친 결과 항상 작위의 오보를 일부러 하는 사태까지 있어서는 문제이다. 특종이 공명심(功名心)의 산물이어서는 안 된다. 만일 기자의 특종 의식에 편승, 다른 사람의 조작의 손이 더해지면 너무나 엄청난 위험이 따르게 된다.

신문사 간의 경쟁의식도 우리나라 신문의 경우 너무도 크다고 하겠다. 둘째 예의 경우는 담당기자인 개인의 공명심의 문제가 아니다. 한 사(社)의 편집국에서 만들어진 기사인 만큼 한층 더 비난받게 된다. 특종에 대한 이상한 집착은 언제부터인지 뿌리 깊다. 아직까지도 아무리 보도해야 할 기사라 해도 타사가 먼저 지면에 게재하면 뒤늦게 보도하는 것을 꺼림칙하게 여기는 풍조가 그대로 남아 있다. 이상의 두 가지 예는 작위의 오보를 낳는 원천이라고 해도 무방할 것이다.

셋째 예는 우연히 오보를 낸 경우이긴 하지만 실제로 관행적으로 되어 있는 일로 이른바 예정 기사는 처음부터 오보의 조건을 충분히 구비하고 있다 하겠다. 이 예정 원고도 신문사 간의 경쟁의식 때문에 나온 것으로 일소하지 않으면 안될 악폐로 지적되고 있다.

3. 부작위 오보는 통상적이다

그러나 일반적으로 오보라고 하면 부작위의 오보를 가리키는 것이라고 생각해도 좋다. 그러면 이러한 부작위의 오보가 생기는 이유는 무엇인가. 그 이유 중 하나는 신문에서 불가피한 시간상 제약을 무시할 수 없다는 것이다. 그것도 취재·편집의 양면에서 볼 필요가 있다.

우선 취재의 면에서 볼 때 마감 시간의 제약 속에서 활동하는 기자로서는 설사 불완전한 취재라고 의식하고 있다 하더라도 일정 시간까지는 당면의 사태에 관해서 그 윤곽을 송고(送稿)하지 않으면 안 된다. 따라서 불완전하다는 것을 알면서도 송고하는 경우가 많다. 정변 등의 경우가 그 좋은 예인데 정변의 외중에서 뛰어다니는 기자로서는 어쩔 수 없는 경우가 적지 않다 하겠다. 따라서 만약 새로운 사실을 입수했다고 하더라도 시간적으로 이미 늦어버린 경우가 너무도 많다.

다음으로 편집의 과정에서도 시간의 제약은 크다. 아무리 유능한 Copy-reader라 하더라도 그 능력의 한계가 있기 때문에 정해진 시간 안에 원고를 정리하다 보면 불완전함을 면할 수는 없다. 그러한 경우 어느 제목에도 신경을 쓸 수 없다. 불완전한 표제, 흐린 표제가 지면에 나타나는 일도 있다. 지명이나 인명의 오기, 오자, 탈자 등도 취재 기자의 잘못이 그대로 편집 기자의 눈을 벗어난 결과인 경우가 많다. 더구나 이것은 공무 과정에서도 착오가 추가되어 교정이라는 최종 관문까지 지나쳐 지상에 나타나는 일도 있다는 것은 주지의 사실이다. 이러한 부작위의 오보는 또 다음과 같은 기자 측의 사정과 결부되어 생긴다.

의외로 많은 오보 요인

첫째, 뉴스에 접근하는 기자의 입장이 문제다. 기자 개인은 신문의 본질의 하나인 중립성의 입장을 견지하고 있다 하더라도 그 자신의 심적 태도는 외부에서 일어나고 있는 사태를 우선 자기 척도에 걸려고 한다. 물론 그 태도가 지나치게 명백하게 되어 소속 회사의 방침을 일탈하는 정도에 이르면 그 기사는 실리지 않게 되기 때문에 거기에 자연히 한계가 있기는 하지만 뉴스에 그의 가치를 부여할 때의 판단에는 어떤 종류의 영향을 주는 것이라고 생각되는 것이다. 실제로 모든 뉴스에는 지적되지 않는 오보의 부분이 포함되어 있다고 해도 과언이 아니다. 물론 여기까지 파고들어 가면 신문기사는 성립되지 않는다. 기자는 될 수 있는 한 진실의 갖가지 측면에 접근하려고 노력한다. 그러나 기자를 묶는 시간의 제약 또는 그 능력, 또 기자의 심적 태도 등의 요인은 서로 결부되어 그 행동을 제한한다. 따라서 기자는 자기의 입장에서 취재하기 쉽다. 항상 접근하고 있는 측면으로부터의 어프로치가 스스로 그 입장을 규정하는 일도 있을 것이다. 아무튼 오보를 피하기 위해서 기자는 자기의 '입장의 포로'가 되어서는 안 된다.

둘째로 뉴스에 대한 판단력이다. 이것은 입장의 문제로부터 당연히 나오는 문제이지만 뉴스는 여러 가지 측면을 가지고 있으며 더구나 그것은 일정불변이 아니라 항상 움직이고 있다. 따라서 판단력이 작용할 여지는 매우 크다. 뉴스는 기자의 판단력에 의해서 제공된다고 하는 편이 오히려 나을지도 모른다. 단순한 사고나 천재(天災)같은 보도는 그리 곤란하지 않지만 인간관계가 복잡하게 얽힌 정치 문제 등은 최후의 감정자(鑑定者)는 판단력이다. 더구나 거기에는 예단(豫斷)의 요소가 많다. 따라서 그만큼 위험 요소가 많이 개재된다. 송고할 때의 정세로 보아서는 그 예단이 옳았는데도 그 후 정세가 다변하는 경우도 적지 않고, 또 이해관계라는 정치가의 언동 뒤에는 일단 자기가 말한 것이라도 사태가 불리해지면 오보라고 몰아붙이는 면도 없지 않기 때문이다. 기자의 판단력 문제와 관련, 일본에서는 이른바 기자실(기자 클럽)에 대한 논란도 있었다 한다. 취재의 편의라는 점에서 장점도 있지만 이 조직이 권력자와의 결탁을 가능케 하고 따라서 자유로운 보도, 자유로운 판단을 저해하는 점도 크다는 것이다. 따라서 이 조직은 기사의 편견을 낳는 매체가 될 위험성을 안고 있기도 하다는 것이다. 틀린 기사를 쓰는 것이 물론 오보이지만 이 조직에 소속되어 있기 때문에 어떤 뉴스를 고의로 발표 제한하거나 쓰지 않고 버리는 일도 엄연한 의미에서 '오보 개념'에 넣어야 한다는 비판도 있었다는 것이다.

실례로 기자의 표현력이 문제다. 오늘날 정확한 표현이 요구되는 것은 주지의 사실이다. 기자가 직면한 사태에 아무리 바른 판단을 내릴 수 있다 하더라도 기자의 문장 표현 능력이 낮다고 한다면 부지불식간에 틀린 보도가 될 위험은 많아진다. 하물며 그 원고가 데스크를 거쳐 편집 기자의 손에 이르는 것이기 때문에 부정확한 표현은 더욱 표적을 벗어나 활자화될지도 모른다. 이와 같은 오보의 심화를 낳는 원인은 기자의 표현력에 있다고 해야 한다. 또 그러한 부정확한 표현은 편집 기자의 뉴스 밸류 판단을 흐리게 할 우려까지 있다. 따라서 부당하게 가치가 높게 또는 낮게 평가되어 지면에 잘못 취재되거나 또는 쓰레기통에 버려지는 것도 오보의 범주 속에 넣을 수 있지 않을까.

셋째는 기자의 신체 상황에서 오는 부작위의 오보를 생각할 수 있다. 피로에서 오는 흥분은 부주의를 증대시키고 또 같은 일을 되풀이하는 것도 주의력을 마비시키는 요인이 된다. 오염과 편집국 내의 공기, 끊임없는 소음, 전등 아래서의 집무 등 모든 요건은 가속도적으로 피로를 증대시킨다. 물론 이 같은 상태는 편집국 이상으로 공무국(工務局)에도 해당된다. 이러한 편집, 공무국의 피하기 어려운 악조건으로부터 생기는 뉴스 탈락, 발견할 수 있는 사실의 착오, 오자나 탈자, 교정에 있어서의 오자의 누락 등 편집상 나타나는 오보와 활자의 오식, 판을 짤 때의 잘못 등 공무상 나타나는 여러 가지 오보가 눈에 많이 띈다 하겠다.

4. 오보 발생의 원인들

전 항에서도 다소나마 언급했지만 이 항에서는 오보를 낳는 원인에 대해 에밀 도비파트와 오노 히데오의 견해를 빌어 총괄적으로 훑어보기로 한다. 여기서 말하는 오보란 물론 좁은 의미의 오보를 일컫는다. 에밀 도비파트는 순전히 보도자들의 주관적 각도에서 오보 발생 원인을 분석하고 있으며, 오노 히데오는 일반적인 오보의 원인으로서 종래의 문헌에 나타난 것을 분류해서 다루고 있다.

에밀 도비파트는 오보 발생 요인(Die Fehlerquelle der Nachricht)으로서 다음 세 가지를 들고 있다.

첫째로, 오보는 보도자의 신체적 결점(Physiologischer Fehler) 때문에 빚어진다는 것이다. 예컨대 오청(誤聽, Verhören)이라든지 오인(誤認, Versehen), 간과(看過, Übersehen) 등을 들 수 있다.

둘째로, 전달 과정상의 기술적 결함(Technischer Fehler der Übertragung) 때문에 오보가 생겨날 수 있다는 것이다. 말하자면 오기(誤記, Schreibfehler), 오식(誤植), 중계 방해(中繼妨害, Übertragungsstörung) 등이다.

셋째로, 어떤 특정 사건을 접할 때의 보도자의 심리적 상태에서 오보가 발생할 수 있다는 것이다. 보도자가 지나치게 동의적이거나 부정적일 때, 또 감정에 사로잡힌다거나 냉정할 때, 또는 이성을 잃었거나 판단력을 상실했을 때 등의 경우에 너무 보도자의 주관적 영향(Subjektive Beeinflussung)에 치우친 나머지 오보를 낳게 될 가능성이 많다는 것이다.

속보(速報) 경쟁의 문제

한편 오노 히데오가 오보의 원인으로 총괄적으로 분류하고 있는 내용은 다음과 같다. 즉, 아래의 경우에 오보가 나온다는 것이다.

① 보도의 전달을 지나치게 신속을 원칙으로 하기 때문에 충분한 조사를 할 틈이 없다.

② 속보 경쟁 때문에 '예정적 사실'에 대해서 예상 기사를 작성하는 경우

③ 미래에 발생할 사실에 대해서 독자의 관심도를 고려, 예측에 가까운 추측 기사를 쓰는 경우

이상의 경우는 속보 경쟁이나 특종 의식 때문에 나오는 것으로 하루 빨리 없애야 할 폐단이라 할 수 있다.

④ 기자의 식견이 낮기 때문에 사건의 추이를 깊이 이해하지 못하는 경우 쉽게 오해에 빠지기 쉽다. 일례로 오노 히데오는 이 같은 측면에서 기자구락부에 대해 호의를 보이고 있는데 그 이유는 기자 클럽 회원은 일정한 장소에서 상당 기간 동안 취재하므로 문제에 대한 이해가 깊어 오보에 빠지는 일이 적을 수 있기 때문이다.

⑤ 동시대 분위기에 움직여져서 판단을 흐리게 하는 경우가 있다. 동시대 분위기에 따라서 판단을 잘못 하는 일이 많은 것은 신문 그 자체

의 본질로부터 생각해도 결코 부자연스러운 것은 아니다. 전시(戰時)중에 화약고의 폭발이 있으면 바로 스파이의 행위로 판단한다든지 우익 사상이 유행할 때는 청년의 탈선행위를 곧바로 거기에 결부시켜 판단하는 것이 그 같은 예다.

⑥ 일방적 진술만을 근거로 기술할 경우에 오류가 많다. 일방적 진술만을 바탕으로 기사를 쓰는 일은 될 수 있는 한 피하는 것으로 되어 있으나 이 진술 밖에는 다른 자료가 없는 때가 많다. 예컨대 경찰 기사 같은 데서는 당국과의 일방적 진술에 의한 것이 많은데 이 진술이 당국자의 오해였을 때가 많다는 것이다. 이 같은 경우는 취재원이 봉쇄(封鎖)되었을 때 두드러지게 나타남은 물론이다.

⑦ 정확성을 경쟁하느라고 불확실한 것을 오히려 확실한 것처럼 꾸미는 경우도 있다. 이 같은 경우에는 신문 자체로서는 적으나 일선 기자가 이러한 부정을 행하는 일은 적지 않다. 예컨대 불확실한 것을 확실한 것처럼 꾸미기 위해 어떤 확실한 소식통을 이용하는 것 등이 그것이다.

5. 오보에 대한 책임

이상 개괄한 대로 오보가 생기는 요인은 갖가지임을 알 수 있으나 오보를 아주 근절할 수는 없을 것이다. 그러나 비록 오보가 부작위적으로 어쩔 수 없이 생긴 것이라고 하더라도 신문은 그 오보를 그대로 방치해 둬서는 안 된다. 우리나라의 경우 사회 법익이나 국가 법익의 침해가 문제시되었을 때 현실적으로 법률적 강제에 의해 기자의 파면(罷免), 더 나아가 신문사의 폐쇄를 할 수 있을 정도까지 되어 있기도 하지만 책임

문제와 관련, 신문이 스스로 행할 수 있는 수단은 두 가지가 있다. 정정(訂正)과 취소(取消)가 그것이다.

신문은 정정과 취소로써 일단 오보의 책임을 피할 수 있다. 주지하는 바와 같이 정정은 틀린 부분을 고치는 것이고 취소는 전문이 오보인 것을 신문이 인정하는 것이다. 정정이나 취소도 자발적으로 행하는 경우와 법률적 제소나 또는 윤리위 제소 등 청구에 의해서 되는 경우가 있다. 이 두 가지 조치는 신문이 기사에 대해서 책임을 진다는 것을 분명히 하는 것으로서 이것에 의해서 오보 기사가 아무런 악의가 없음을 증명하는 것이기도 하다.

앞서도 얘기했듯이 청구가 있어야만 정정이나 취소 내용을 게재하는 것은 물론 아니다. 최근에 들어 거개의 신문사가 사내에 기사 심사 기관을 두고 기사에 대해 심사를 하고 있다. 또 밖에서 청구가 있을 때는 그 사실 여부를 조사하여 청구를 거절하거나 조사결과가 오보로 인정되는 경우에는 바로 앞서의 조치를 취한다. 이와 같은 신문사 자체의 조치가 뒤따름으로써 독자들은 오보가 실리더라도 신문을 신용하게 되는 것이다.

그러나 막상 신문은 이 책임을 눈에 띄게 다하지 못하고 있는 듯하다. 정정이나 취소가 아주 형식적으로 취급되고 있지 않나 하는 인상이다. 그래서는 책임을 자각하고 있다고 답할 수는 없다. 오보에 대한 신문의 책임은 정정과 취소라는 것은 말할 필요도 없다.

그러나 문제는 그것으로 다 해결된다고는 말할 수 없다. 오보로 인한 명예 훼손(libel)과 프라이버시의 침해 문제, 즉 개인 법익의 침해 문제가 자주 클로즈업되고 있다. 사실 오보를 근절할 수 없는 한 이와 같은 경우와 같이 단순한 정정이나 취소로 끝나지 않는 경우가 많다. 개인의 명예와 프라이버시에 대한 침해는 작위의 오보에서는 물론 부작위의 기사에서도 자주 일어날 수 있다. 이런 경우 윤리위에의 제소, 법률적 소제기가 있을 수 있다.

취소·정정기사만으로는 부족

논란이 될 수 있는 것은 오보로 인한 이른바 사회 법익과 국가 법익의 침해 문제다. 사회 법익과 국가 법익의 침해 문제는 언론의 제약 문제와 관련, 곧잘 마찰을 빚고 있기도 하다. 이런 경우엔 대부분 문제가 표면화되면 으레 형사 소추되는 예가 많았던 게 사실이다.

그다음으로 생각할 수 있는 것이 당국이 법 절차에 따른 집행을 유도하는 경우다. 이 경우는 물론 개인 법익의 침해 문제를 언론 제약의 방편으로 악용할 수 있다는 점에서 문제점을 던지고 있다. 실제로 당국이 개인의 법익을 침해한 오보 사실을 인지, 이를 형식상 소제기토록 유도한 케이스도 많이 있을 것 같은데 일례로 지난 1974년 4월 박영복사건 취재를 둘러싸고 빚어진 이른바 '이원달 기자 구속사건'에서도 이 같은 인상을 받기도 했다.

이상에서 보았듯이 오보에 대한 보도자(신문사까지도 포함)의 책임은 신문 스스로 행하는 정정과 취소, 윤리위의 제소 심의 결과에 따른 정정과 취소, 법률적 소제기와 당국의 법률 절차에 따른 처분(형사 소추 등)으로 요약된다.

아무튼 이른바 넓은 의미의 오보에 대한 근원적 책임은 신문과 기자가 소속된 체제와 사회 상황에 지워져야 한다고 말할 수 있겠지만 그렇다 하더라도 일정 체제와 사회 상황을 인정할 경우에는 한 가지의 오보라도 더 내지 않으려는 노력이 신문과 보도자의 책임의 자각 위에 이루어지지 않으면 안될 것이다. 또한 공중(독자)에 대한 성실이 신문이 지니는 가치의 근저(根抵)를 이루도록 해야 할 것이다. 신문의 성실이 중요하다는 것은 미국 신문편집인협회의 신문윤리강령과 한국신문윤리강령(보도와 평론의 태도)에 각각 다음과 같이 기술되고 있기도 하다.

신문 미래의 기능은 개인이 행동하고 느끼고 또한 생각하는 것을 널리 인류에게 전달하는 데 있다. 그러므로 저널리즘은 그 종사자들에게 광범한 지성과 지식 및 경험과 아울러 선도적이며 훈련된 관찰력, 그리고 판단력을 요구하는 것이다. …(중략)…, 독자에게 성실한 것은 모든 저널리즘이 지니는 가치의 근저를 이룬다. 성실감에 투철하여 진실을 전하는 것만이 신문의 책임이요 의무이다. 그것이 미치는 범위 내에 있다 없다 간에 철저와 정확을 기하지 못한다든가 또는 이러한 본질적인 자질을 구사하지 못하는 것은 허용될 수가 없다…….

……보도와 논평은 그 능력이 미치는 한 철저와 정확을 기하여 공중에 대한 성실을 저버리지 말아야 한다.

다양한 언론플레이 칵테일로 오보 퍼레이드
새 정부 요직 하마평 기사를 보고

새 정부의 요직 인선을 둘러싼 하마평과 관련한 일련의 오보사건은 언론의 보수주의와 편의주의적 타성에 편승한 언론플레이 때문이 아니었나 생각된다.

지난 5·6공 정부와 사뭇 다른 차별적 변화와 개혁을 다짐해온 김영삼 정부의 출범과 함께 우리나라 언론 체제와 미디어의 성격도 이 같은 정치 체제의 대변혁에 발맞춰 크게 변화될 것으로 예견되었으나 변화의 외연적 성과는 아직까지 뚜렷하게 나타나고 있지 않은 것 같다.

기왕에 보수주의 성향을 보여온 신문들은 부분적으로는 대변혁의 물결을 수용하여 새로운 활로를 모색하려는 움직임을 보이고 있는 듯도 하지만 대부분의 신문들이 정치보도의 왜곡된 관행을 청산하지 못함으로써 새 시대에 걸맞은 '개혁 언론'으로서의 이미지를 구축하지 못하고 신문의 신뢰성마저 떨어뜨리고 있다는 비판이 제기되는 실정이다.

* ≪신문과 방송≫, 1993년 4월.

정치보도의 왜곡된 관행

최근의 신문보도에서 흔히 나타나는 정치보도의 그릇된 관행 가운데 대표적인 유형으로는 축소 및 삭제보도와 과장보도, 선택보도, 굴절보도 등과 같은 일상화된 오보의 관행을 들 수 있다. 무보(無報), 즉 보도할 가치가 있는 뉴스 내용을 보도하지 않고 외면해 버리는 보도의 침묵 현상도 이 범주에 넣을 수 있을 것이다.

일련의 왜곡된 정치보도의 관행에 대한 사례들은 신문별 특성에 따라 다양하게 나타나고 있지만, 중앙 일간지들이 공통적으로 '오보 퍼레이드'를 벌인 사례도 있었다.

새 대통령 취임을 앞두고 단행된 청와대 비서실 인사와 김 대통령 취임 후 발표된 새 내각 구성과 관련한 하마평 기사가 바로 그것이다. 우리나라 신문들은 김영삼 대통령 취임을 열흘 가까이 앞둔 시점부터 새 정부의 요직이라 할 수 있는 이른바 '빅 포(big four)', 즉 국무총리, 감사원장, 청와대 비서실장 및 안기부장 등의 요직 인선 윤곽에 대한 '그림 그리기'를 시작했었다. 그런데 막상 인선의 뚜껑을 열고 보니 그동안 과열 양상마저 보이던 신문들의 추측 또는 예상보도가 대부분 빗나감으로써 신문의 하마평 관련 보도 내용이 대부분 오보였음이 적나라하게 드러났다. 신문들은 이들 고위인사의 인선 내용과 관련하여 김 대통령의 '의표를 찌르는 인사 스타일' 또는 '요직 인선과 관련해 의중을 드러내지 않는 비밀주의' 때문에 정통한 소식통과 정확한 정보에 기초하고 있지 않음을 기사 속에서 스스로 내비치고 있으면서도 감과 추측 및 관측에 의한 '안개기사'를 마치 사실 보도처럼 스트레이트기사나 해설기사 또는 가십기사로 기사화하여 신문들마다 오보 퍼레이드를 벌이는 무책임한 언론의 모습을 보여줌으로써 독자들을 크게 실망시켰던 것이다.

하지만 이번의 하마평을 둘러싼 언론플레이는 과거의 그것과 다른 모습을 보였다고 여겨진다. 여기서 말하는 언론플레이는 특정 정권이나 정치 집단에서 그들의 정치적 의도를 충족시켜주기 위해 언론을 동원하거나 이용하는, 즉 언론에 의도적으로 흘려 국민들의 반응을 저울질하는 것과 같은 좁은 의미의 개념이 아니라 언론사 스스로 자기의 기득권 유지를 위해 지면을 이용하거나 전파를 이용하여 언론사 측과 친밀한 관계에 있는 인사들을 하마평에 오르게 하거나 특정 언론사와 특정 언론사의 간부 또는 일선 기자와 밀접한 관계에 있는 인사가 신문을 이용하여 마치 자신이 내각 등 정부 고위직에 등용될 것처럼 선전보도되게끔 유도하여 인선 과정에 영향을 미치려는 이른바 '자가발전(自家發電)' 방식까지 포괄하는 넓은 의미의 개념을 뜻한다. "○○○의 이름이 간간히 나오고 있다", "○○○가 등용될 것이라는 게 지배적인 관측이다", "○○○이 하마평에 오르고 있다" 등의 스타일이 그런 범주에 드는 방식늘이다.

지난 2월 22일치 어느 조간신문 3면에 보도된 해설기사 "새 정부 조각 어떻게 되나" 제하의 내용을 중심으로 이들 두 가지 사례를 예시해 보기로 한다.

먼저 정부가 언론을 이용하는 경우의 언론플레이의 실례를 보기로 하자.

국무총리 인선과 관련, 김 차기대통령은 가능한 한 호남 출신 원로를 기용하고 여의치 못할 경우 실무형 덕망가를 택하려 했던 것으로 알려졌다. 그러나 적임자 물색이 쉽지 않아 '화합 속의 새 출발'이라는 대국민 이미지를 충족시킬 인사라면 기용하겠다는 생각도 아울러 갖고 있었다는 것이다. 이런 맥락에서 지속적으로 거명된 인물이 김준엽 전 고려대 총장과 호남 출신의 홍남순 변호사, 이돈명 전 조선대 총장, 윤관 중앙선관위원장, 황인성 민자당 정책위의장 등이었다. 이들 중 김 전 고려대 총장과 홍 변호사는 국민들의 '신망'이 두텁고 김 차기대통령과는 '국가 경영'에 대한 의견을 교환해 온 터여서 유력 후보로 부각되어왔다. 다만 홍 변호사는 고령으로 건강이 염려된다는 지적이 많았고, 김 전 고려대 총장은 본인이 극구 고사하고 있다는 후문이다. 만약 김 전 총장이 고사의 뜻을 굽히면 문민 정부의 첫 총리로 굳어졌을 것이다. 하지만 김 전 총장의 고사가 완강하기 때문에 원만한 이미지와 실무 능력을 겸비한 윤 선관위원장으로 낙점되었다고 보인다…….

다음으로 특정 신문사 측 또는 특정 인사가 언론을 이용하여 '자가발전'을 꾀하는 경우를 보자.

김 차기대통령의 자신감 있는 인사 스타일로 미루어 일단 김 차기대통령과 지근(至近)거리를 유지해온 새 인물이 대거 등용될 것이란 게 지배적인 관측이다. 부총리 겸 경제기획원장관에는 황인성 민자당 정책위의장과 강경식 사공일 전 재무장관, 한승수 전상공장관 등이 거명되고 있다. 여기에 황병태 전 의원이 최근 들어 김 차기대통령과 직간접의 접촉

횟수가 많았다는 전언이 있어 '다크호스'로 부상 중이라는 얘기. 외무부
장관에는 직업외교관 서열로 볼 때 신동원 주독대사, 노재원 주중대사,
공노명 외교안보연구원장 등이 물망에 오르고 있고 이홍구 주영대사 기
용설도 심심찮게 나오고 있다…….

우리나라 신문들이 앞다투어 벌인 이번의 하마평 경쟁은 언론플레이
의 깊은 뜻이 어디에 있는지는 모르겠지만 이 같은 다양한 언론플레이
방식이 칵테일되어 나타난 결과가 아닌가 싶다.

오보의 정치사회학

앞서 제시한 바와 같이 오보는 언론을 교묘하게 이용하려는 정치 세
력과 정치인들에 의해 제공된 '잘못된 정보에 의한 오보(misin-
formation)'와 '작위적으로 잘못 보도하는 오보(misreporting)'가 있을 수
있다. 언론사가 독자와 시청자를 늘리기 위해 허위 기사를 작성하거나
가짜 프로그램을 제작하는 조작 보도도 이 범주에 포함시킬 수 있을 것
이다. 하지만 misinformation적 오보이건 misreporting적 오보이건
간에 신문사와 신문기자가 잘 모르고 보도하는 경우도 있을 수 있다.
이 경우의 오보를 일반적으로 좁은 의미의 오보로 보고 있다. 이러한
범주에 드는 오보로는 제작상의 오자나 오식, 오제 등에 의한 제작상의
오보와 언론사와 기자가 취재원에 이용당하거나 부정확한 정보에 기초
한 취재의 부족 또는 빗나간 특종 의식이 화근이 되어 무작위적으로 잘
못 보도하는 경우 등을 들 수 있다.

이러한 관점에서 볼 때 대부분의 오보는 언론사가 놓여 있는 정치사회적 변인에 의해 생산되는 경우가 많다. 그 가운데서도 특정 언론 이데올로기와 특정 언론 체제에서 나타나는 오보는 흔히 있는 일이다. 강압적 언론 체제나 그와 같은 사회 상황에서 배태되는 이른바 무보와 선택보도, 굴절보도가 그런 예이다. 이런 경우 나타나는 오보는 어떤 강제 아래서 또는 보이지 않는 구속력 아래서 보도할 것을 보도하지 못하게 하거나, 보도하지 않아야 할 것을 보도해야만 되고 한 걸음 더 나아가 거짓보도까지 하게 되는 권위주의적 언론 체계, 예컨대 비상계엄하 등과 같은 특수한 사회 상황 아래서 파생되는 '언론 현상은 바로 오보의 언론 자체'라고 해도 지나친 말은 아니다.

우리나라의 경우 지난 제4공화국 시대 언론을 제약하는 「긴급조치 9호」가 그와 같은 실례로 볼 수 있을 것 같다. 그 당시 이 조치를 위반했을 경우 기자의 파면 및 신문사의 폐쇄까지 할 수 있었는 데다 비상계엄하에서와는 달리 검열을 규정하고 있지 않아 사실상 언론기관과 언론인들에게 더 큰 제약요인이 되었던 사실에서 '오보 언론'의 가능성을 쉽게 발견하게 된다. 이처럼 위축된 언론 상황 아래서 오보의 언론이 나오지 않으리라는 장치는 없다고 하겠다. 이와 같은 어떤 강제적 체제나 사회 상황에서 빚어지고 있는 '눈에 보이지 않는 오보'도 작위적 오보라고 볼 수 있다.

그러나 언론 체제의 경직성으로 말미암아 무작위적인 오보를 낳는 경우도 있다. 다음에 제시하는 하나의 실례에서 우리는 그 같은 경우를 발견하게 된다. 지난 1980년대 초 어느 해 11월 첫 주말의 일로 기억된다.

우리나라의 신문과 텔레비전 방송 및 라디오 방송 그리고 전국 지방

망을 갖춘 연합통신은 일제히 큼지막한 정정기사를 내보냈다. 전국지
와 지방지, 중앙 방송국(Key station)과 지방 방송 가맹국(affiliation), 공
영방송국과 민영 방송국을 가리지 않고 연합통신과 특수지까지 합쳐
전국의 언론 매체들이 이처럼 나란히 자율적으로 정정기사를 내보낸
것은 근래에 처음 보는 이례적인 언론 현상이었다. 이 정정기사는 불과
2, 3일 동안이었지만 한국판 플란더스의 개로 일컬어지면서 그 기사에
노출된 수많은 독자들에게 무한한 감동을 안겨주었고, 점차 메말라만
가는 우리 사회의 구석구석까지 스미게 했던 경남 함안의 충견 바둑이
이야기가 뒤늦게 알고 보니 그 동네 어린이들이 꾸며낸 거짓말이라는
내용이었다.

이 오보사건은 어찌 보면 그냥 지나쳐버릴 수도 있는 사건이었는지
도 모른다. 한국판 플란더스의 개 오보사건의 경우에 모든 언론기관들
이 어린이 말장난에 따라 춤을 추었대서 그게 뭐 그리 대단한 사건이냐
고 치부해버리면 그뿐일 수도 있었다. 그렇지만 이 함안 오보사건이 던
져준 의미는 크다고 하겠다. 오보를 낳고, 오보가 또 다른 오보를 낳으
면서 오보 속에서 속보 경쟁까지 벌인 이 언론기관들의 오보 퍼레이드
는 경직된 언론 상황과 획일화된 언론 체계를 그대로 드러냈다는 측면
에서 문제의 심각성을 찾을 수 있었다. 더욱이 그 어느 때보다도 언론
의 책임이 강조되는 「언론기본법」하의 사회 상황 아래서 획일적으로
연속적으로 '오보의 풀'을 받아온 언론의 이 같은 경직된 자세야말로
오늘의 한국언론의 한 단면을 보여주었다.

오보의 풀, 그것은 정보접근권을 근간으로 하는 커뮤니케이트권의
포기이다. 여기서 말하는 정보접근권은 수용자에게만 해당되는 권리는

아니다. 송신자, 즉 언론기관에도 역시 관련되는 권리인 것이다. 풀이 남용되는 권리인 것이다. 풀이 남용되는 언론 상황은 어제 오늘의 일이 아니지만 정보 접근이 허용되고 있지 않거나 제한되어 있는 경우 그것은 바로 커뮤니케이트권의 포기에 지나지 않는다.

한편 작위적 오보 가운데 독자 확보 경쟁, 시청률 증대 등 언론사의 이익을 위해서 인위적으로 오보를 낳는 사례도 흔히 있다.

다음으로 기자의 이익이나 특종의식 때문에 허보(虛報)를 생산하거나 조작하는 경우도 있다.

신문의 신뢰 회복을 위해

청와대 비서실 요직 인선 작업을 시작으로 새 내각 구성과 차관급 후속인사, 그리고 최근 화제가 되었던 몇몇 신임각료의 돌연한 퇴장에 따른 보각(補閣) 인사에 이르기까지 우리나라 신문들은 결과적으로 연속적 오보로 점철된 보도 경쟁을 벌였다는 지적을 받기에 충분했다. 이 같은 일련의 '오보 퍼레이드'는 아직껏 그릇된 정치보도의 관행을 극복하지 못하고 있는 우리나라의 언론 매체와 언론인들에게 반성의 계기를 던져주었으리라 여겨지기도 한다. 아무리 문민 민주주의가 채 착근(着根)되지 않은 전환기적 상황이라서 언론 체계가 민주화되지 못하고 부분적으로는 여전히 경직되어 있다고 하더라도 언론인과 언론기관 스스로가 적극적 개념의 커뮤니케이트권을 포기하거나 가볍게 여긴다는 것은 자유롭고 건전한 언론의 지향을 위해 타개해야 할 대목이다. 또한 감과 추측 및 관측에 의한 거짓된 정보를 기초로 오보 경쟁을 벌인다거나 심지어 오보의 풀마저 받는 왜곡된 언론활동은 우리나라 신문이 당면한 최대 과제의 하나라고 할 수 있는 언론의 신뢰 회복을 위해서라도 하루 빨리 지양되어야 할 부분으로 여겨진다.

필자가 지난 제6공화국 출범 3개월 뒤에 실시한 사회 조사 연구 '전환기 한국 신문의 특성'에서 나타난 결과에 의하면 우리나라 신문은 언론 매체 가운데 가장 신뢰를 받고 있으면서도 신뢰도는 상대적으로 매우 낮다는 사실이 밝혀졌다. 즉 조사 대상자인 지식인과 대학생들 가운데 41.2%가 신문을 신뢰하지 않는 것으로 나타났는데 이는 그래도 신문을 신뢰하고 있다고 응답한 비율(47.3%)과 비교해볼 때 그 유의도는 대단히 높은 것으로 볼 수 있었다. 그런데 여기서 주목되는 것은 신문의 신뢰도와 정확성, 객관성 및 공정성 등의 순으로 이 신문 특성 변인들과는 상관관계가 상당히 높은 것으로 나타났다는 점이다. 신문의 신뢰도와 정확성 간의 상관계수는 0.84로 가장 높은 것으로 나타났고, 다음으로 공정성과의 상관계수(0.71) 순이었다. 이 같은 연구결과를 보면 우리나라 신문의 신뢰도가 낮은 것은 대체로 신문의 정확성과 객관성 및 공정성의 정도가 낮기 때문이라는 사실이 어느 정도 입증된 셈이다.

물론 그로부터 5년이 지난 오늘의 이 전환기적 상황에서 우리나라 신문의 신뢰도 수준이 어느 정도이고 신문의 신뢰도와 신문의 특성 변인들 간의 상관관계가 어떻게 변화했는지에 대한 후속적 연구결과는 없지만, 부정확한 정보를 기초로 한 위와 같은 오보 경쟁이 지속되는 언론 형편 아래서 신문의 신뢰도 수준 그리고 신문의 신뢰도와 신문 특성 변인들 간의 상관관계가 크게 변화되었으리라고는 보이지 않는다.

아무튼 신문의 신뢰회복운동은 언론 민주화를 통해 결실을 맺을 수 있겠지만 오보 없는 진실 보도, 객관 보도, 공정 보도를 추구하려는 언론인들의 소명 의식과 자기 성찰 및 자질 향상 노력 그리고 저항정신에 기초한 용기 있는 언론인으로서의 새로운 변화를 통해 신문의 신뢰회복운동은 완성될 수 있다고 여겨진다.

언론의 탈(脫)터부화와 뉴스의 품질

지난 권위주의 시대의 기자들이 취재하기를 꺼려하거나 보도하기를 금기시해온 주요 부분은 청와대와 대통령, 재벌 그리고 언론사 비판 관련 기사가 아니었나 싶다. 이러한 저널리즘의 터부(taboo)는 경직된 정치 체제와 언론 체제가 민주화되면서 점진적으로 무너져 왔다. 30여 년간의 군사독재체제하에서 숨죽여 온 한국언론은 역설적이지만 이제는 오히려 터부의 혁파를 즐기고 있을 정도다.

청와대는 일부 신문의 '악의적 보도'에 대해 잇달아 손배소 등 강력한 법적 대응을 하고 나섰다. 노무현 대통령이 지난 16일 ≪조선일보≫의 1월 12일자 4면 "검찰 두 번은 갈아 마셨겠지만……" 제하 기사에 대해 명예훼손에 따른 10억 원의 손해배상 및 정정보도 청구소송을 서울지법에 제기한 것은 이러한 구체적 사례의 하나로, 이는 노 대통령이 공인 자격으로 언론사를 상대로 한 첫 손배소 청구이기도 하다. 청와대

----

* ≪기자협회보≫, 2004년 2월 18일.

대변인실은 이날 브리핑을 통해 "조선일보의 상기 기사가 명백한 오보임에도 불구하고, 사후 어떤 사과나 반성의 조치가 없어 언론사로서 기본적 도덕성에 심각한 문제가 있다고 판단한 데 따른 것"이라고 그 배경을 설명했다.

청와대가 짧은 집권 기간 동안 이처럼 '잘못된 보도'와 관련하여 법적 대응을 한 사례는 총 49건으로 언론중재위 중재 신청 25건(정정 요청 17건, 반론 요청 8건), 법원 소송 청구 7건, 검찰 고소 2건, 언론사 정정·반론 요청 15건 등이다.

신문의 재벌에 대한 터부도 많이 깨지고 있다. 검찰의 대선 자금 수사와 관련하여 엄청난 액수의 검은 돈이 재벌에 의해 참으로 희귀한 수법으로 정치권에 흘러간 사실이 밝혀지면서 국민적 분노를 사고 있는 데 기인한 것으로 보이지만 한편으로는 시민 단체와 온라인 신문의 연대적 감시와 비판적 보도도 큰 몫을 하고 있는 것으로 보인다. 하지만 재벌에 대한 탈터부화는 메이저 신문과 마이너 신문에 따라 다르게 나타나고 있다. 이러한 경우는 실제로 지난 12일 검찰이 "한나라당이 삼성그룹으로부터 받은 불법 대선 자금이 이미 드러난 112억 원 이외에 170억 원이 더 있다"고 발표한 내용을 보도한 경우에서도 극명하게 드러났다. 마이너 신문들은 한결같이 '삼성, 한나라에 170억 더 제공' 등으로 제목을 달았으나 조중동은 엉뚱하게도 검찰의 편파 수사를 부각시킴으로써 저널리즘의 원칙에서 크게 벗어난 보도를 했다.

동업 언론사 감싸주기도 옛날 얘기가 된 지 오래다. 신문사 간 경쟁이 치열해지면서 정글의 법칙이 지배하는 현실 속에서 신문사간의 상호비판도 이미 전쟁 수준에 다다랐다. 이른바 조중동 삼각구도에서 벗어나

일등 신문의 고지를 차지하려는 ≪중앙일보≫의 시도에 대해 ≪조선일보≫가 지난 가을, 비판에 나서기 시작한데 이어 지난 설날부터 시작된 구독료 인하 전쟁으로 두 신문사의 신경전이 날카롭다. 기사 제목에서 의도적으로 누락시켰던 삼성그룹의 불법 대선 자금 추가 제공 사실을 ≪조선일보≫가 사설을 통해 신랄하게 추궁한 것은 두 언론사 간의 불편한 관계 때문이 아닌가 한다.

하지만 최근의 신문보도를 보면 우리가 소중하게 가꾸고 신성시하고 외경스럽게 지켜가야 할 권위와 가치마저 휩쓸려 붕괴되지 않나 하는 우려마저 제기되고 있다. 노무현 대통령의 탈권위화는 어느 정도 용인될 수 있겠지만 언론이 앞장서서 청와대의 표현대로 '상상할 수 없을 정도의 혐오스런 표현'으로 대통령의 명예를 실추시키거나 폄하하는 일이 다반사로 일어난다면 국가의 이익을 위해서나 언론의 품위를 위해서 과연 바람직한 일인지 되새겨 보았으면 싶다. 언론의 오도된 탈터부화 과정 속에서 뉴스의 품질이 상대적으로 저하되고 그로 인해 신문에 대한 신뢰마저 크게 추락하지 않을까 걱정되기 때문이다.

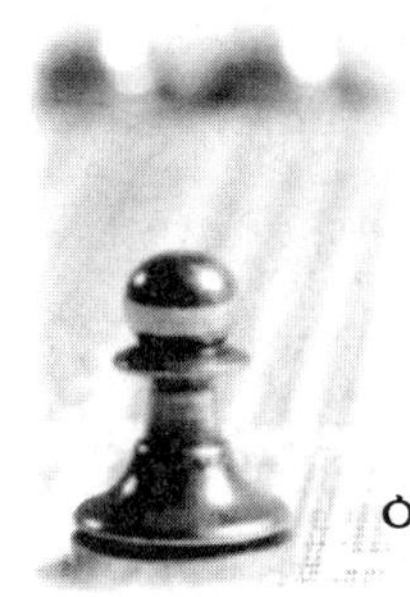

이라크 전쟁 보도의 그늘

    이라크 전쟁은 끝나지 않았다. 부시 미국 대통령이 종전(終戰)을 선언한 지 벌써 1년이 넘었지만 미·영 제국주의 국가들의 이라크 침략에 대한 이라크인들의 저항 전쟁은 계속되고 있다. 최근 미군과 영국군의 이라크 포로 학대 문제가 잇달아 불거지면서 이라크인들에 의한 '저항의 전쟁'은 더욱 거세지는 느낌이다. 이라크인들의 저항의 상징인 이라크인들에 의한 국지전적 폭탄 테러가 북부 모술과 나자프로부터 남부 나시리야에 이르기까지 광범위하게 시도되고 있고, 그로 인한 미군 장병의 사상자가 속출함으로써 이라크에 대한 반전 분위기가 미국 국민들 사이에서 고조되어왔다.

    이러한 미국의 사회적 분위기 속에서 미군에 의해 자행된 팔루자 전투에서 빚어진 대규모 민간인 학살 사건에 뒤이어 성난 이라크인들에 의해 자행된 미국 병사의 시신 훼손 사건이 있었고, 그 무렵에 자행

---

* ≪기자협회보≫, 2004년 5월 12일.

된 것으로 보이는 린디 잉글랜드 일병의 아부 그라이브 교도소에 수감된 이라크 포로에 대한 학대 사진이 지난 5월 초 영국의 한 일간지에 공개된 이후 봇물처럼 터져 나왔다. 10일 발행된 미국의 시사 주간지인 ≪타임≫과 ≪뉴요커≫ 및 ≪뉴스위크≫가 '디카 사진'과 증언을 통해 잔혹한 포로 학대 사실들을 새롭게 공개하자 미국 국민들 사이에 부시 대통령의 하야론까지 성급하게 터져 나오고 있기도 하다는 보도도 있었다.

전쟁의 와중에서 미군들에 의해 벌어진 이러한 용서받지 못할 행위는 이라크 전장에서만의 일은 아니었다. 반세기 훨씬 이전의 한국 전쟁 중에 있었던 노근리 학살 사건과 30여 년 전 베트남 전쟁에서 있었던 밀라이 학살 사건은 미군이 저지른 가장 용서받지 못할 야만적 집단 학살의 이름들이다. 인간의 광기를 보여준 이들 야만적 집단 학살은 즉시적으로 언론에 보도되지 않았다. 400여 명의 양민을 학살한 노근리 사건은 한국 전쟁이 종전된 지 반세기 만인 1999년에 한국 기자인 AP통신 서울지국의 최상훈 기자에 의해 세계적 뉴스가 되었고, 1968년 구정 대공세 때 504명을 학살한 밀라이 사건은 사건 발생 18개월 뒤 베트남전 종군 기자인 ≪뉴욕타임스≫의 세이무어 허시 기자의 양심 보도로 세상에 알려지게 되었다.

세계의 주요 언론은 종군 기자와 특파원을 보내 전쟁 보도를 했지만 인간의 야만적 집단 광기에 대해서는 흔히 침묵하거나 외면했고, 때로는 은폐하기도 했다. 노근리 사건과 밀라이 사건의 경우처럼 주로 브리핑에 의존하는 종군 기자의 특성상 특정의 집단 학살 사건에 대한 정보를 알지 못해 추적을 하지 못할 수도 있다. 이계익 전 ≪동아일보≫ 기자의 자전 소설『소양강은 흐른다』에서 보듯 미군의 피난민 집단 학살과 강간 등 집단 광기는 노근리에서만 자행되지는 않았다. 그 무대는 천안 부근이었다. 소년의 눈에 비친 용서받지 못할 집단 학살은 이처럼 한반도의 여러 곳에서 자행되었으나 한국 전쟁 중의 집단 학살 뉴스는 한 차례도 보도되지 않았다. 소년의 눈에 집단 학살로 비쳐진 기총 소사가 전쟁 보도를 하는 종군 기자의 눈에는 전쟁의 방식으로 이해되었거나 미국의 국가 이익이라는 이름으로 은폐되었는지도 모른다.

이라크 전쟁 보도를 보면서 우리 언론들이 지나치게 미국 언론의 질서에 편입된 듯한 보도 태도를 보이거나 미국 언론의 시각에서 이라크 전쟁을 보고 있는 듯한 착각마저 들게 한다. 자이툰 부대의 파병을 눈앞에 두고 있는 국가적 현실에서 이제 한국언론은 이라크 전쟁의 진실을 국민에게 알려야 한다. 거짓 없는 올바른 정보를 국민에게 그대로 알려 주어야 한다. 국민의 판단이 전쟁 보도의 그늘에 가려져서는 안 된다. 이번 아브 그라이브 교도소 학대 파문 보도의 경우처럼 축소보도를 하거나 '뒷북 보도'를 하는 것은 추가 파병을 앞둔 한국언론의 정도가 아니다.

활력과 품위 없는 어정쩡한 수도권면

우리나라 신문 지면 가운데서 제2사회면 또는 수도권 페이지로 불리는 간지의 맨 마지막 페이지인 제10면이 지면의 개성을 잃은 지는 이미 오래된 듯싶다. 지면이 증면되면서부터 이 수도권 페이지는 광고에 치이고 해설기사에 치이고, 때로는 배경기사에 잠식당하면서 수도권 페이지로서의 처신을 잃고 있다. 이렇게 되고 보니 대부분의 신문들이 전체 지면 가운데서 가장 재미없고 활력 없는, 그렇다고 지면의 품위를 유지하느냐 하면 그러하지도 못한 어정쩡한 면으로 인식하고 있는 터이다. 궁색하게도 해설기사와 배경기사가 없으면 그제야 비로소 수도권 페이지로서 또는 제2사회면으로서의 구실을 하는 지면으로 전락하고 말았다.

수도권 페이지의 이 같은 지면 변화는 어찌 보면 지난 1980년 단행된 지방 주재 기자 폐지와 통신사의 단일화 작업 등으로 빚어진 국내

* ≪신문과 방송≫, 1986년 12월.

언론 질서의 소재와도 얼마간은 관련되고 있을 것으로 보이나, 쓰임새
에 따라서는 독자들에게 가장 유용한 지면이 될 성싶은 이 수도권 페이
지(제2사회면)가 '변동 지면화' 됨으로써 점차 지면의 다이나믹스를 잃고
있는 것이 안타까울 뿐이다. 더욱이 시민으로서의 독자들이 문화적인
삶을 꾸려 나가는 데 절실하면서도 유일한 정보를 제공함으로써 이 지
면이 시민을 위한 중요한 안내자의 역할을 담당할 수 있음에도, 지면이
자율성을 잃고 오용되거나 때로는 정치적으로 악용됨으로써 지면의 활
력과 그 자주성을 잃고 있다는 지탄마저 받기에 이르렀다. 이렇게 됨으
로써 이 수도권 페이지는 어느새 경제면이나 과학면보다도 더 독자들
의 눈길이 미치지 않는 딱딱하고 진부한 면으로 고정관념화되고 있지
않나 하는 생각마저 든다. 시민의 사랑을 받아 마땅해야 할 지면이 시
민의 외면을 받는 면으로 변해버린 것이다.

여기서 하나의 구체적 실례로서 지난 11월 1일부터 며칠 간의 ≪한
국일보≫ 10면에 게재된 기사 내용을 간추려 살펴보면 다음과 같다.

- 1일 건국대 연합시위 상보(詳報)
- 2일 대학별 졸업 정원 내역과 해설, 수도권 뉴스 일부 할애
- 4일 검찰서 밝힌 건대사건, 대검 공안부장과 일문일답
- 5일 화제기사(BOX), 고정란 표주박(BOX), 수도권 뉴스지면의 반
이상 할애
- 6일 공항 로비(고정란), 심층보도 뉴스추적 건대사건 구속 학생 처
리 해설(BOX) 반 이상 차지, 나머지 수도권 뉴스 및 게시판 안내
- 7일 북한의 금강산댐 건설 배경, 이(李) 국방과 일문일답, 표주박(고

정란), 낱말 맞추기, 나머지 수도권 뉴스(지면의 4분의 1가량)

  • 8일 노동부 장관의 불법노동추방 담화 배경 해설기사, 표주박(고정
    란), 광양만 공해 어민 르포, 나머지 수도권 뉴스(지면의 5분의 1정도)

여기서 우리가 주목해야 할 것은 수도권 페이지가 이미 수도권 페이지로서의 기능을 잃었다는 점일 것이다. ≪동아일보≫, ≪중앙일보≫의 경우처럼 이 지면이 문화면으로 변동·전용되고 있는 것은 접어두고라도 그나마 수도권 페이지로 항용되는 경우에도 온통 정치적·사회적 사건에 연루된 해설 또는 배경기사로 지면이 대부분 할애되고, 정작 시민을 위한 안내자로서의 수도권 페이지가 자기 자리를 잡고 있는 경우는 불과 며칠뿐이다. 이것은 비록 이 지면이 변동 지면화되고 있다고 하더라도 지면의 구성과 배열 그리고 편집 과정상에서 자주성을 잃고 지나치게 편의주의로 흐르고 있으며 이 변동 지면화 과정이 자율적으로 제도화되지 못하고 타율에 의해 지배되고 있음을 보여주는 반증이 아닌가 한다(≪한국일보≫ 11월 13일자 참조, 경찰이 분석한 민통련 분석 내용이 거듭 나온다).

중앙지들 가운데 ≪서울신문≫과 ≪경향신문≫이 그런대로 수도권 페이지를 잘 운용하고 있는 듯 보이나 대부분의 내용은 서울시정홍보에 주력하고 있는 듯한 인상을 받게 한다. ≪서울신문≫이 고정란으로 삼고 있는 '토막 뉴스'는 ≪동아일보≫의 '간추린 전국 뉴스'와 함께 시민들을 위한 안내자의 역할을 하고 있으며 특히 '생활총정보란' 같은 고정란은 그 유용성이 돋보였다. 이와 함께 ≪경향신문≫의 대학생을 위한 '아르바이트 통신'과 '시민 상담실', '주말 부동산 정보', '주간 생

활 캘린더', '시민 상담실' 같은 고정란도 그 내용상의 가치 여부를 떠나 그 나름대로 개성을 지니고 있다고 하겠다.

이들 신문 가운데 ≪한국일보≫는 고정 일일 가십란으로 '표주박'을 잘 활용하고 있으며, 주간 고정 가십란으로 ≪동아일보≫의 '이런 일 저런 일', ≪서울신문≫의 '세종로', ≪조선일보≫의 '주간 낙수', ≪한국일보≫의 '주간 잠망경' 등이 독자들의 관심을 끌고 있다. ≪중앙일보≫에는 부정기 가십란으로 '취재수첩'이 할애되는데 ≪중앙일보≫는 이 지면이 대부분 문화면으로 운영되고 있어 취재수첩을 포함한 이 면이 문화면으로 혼동되기도 한다.

그리고 이들 중앙지의 수도권 페이지에는 특색 있는 일선 사회부 기자의 칼럼으로 자리를 굳혀가고 있는 ≪동아일보≫의 '창'과 ≪조선일보≫의 '길', ≪중앙일보≫의 '촛불'이 실려 독자들의 관심을 받기도 한다.

한편 ≪경향신문≫, ≪조선일보≫, ≪한국일보≫ 등 몇몇 일간지에는 '에어 포트', '공항(空港)', '공항 로비' 등 공항 스케치 기사를 싣고 있는가 하면, ≪조선일보≫의 경우 일주일에 이틀씩 고정란으로 모임을 싣는데 이 난에는 각종 크고 작은 서클 및 소집단의 '모임'을 안내하여 눈길을 끌고 있으나 지면의 효용성 문제에 대해서는 논란이 있을 수 있을 것 같다.

수도권 페이지에 실리는 기사도 뉴스임에 틀림없다. 그렇다고 맥도걸(MagDogall)이 지적하는 바 뉴스가치의 여러 가지 요소, 즉 시간성, 저명성, 근접성, 영향성 그리고 인간적 흥미의 모든 요소를 갖출 수는 없다고 보인다. 이들 요소 가운데 적어도 독자의 관심을 끌 수 있는 인간적 관심 영역으로서의 독자의 관심 요소와 배합되어야 하지 않을까 한다. 예컨대 시민으로서의 독자 개개인에게 어필할 수 있는 요소가 가미될 때 지면으로서의 생기가 회복될 것이다.

우리나라 금융제도가 변동 환율제에서 고정 환율제로 순환하듯이 요즘의 수도권 페이지도 변동 지면화의 시행착오 위에서 '고정 지면화'의 시대를 맞게 되려는지, 다만 수도권 페이지만으로도 시민을 위해 살아 숨 쉬는 내용들로 가득 찬, 열려 있는 지면이 되었으면 하고 바라고 싶고 타율에 영향을 받지 않고 편집자가 자주적으로 가공해서 내놓는 자율 정보 상품이 되어 독자인 시민들의 사랑을 받는 지면이 될 것을 기대한다.

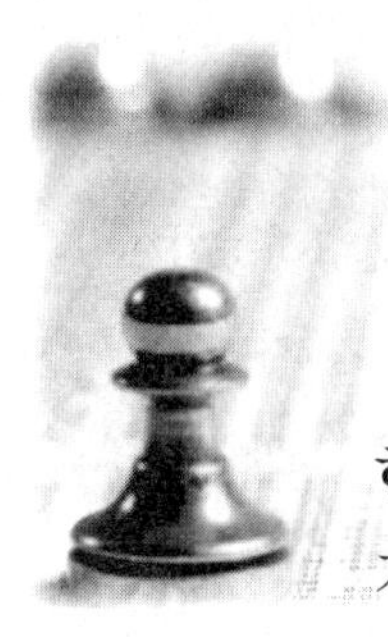

한겨레와 언론
기존 언론들 못 건드린 금기 깨

우리나라 신문들은 중요한 정치적 사회적 계기가 있을 때마다 특이한 저널리즘 현상을 보여왔다. 1980년대 이후 그런 경향은 더욱 두드러졌다.

이들 사건 때마다 이른바 '호들갑 저널리즘'과 패거리 저널리즘, 그리고 하이에나 저널리즘 등 부정적 현상이 등장하곤 했다. 호들갑 저널리즘은 권력형 비리 사건과 같은 대형 사건의 진실을 얼버무리거나 왜곡하기 위해 혹은 국민적 관심을 희석시키기 위해 상대적으로 중요하지 않은 뉴스를 떠들썩하게 보도하는 것을 뜻한다.

민주화와 민족의 통일을 열망하는 국민들의 기대 속에 창간된 ≪한겨레≫만은 이런 파행적 저널리즘의 관행에서 크게 벗어나 있었다.

그것은 언론의 독립성을 상실한 채 진실과 사실을 은폐·왜곡하고 상업주의적 보도에 급급하고 있는 보수 언론과 달리 ≪한겨레≫가 진보

---

* ≪한겨레≫, 1997년 5월 15일.

언론, 대안 언론의 길을 지향해왔기 때문에 가능했다.

≪한겨레≫는 또 보수 언론들처럼 자본과 권력의 눈치를 보지 않고 기존 체제의 안정을 위해 동조·협력하는 '체제 안정적' 언론의 틀에서 벗어나 자유롭고 독립적인 위치에서 기존 체제를 비판하고 통제하는 '체제 파괴적' 언론으로서의 길을 모색해왔다.

세계 최초의 국민주 신문인 ≪한겨레≫는 창간 때부터 발행부수 40만 부라는 경이적 대기록을 달성한 이래 괄목할 만한 성장을 거듭하여 우리나라에서 가장 공정하고 영향력 있는 신문의 하나가 되었다. 이런 사실은 최근 한국언론학회와 교수신문사 등에서 실시한 신문의 신뢰도 조사 결과에서도 나타났다.

≪한겨레≫가 오늘의 성장을 이룩할 수 있었던 것은 무엇보다 권력의 입장에 동조하거나 순응하지 않았고, 기존 언론들이 보도할 엄두도 내지 못한 터부를 과감히 깨뜨려왔기 때문이다.

≪한겨레≫는 또 왜곡, 편파보도를 배격하고 기존 언론들이 눈감는 사회적 부조리를 추적해왔고, 민족 자주적이고 통일 지향적인 보도 태도와 논조를 견지해왔다. ≪한겨레≫는 또한 한글 전용과 가로쓰기를 처음으로 시작하는 등 지면과 편집 형식의 개선을 위해 노력해왔으며 윤리 강령과 실천 요강을 독자적으로 제정해 이를 충실히 실천해왔다.

≪한겨레≫는 이렇게 한국언론의 여러 가지 모순과 잘못된 관행을 개선하기 위해 노력해왔지만 동시에 새로운 단계의 발전을 위한 자기 변혁도 절실히 요구되고 있다. 우선 이른바 역편파 기사의 문제로 ≪한겨레≫가 특종을 해도 믿지 않는 보수층 독자들의 인식을 유념할 필요가 있다.

다음으로 여전히 정보량이 부족하고 딱딱한 기사로 지면이 채워져 있다는 일부 독자들의 고정관념을 깨뜨려야 하는 과제를 안고 있다.

또 젊은 독자를 의식한 제호처리와 디자인 및 지면구성에 있어서의 세련되지 않은 연성화가 과연 바람직한가에 대해서 숙고하면서 정보의 질적 고양과 뉴스 처리에 순발력을 발휘해야 할 것이다. ≪한겨레≫는 국민의 신문으로서 끊임없는 자기 변혁으로 이런 난제들을 해결해 이 나라를 지탱하는 진정한 민주 민족 언론으로서, 그리고 독자를 선도하는 대중적 엘리트 신문으로서 새로운 미래를 열어갈 책무를 안고 있다.

3장

다시 생각하는
저널리즘의 원칙

한국언론법학회장 시절, 베트남에서 열린 국제학술대회에 참석한 뒤 베트남 디엔비엔푸 전투의 영웅 보응웬 지압 장군을 찾아뵌 자리에서.

노근리 사건과 퓰리처상

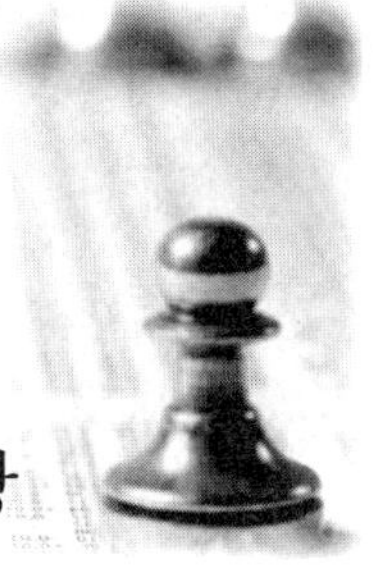

    AP통신 서울지국의 최상훈(崔相熏) 기자가 우리나라 언론인으로는 처음으로 1999년도 퓰리처상을 수상하게 되었다. 그는 6·25전쟁 당시 미군이 저지른 노근리 양민 학살 사건을 특종보도한 AP통신 본사 기자 3명과 함께 10일 미국 퓰리처상위원회에 의해 발표된 '올해의 퓰리처상' 언론부문 추적보도상 공동수상자로 선정되었다. 최 기자 등 공동수상자들은 한국전 개전 초기 미군들이 무고한 노근리 양민을 대거 학살했다는 지시 명령서를 발굴, 지난해 9월 특종보도한 공로를 인정받은 것이다. 최 기자 팀의 특종보도로 미국 정부는 노근리 사건 진상 조사에 착수했었다.

    낡은 천년을 보내고 새 천년을 맞은 지난해는 우리나라 언론으로서는 그야말로 영욕이 교차하는 한 해였다. 한국을 대표할 만한 한 중앙 일간지 기자와 한 방송사 기자에 의한 이른바 '언론 문건 작성 및 유출

---

* ≪문화일보≫ 2000년 4월 17일.

사건'은 국내 기자들의 윤리적 야만주의를 극명하게 보여준 치욕적 기록을 남겼다. 그런 가운데서도 통신사의 한 젊은 기자가 한국전 당시 미군에 의한 한국 양민 학살 사건을 집요하게 추적하여 특종보도함으로써, 한국인 기자로서는 처음으로 퓰리처상을 수상하게 되는 영예를 안게 되었다.

미국의 신문재벌인 조지프 퓰리처(Joseph Pulitzer)를 기념해 1917년 제정된 퓰리처상은'저널리즘의 노벨상' 혹은 '저널리즘의 아카데미상'이라 부르는 미국 최고의 권위가 있는 상이다. 이 시상은 매년 언론, 문학, 역사, 음악 등 22개 분야에 걸쳐 이루어진다. 한국계로는 작년에 재미동포인 AP통신 필라델피아 지국의 댄 노 기자가 피처 사진 부문에서 이 상을 공동수상한 바 있으나, 한국 국적으로는 최 기자가 처음이다.

세계에서 가장 권위 있는 언론상인 퓰리처상을 받게 된 최 기자는 한국 저널리즘의 희망이자 바람직한 기자의 준거(準據)가 되고 있다. 이 젊은 기자는 취재 보도의 기본 원칙에 충실했을 뿐만 아니라, 끈질긴 기자 정신과 투철한 사명감을 바탕으로 20세기말 세계 최대의 특종을 거둠으로써 21세기 한국언론의 새로운 가능성을 보여주었다. 저널리스트로서 그의 뜨거운 열정은 AP 본사의 편집 책임자들을 감복시켜 거사적 지원을 얻어냄으로써 특별 취재팀이 구성될 수 있었고, 마침내 세기의 특종을 거둘 수 있었다.

최 기자의 경우를 보면서 저널리즘의 원칙에 충실할 때 우수한 기자가 될 수 있음을 새삼 깨닫게 된다. 세계적 특종을 했다 하여 세계 최고의 기자가 되는 것은 아니다. 언론 문건을 작성했던 문제의 기자는 몇 년 전 중국 최고의 실력자 덩샤오핑 사망 뉴스를 세계 최초로 보도함으로써 세계적 특종을 했고, 그로 인해 관훈 클럽이 주는 '올해의 관훈 언론상'을 받았으나, 윤리와 도덕적 가치에 바탕을 둔 저널리즘의 기본 원칙을 지키지 않음으로써 언론계에서 퇴출되는 비극의 주인공이 되고 말았다.

최 기자의 첫 퓰리처상 수상이 우리에게 던지는 의미는 매우 함축적이다. 국내 지방 대학을 나온 한 젊은 기자의 입지전적 성취만으로도 독자들의 관심을 끌기에 충분하겠지만, 다음과 같은 몇 가지 부분에서 의의가 있다 하겠다.

첫째, 한국 저널리즘의 국제화뿐만 아니라 언론인의 국제화를 촉진시키는 계기를 제공했다는 점에서 큰 의미를 찾을 수 있을 것 같다. 특파원을 해외에 파견하고 인공위성을 통해 세계의 정보를 송수신하는 취재 보도 방식의 단순한 국제화에서 벗어나, 세계의 안목에서 진실 보도의 임무를 수행하는 언론인의 국제화에 대한 중요성을 새삼 일깨우게 되었다는 점을 들 수 있을 것 같다.

둘째, 언론의 탐색 보도와 탐사 보도의 중요성이 새삼 확인되었다는 점을 들 수 있다. 국내 언론에서 그동안 많은 기자들이 노근리를 비롯한 여러 지역의 미군 양민 학살을 보도했지만 완벽한 기사를 생산하는 데 실패한 것은 우리 취재환경의 경직성에도 문제가 없었던 것은 아니겠지만, 좀 더 깊이 있게 탐색하고 탐사하는 기자 정신이 상대적으로 미흡했다는 점을 지적하지 않을 수 없다.

셋째, 저널리즘 체계의 과학성과 엘리트성을 들 수 있다. AP 본사에서는 최 기자가 보내준 기사 초고를 보고 조사 전문 기자 3명과 팀을 구

성토록 하여 1년 6개월 동안 끈질기게 취재·조사할 수 있도록 함으로
써 세계적 특종을 거둘 수 있었던 것이다. 최 기자의 퓰리처상 수상은
골프 여왕 박세리 선수가 미국 마스터스 골프 대회에서 우승한 것보다
더 값진 것이지만 우리 언론의 주목을 크게 받지는 못했다. 그는 기자
로서 한국언론사상 처음으로 세계를 제패하여 '그린재킷'을 입게 된 것
이다. 이 얼마나 자랑스러운 일인가.

자사(自社) 이기주의와
뉴스가치 판단의 양극화 현상

대한항공 801편 괌 추락 사고의 원인과 관련한 미국 언론의 보도 태도가 우리나라 언론의 도마 위에 올랐다. KAL기 참사의 원인 규명을 위한 정밀 조사가 착수되지 않은 상황에서 미국의 언론들이 미국 교통안전위원회(NTSB)의 억측성 예단을 마치 사실인 양 일제히 보도함으로써 극단의 자국 이기주의적 보도 경향을 보여주었다는 내용이 한국언론이 제기한 비판의 골자였다.

미국 언론들은 이번 사고의 원인이 기체의 결함 때문으로 밝혀질 경우 자국 항공사들의 합병을 통해 세계 최대의 항공사로 떠오른 보잉사의 이미지에 심대한 타격을 입게 될 것이고, 괌 공항 관제탑의 잘못 때문으로 밝혀질 경우에도 미국의 국가 이익과 국가 이미지에 큰 손상을 입게 될 것은 명약관화하기 때문에, 악천후로 인한 천재지변이거나 조종사의 실수로 인한 인재로 몰아가고 있는 듯한 보도의 편향성을 보여

---

* 《시민과 변호사》, 1997년 9월, 통권 44호.

주었다.

KAL기 추락 사고에서 보여준 미국 언론의 보도 태도는 언론의 정도 (正道)를 크게 벗어난 것이긴 하지만, 국가 이익을 위해 자국 이기주의 적 보도 경향을 보여온 것이 세계 언론의 일반적 관행이었다는 점에서 어느 면에서는 자연스러운 대응으로 이해할 수 있을는지도 모른다.

왜냐하면 이 같은 언론의 일탈 현상은 언론의 정도를 걷는 것은 아니 더라도 직접적 이익을 챙기거나 보도를 담보로 특정의 사적(私的) 이익 을 추구하려는 언론사들의 자사 이기주의와는 적어도 그 성격을 달리 하고 있기 때문이다.

이처럼 자국 이기주의에 따른 언론의 불공정 보도 관행에 대한 비판 이 제기되기도 하지만 자사 이기주의에 입각한 언론의 불공정 보도 경 향에 대한 논란 역시 흔히 제기되는 대목이다. KAL기 참사가 있기 전 우리나라 신문사들의 주요 관심사는 대체로 두 가지 사건으로 집약되 었다. 갑작스런 부도 유예 처분으로 빚어진 기아 사태와 여당인 신한국 당의 대통령 후보로 당선된 이회창 후보의 두 아들의 병역 면제 의혹 사건이 그것이었다.

그런데 흥미 있는 것은 우리나라의 주요 일간지들이 이들 두 사건과 관련된 뉴스를 보도·논평하면서 고비마다 뉴스가치 판단에 뚜렷하게 대비되는 양극화 현상을 보여주었다는 것이다.

몇몇 신문들이 긍정적인 눈으로 뉴스가치를 판단하면 다른 신문들은 이와 달리 같은 뉴스를 부정적인 시각에서 처리했다. 이처럼 양극화된 뉴스처리가 자사 이기주의에 기인한 것으로 단정하기는 곤란하다 하더 라도 적어도 그 개연성만은 다음에 예시한 몇몇 기사와 사설을 대비시

	동아일보	중앙일보
1면 머리기사 (제목 및 리드)	與 "起亞 회생 적극 지원" 李 대표 소하리 공장 방문 정상화 위해 최선 약속 "14일로 부도 유예 만 한 달을 맞은 기아그룹 사태가 신한국당의 적극 개입 움직임에 따라 전기를 맞고 있다.……"	與 개입 불구 기아 사태 혼미 李 대표 측 중재 허사, 金 회장 "조건부 퇴진 합의 안 했다" "신한국당의 적극 개입에도 불구하고 한 달을 끌어온 기아 사태가 혼미를 거듭하고 있다.……"
사설	"기아 처리 과정에서도 당장 급한 기업 회생과 협력업체 도산 방지는 뒷전이고 미뤄도 될 경영진 퇴진 제3자 인수 등을 놓고 정부 및 은행과 기아의 감정싸움으로 한 달을 허송하고 나서야 본격 수습에 나섰다. ……이처럼 정책 대응이 한 발씩 늦는 것은 경제 정책 당국이 내세우는 시장 경제 원리 탓도 크다." -「뒷북치는 경제 대책」중에서	"한국당의 이회창 대통령 후보가 기아자동차 소하리 공장을 방문해 '3자 인수 반대, 자력 회생 돕기'를 약속한 것은 오히려 부정적 영향을 미칠 수도 있다. ……기아의 회생보다 금융 기관의 생존 여부가 훨씬 다급한 과제가 되어 있다. 정치권의 경제 현실을 간파한 관여가 기아그룹의 회생을 더 어렵게 만드는 것은 물론 금융계까지 파탄으로 몰고 가서는 안 될 것이다." -「정치권의 기아 回生 개입」중에서

켜보면 명쾌하게 드러난다.

먼저 기아 사태의 처방과 관련하여 지난 8월 15일, 16일자 ≪동아일보≫와 ≪중앙일보≫의 보도 경향을 대비시켜 보자. 이회창 신한국당 후보가 기아자동차 공장을 전격 방문함으로써 기아 사태에 개입한 다음날 이들 두 신문은 1면 머리기사와 사설을 통해 위와 같이 서로 다른 시각을 보여주었다.

　기아 사태의 처방을 둘러싼 보도 경향은 '경제 논리로 풀어야 한다'
는 ≪중앙일보≫로 대표되는 '경제 논리파'와 '경제 논리로만 풀 수 없
다'는 ≪동아일보≫로 대표되는 '비경제 논리파 혹은 정치 논리파'로
양분되고 있다. 이 같은 양상은 기아그룹에 대한 부도 유예 처분이 내
려진 직후의 보도경향과 그 이후 채권금융단과 기아의 줄다리기가 계
속되는 가운데에서도 동일하게 나타났다. 김선홍 기아그룹회장의 퇴진
문제가 기아에 대한 자금 지원의 전제조건으로 떠오른 지난 7월 하순의
≪동아일보≫와 ≪중앙일보≫의 관련 사설 역시 뚜렷하게 대비되고
있다.

　　기아 및 협력업체에 대한 긴급 자금 지원과 관련 은행에 대한 특융 지
원은 그 필요성에도 불구하고 거시적으로는 정부의 경제 운용에 상당한
부담을 주는 일이다 .우선 기아 지원을 위해 늘어나는 신용 증가가 인플
레로 연결돼선 안 된다. …(중략)… 실타래같이 얽힌 복잡한 경제 현실
에 대처하는 최선의 길은 가급적 원칙을 지키는 일인데 최근 정부는 너무
상황에 끌려 다니고 있다("起亞 지원에 유의할 점", ≪중앙일보≫,
1997년 7월 21일자).

　　이번 사태는 기아를 살리느냐 죽이느냐만의 문제가 아니다. 1만 7천 6
백여 개의 협력업체와 일부 지방 경제의 사활(死活)이 걸려 있다. 그럼에
도 정부는 경영진과 금융단을 질책할 뿐 해결책 마련에는 나몰라라 한다.

급한 상황부터 수습하고 책임을 묻는 게 순서다. …(중략)… 시장 경제 원리나 구조 조정 모두 옳은 말이나 원리 원칙에만 매달리다 기업이 다 죽으면 무슨 소용이 있을 것인가("표류하는 起亞 대책", 《동아일보》, 1997년 7월 23일자).

그런데 이 같은 《중앙일보》의 견해는 청와대와 재경원 및 채권은행단의 논리와 우연하게도 일치하여, 시중에서 나도는 삼성의 기아 인수설과 연계되고 있다. 즉 삼성을 대주주로 하는 《중앙일보》가 자사 이기주의적 시각에서 보도를 하고 있는 게 아니냐는 의혹을 받고 있는 것이다. 반면 최근 《중앙일보》와 첨예한 경쟁 관계에 있는 《동아일보》가 기아 사태와 관련하여 《중앙일보》와 다른 태도를 보이고 있는 것에 대해서도 부분적으로나마 이와 유사한 의혹의 눈길을 보내고 있기도 하다.

다음으로 이회창 후보의 두 아들 병역 특례 시비와 관련한 언론의 보도경향을 살펴보기로 하자. 이 후보는 아들의 병역 문제는 법적 하자가 없다는 기존의 입장을 바꿔 이 문제가 일파만파로 확산되자 지난 8월 3일 일요일에 기자간담회 형식을 빌어 국민에게 처음으로 사과를 했다. 종래의 해명에서 크게 진전된 내용은 없었다. 뉴스 없는 간담회로 평가되어서인지 대부분의 신문들이 이 후보의 기자 회견 내용을 크게 다루지 않았다. 대부분의 신문들이 2, 3단 크기로 처리했다. 하지만 《경향신문》은 이 후보의 기자회견 내용을 1면 톱기사로 올리고 다음날 사설로도 다뤘다. 다른 신문들과 다른 편집 결과였다. 이 기사를 1단으로 처리한 《한국일보》의 기사 및 사설 내용을 대비시켜보기로 하자.

	경향신문	한국일보
기사 (제목 및 리드)	"국민·軍 장병에 송구" 李 대표, 두 아들 병역 관련 유감 표명 "신한국당 이회창 대표는 3일 두 아들의 병역 시비와 관련, 국가와 우리 국군을 사랑하는 국민, 군 장병들, 그리고 그 부모들에게 송구스러운 마음뿐이라며 대국민 유감을 표명했다."	"병역 문제 국민에 송구" 야권ー과학적 해명·사과 요구 "신한국당 이회창 대표는 3일 두 아들의 병역 문제와 관련 '국가와 우리 국군을 사랑하는 마음뿐'이라고 유감을 밝혔다."
사설	"신한국당의 이회창 대표가 두 아들의 병역 문제에 대해 국민에게 유감을 표명한 것은 나름대로 평가해줄 만하다. 이 대표가 대선 득표에 이롭지 않을 측면을 감수한 채 송구스럽다는 심정을 솔직하게 밝히기까지는 어느 정도 용기가 필요했을 법하다. ……이 대표의 유감 표명이 생산적인 선거 운동의 계기가 되길 기대한다." -「李 대표의 유감 표명 이후」 중에서	"……이 대표의 해명과 유감 표명 차원에서 국면 전환이 이루어질 것으로 보는 것은 어려울 것 같다. 야당은 국정 조사권의 발동마저 요구하고 있다. 지금 중요한 것은 정확한 진상의 규명이다. 그러면 신한국당의 해명과 유감 표명으로 모든 것이 끝났다고 할 것이 아니라 여야가 수긍할 수 있는 진실 규명의 길을 찾아야 한다." -「'兵役 의혹' 왜 매듭 안 되나」 중에서

신한국당 대통령 후보 선거 기간 중 이회창 후보를 지원한 것으로 알려진 ≪경향신문≫과 반 이회창 후보의 정서를 보여준 것으로 인식되어온 ≪한국일보≫의 기사 및 사설 내용이 이처럼 대비되는 것을 자사 이기주의에 기초한 것으로 해석하는 것은 적합하지 않을는지도 모른다. 하지만 이회창 캠프에 관여한 주요 인사가 ≪경향신문≫의 경영진

과 혼맥을 맺고 있다든지 ≪한국일보≫의 경영진이 이회창 후보의 유력한 경쟁 관계에 있었던 이수성 후보와 끈끈한 동문 관계를 유지해 왔다든지 하는 시정의 의혹의 눈길을 떨쳐버릴 수는 없기 때문에 이 같은 해석이 무게를 얻고 있는 게 아닌가 싶기도 하다. 그렇지 않아도 일부 언론들이 '킹 메이커'로 나서고 있지 않느냐는 비판을 받아온 터에 언론은 이제 기왕의 자사 이기주의적 보도 태도를 지양하여 언론의 정도를 가야 할 것이다.

저널리즘의 고정관념과 낙하산 저널리즘

지난해 우리나라 언론들은 안보와 통일 문제에 관련된 과잉 보도 경쟁을 여러 차례 벌여 오보를 양산했으나 불완전한 정보를 기초로 하는 낙하산 저널리즘(Parashutte Journalism)의 '핵우산' 아래서 보호받을 수 있었다. 이 같은 과잉 보도 경쟁은 적어도 외형적으로는 문민정부 시대에 걸맞은 자유로운 언론의 모습 그대로인 듯했다.

그러나 8월의 한총련 사태를 전후하여 조성된 신공안정국과 강릉 앞바다 공비 침투 사건, 김경호 씨 집단 탈북 사건 등으로 이어진 안보와 관련된 언론의 보도 태도는 저널리즘의 기본원리를 무시한 낙하산 저널리즘의 전형을 보여주었다. 때로는 정부의 입맛에 맞춰, 때로는 정부 논리에 맞겠지 하는 조건 반사적 고정관념 아래서 잇달아 오보를 낳았다. 정부 체제의 논리에 맞추기만 하면 된다는 이 같은 '체제 안정적' 보도 태도는 급기야 북한 주민의 탈북 보도와 관련해서는 정부당국으

---

* ≪저널리즘 비평≫, 1997년, 20호.

로부터 지탄을 받기에 이르렀다.

　이러한 언론의 잘못된 관행은 편집자의 뉴스가치 판단에서도 그대로 노정되었다. 지난 11월 6일 우리나라 10대 일간지들은 강릉 앞바다에 침투한 무장간첩 잔당들을 치열한 접전 끝에 사살한 전과 기록을 1면 머리기사로 혹은 중간톱기사로 크게 보도했다(석간신문은 5일 또는 7일 자). 《국민일보》, 《동아일보》, 《문화일보》, 《서울신문》, 《조선일보》, 《중앙일보》, 《한겨레》, 《한국일보》 등 8개 신문이 이 무장간첩단 관련 기사를 톱기사로 처리했고, 《경향신문》, 《세계일보》 등 2개 신문은 이 기사를 사이드 톱으로 배치했다. 이 두 신문은 같은 날 청와대에서 발표한 공노명(孔魯明) 외무장관의 전격 사임 기사를 톱으로 처리했다.

　무장간첩단 소탕 작전과 관련하여 대부분의 중앙 일간지들은 "무장간첩 2명 사살", "공비 잔당 2명 사살", "무장 공비 2명 사살" 등으로 헤드라인을 달았고, "아군 대령 등 3명 전사, 2명 부상", "소탕 작전 사실상 종료" 등의 바이라인을 달았다. 한편 공노명 외무장관의 전격 사임과 관련된 기사 처리에서 대부분의 중앙 일간지들은 "공 외무 돌연 사임", "공 외무부장 전격 사임" 등의 제목으로 헤드라인을 달았고, "건강상 이유", "인민군 전력 때문인 듯", "6·25 당시 전력 문제된 듯" 등의 제목으로 바이라인을 달았다. 주요 중앙 일간지들의 이와 같은 헤드라인 달기와 바이라인 처리는 기왕의 고정관념에서 크게 벗어나지 않는 것이었다. 방송사들의 톱기사의 처리도 사정은 마찬가지였다.

　대부분의 국방 관련 보도와 외교 관련 보도들이 그러했듯이 이들 사건 보도에서도 신문들은 유연성을 보여주지 못하고 우리나라 언론의 고질적인 획일주의 양상을 그대로 드러냈다. 대부분의 언론은 저널리즘적 뉴스가치 판단보다는 발표 저널리즘에 충실함으로써 국방부와 청와대가 발표한 가치 기준에 따라 그대로 보도하는 고정관념화된 관행을 그대로 답습했다.

그러한 가운데서도 이 두 사건과 관련된 ≪중앙일보≫와 ≪세계일보≫의 보도 태도는 뉴스가치 판단에서 다른 신문들에 비해 크게 돋보였다. ≪중앙일보≫는 무장간첩 소탕과 관련된 제목으로 "공비들 병사 납치 살해"를 헤드라인으로 달았고, "야전 상의, 군번표 등 벗겨내 사용", "잔당 2명 사살, 대령 등 3명 전사"를 바이라인으로 달았다. ≪세계일보≫는 공 외무의 전격 사임 사건과 관련해 톱기사 제목으로 "공 외무 인민군 복무 드러나"를 달고, "6·25때 자원입대 의혹 — 전격 사표 제출", "청와대선 '건강상 이유' 발표"를 부제로 달았다.

무장간첩들이 공비 잔당 소탕 작전을 비웃기라도 하듯 아군 병사를 납치, 살해한 다음 그 병사의 웃옷과 군번표를 벗겨내 사용하면서 우리나라 전선(戰線)을 휩쓸고 다녔다는 사실은 구멍 난 국토방위의 현주소와 안보 불감증을 보여주는 것으로 공비 잔당 2명을 살해한 것보다 훨씬 충격적인 사건이었다.

또한 공 외무장관 전격 사임 기사보다 공 외무가 인민군에 군 복무한 사실이 드러났다는 내용이 저널리즘 측면에서 보면 더 뉴스가치가 있었다.

하지만 이 두 신문을 제외한 대부분의 중앙 일간지들은 정부가 발표한 내용에만 충실했다.

이 같은 저널리즘의 고정관념화 경향은 한여름 땡볕 속에서 이어졌

던 한총련 사건 보도에서도 마찬가지였다. 이제 우리나라 언론은 체제
안정적 사고에 기대어 안보와 통일에 관련된 보도를 하려는 고정관념
화된 낙하산 저널리즘적 관행을 깨뜨려야 할 때다. 안보와 통일 문제에
관한한 입을 굳게 다물거나 접근을 허용치 않으려는 정부당국의 경직
화된 자세가 더 큰 문제일 수도 있지만 그렇다고 언론이 저널리즘의 원
칙과 기본 윤리마저 벗어 던질 수야 없지 않은가.

무엇이 특종을 만드는가
훈 할머니 관련 보도를 보고

열일곱 꽃다운 나이에 정신대에 끌려가 이역만리 캄보디아에서 일본군의 성적 노예가 되었다가 종전 이후에도 50여 년 동안이나 고국을 그리며 살아온 훈 할머니가 지난 8월 29일 그토록 애타게 그리던 혈육을 찾았다. 훈 할머니는 여동생과 올케를 만나 이내 혈육임을 확인하고 잃어버렸던 자신의 이름 '이남이(李南伊)'를 되찾았다.

"죽기 전에 내 고향 진동에 가고 싶다"던 훈 할머니의 소원은 마침내 이루어져 경남 마산 진동의 그 고향 옛집을 찾아 이웃들과도 만났다. 훈 할머니는 부모님 묘소에 엎드려 50년 동안 가슴에 묻어둔 사연을 눈물로 토하기도 했다. 추석을 고국에서 보낸 이남이 할머니는 머지않아 국적을 회복하여 한국에 정착하게 되리라는 소식이다.

훈 할머니 기사가 국내에 처음 보도된 것은 6월 14일이었다. ≪한국일보≫가 1면과 사회면에 각각 톱기사로 특종보도하면서 훈 할머니의

* ≪시민과 변호사≫, 1997년 10월, 통권 45호.

인생역정이 알려지게 된 것이다. ≪한국일보≫의 특종보도가 나간 뒤 처음에는 머뭇거리던 주요 일간지들도 ≪한국일보≫가 잇달아 후속보도를 내보내자 프놈펜에 특파원을 파견하는 등 잠시 취재 경쟁이 가열되기도 했다. 하지만 며칠 뒤 훈 할머니의 가족으로 유력시되던 김 모 씨 일가의 유전자 감식 결과 혈육이 아닌 것으로 판명되면서 훈 할머니를 의심하는 듯한 보도가 잇달았고 심지어 일부 언론사들과 언론 비평지에서는 훈 할머니 특종기사마저 조작설 등으로 음해하거나 비도덕적인 언론 행위로 매도하기도 했다.

그 후로도 '조작설'은 끊임없이 우리를 괴롭혔다. 심지어 바른 언론을 위해 일한다는 한 시민 단체는 본인을 '지미의 세계'라는 조작 기사로 퓰리처상까지 받아낸 워싱턴 포스트의 여기자 자넷 쿡과 비교, 인신공격을 하며 한국일보를 오보 내고 변명이나 늘어놓는 비도덕적인 집단으로 매도했다. 그러나 흔들리지 않았다(이희정, "할머니에 대한 믿음으로 '조작설' 극복: '훈 할머니' 76일간 취재하고 나서", ≪한국일보 사보≫, 1997년 9월 10일, 제286호).

정부당국에서도 훈 할머니에 대해 별다른 배려를 보이지 않았다. 언론에서 70여 일 동안이나 추적해왔는데도 정부당국에서는 훈 할머니 사건을 애써 민족사의 비극으로 보지 않고 개인사의 애환쯤으로 치부하려는 듯한 어정쩡한 태도로 일관해왔다. 정부당국이 왜 그렇게 정신대 문제만 나오면 알레르기 반응을 보이는지 모를 일이었다. 일본 정부를 의식한 때문인 듯 했지만 어쨌든 개운치 않았다. 그런 어려움 가운데서도 훈 할머니가 그의 이름을 되찾기까지에는 언론인들의 냉철한 이성과 투철한 기자 정신 그리고 끈질긴 집념이 있었기에 가능했다는 면에서 찬사를 보낸다.

훈 할머니 기사가 처음 소개된 것은 미국인 마이클 헤이스 씨가 프놈펜에서 격주간지로 발행하는 영자 신문 ≪프놈펜 포스트≫에서였다. 헤이스 씨가 기자로서, 편집인으로서, 발행인으로서, 북 치고 장구 치는 작은 신문이었다. 프놈펜에서 사업을 한다는 황기연 사장으로부터 훈 할머니 애기를 전해 들은 황 씨의 현지 통역인인 핫싼 씨가 헤이스 씨에게 훈 할머니 이야기를 기고하자 뉴스가치가 있다고 판단한 헤이스 기자가 훈 할머니를 직접 만나 취재 보도하게 되었고, 이 기사는 급기야 AFP통신을 통해 전 세계에 타전되기에 이르렀다.

그런 의미에서 이 기사는 ≪프놈펜 포스트≫ 편집인 겸 발행인인 헤이스 기자의 기자 정신이 낳은 세계적 특종이었다고 볼 수 있다. 독자 투고란의 한 구석을 장식할 뻔했던 훈 할머니 관련 기사는 이렇게 해서 햇빛을 보게 된 것이다.

그런데 우리나라 언론사들은 대부분 AFP통신이 타전한 훈 할머니 기사에 왠지 눈을 돌리지 않았다. ≪한국일보≫ 국제부팀만이 이 기사에 관심을 갖고 추적을 하게 되었고, 그 때문에 국내 신문으로서는 유일하게 엄청난 특종을 하게 되었다. ≪한국일보≫의 특종 역시 투철한 기자 정신과 끈질긴 집념이 가져다 준 값비싼 특종이었다. 여성으로서 프놈펜에 파견되기도 했던 이희정 기자가 실토하고 있듯 "근 석 달간 가족을 돌보는 일까지 팽개쳐가며 (나의) 여름을 송두리째 바친" 기자로서의 집념과 "50여 년 만에 처음 본 한국 여자"라며 내 볼을 쓰다듬던 훈 할머니에 대한 굳은 믿음, 즉 기자로서의 직관적 확신의 결실이었다.

≪한국일보≫ 특별취재팀은 훈 할머니에 대한 회의적 눈길을 뿌리치고 정신대 할머니들의 요람인 나눔의 집, MBC 그리고 뒤늦게 참여한 ≪인천일보≫는 훈 할머니를 한국에 초청하여 혈육을 찾기 위해 노력했으나 '골 결정력 부족'과 국내 언론사 간의 빗나간 과잉 경쟁에 휘말려 막상 혈육을 찾는 과정에서는 특종을 하지 못하는 아쉬움을 남겼다.

훈 할머니가 혈육을 찾는 기사는 ≪경남매일신문≫이 특종으로 보도했다. 훈 할머니 혈육 찾기에는 ≪인천일보≫와 ≪경남매일신문≫, ≪경남신문≫ 등 지방 언론사들도 저마다 특별취재팀을 구성하여 불꽃 튀는 경쟁을 폈는데 중앙 일간지와 지방 경쟁 언론사들을 제치고 경남매일신문사가 특종을 차지했다.

≪인천일보≫는 훈 할머니 소식을 처음 제보한 프놈펜의 황 사장과 그의 친구로서 뒤에 훈 할머니의 법정 대리인으로 있는 이관중 씨가 모두 인천을 연고지로 하고 있기 때문이었고, 다른 두 지방 언론사들은 훈 할머니의 고향이라고 알려진 진동에서 가까운 마산에서 발행되고 있었기 때문이었다.

훈 할머니가 이남이 씨로 밝혀진 데는 훈 할머니의 부모가 경남 진동에서 엿 공장과 방물장수를 했다는 단서와 ≪경남매일신문≫ 특별취재팀의 추적이 결정적 역할을 한 것으로 밝혀졌다. 취재팀이 희미한 단서를 갖고 취재에 나선 것은 지난달 23일, 훈 할머니의 법정대리인 이관중 씨가 진동면을 찾아 양한육 면장에게 할머니의 고향에 대한 정리된 기억을 전달했다. 이때 나온 것이 '아버지가 엿 공장을 했으며 어머니는 머리 빗·화장품 등을 팔러 다니는 방물장수를 했다'는 새로운 사실. 취재팀은 이때부터 은밀히 양 면장과 함께 동네 노인들을 상대로 일제시대에 엿 공장을 했던 이성호 씨의 가족이 경남 합천군 가회면으로 이사 간 사실을 밝혀내는 데 성공했다. 이어 합천군 가회면의 호적을 뒤져 이성호 씨의 아들 태숙 씨의 부인 조선애 씨와 여동생 이순이 씨가 생존해 있음을 확인했다. 이 같은 확인 결과를 토대로 29일 상봉을 통해 '가족 찾기 드라마'를 마무리했다(≪중앙일보≫, 1997년 9월 4일자, 21면).

여기서 새삼 무엇이 특종을 만드는가에 대해 생각해 보게 된다. 저널리즘 학자들은 흔히 기자가 특종을 하기 위해서는 부지런하고, 모험적이고, 호기심을 갖고, 압력에 굴하지 않고, 충분한 지식을 갖추고, 사려 깊고, 용기가 있어야 한다고 원론적으로 설명하고 있다.

≪워싱턴 저널리즘 리뷰≫ 1985년 2월호는 무엇이 대기자를 만들고 특종 기자를 만드는가에 대한 앙케트 결과를 제시하고 있는데, 미국의 주요 언론인들이 제시한 응답 내용을 간추려 보면 몇 가지 특징적 요소를 발견할 수 있다. 즉, 기자가 특종을 하기 위해서는 무엇보다 사건을 분석할 수 있는 능력과 언론인으로서의 자질, 근면함과 지적 호기심 때로는 비정상적인 공격성향과 역사관 및 미래관 그리고 저널리스트로서의 직관력을 갖추어야 한다는 것이다. 이와 함께 기자로서의 고집스러움과 끈질긴 집념 그리고 취재 능력을 갖출 때 특종을 생산할 수 있다는 것이다.

이런 측면에서 볼 때 훈 할머니 관련 기사의 특종은 무엇보다도 기자로서의 자질과 고집, 끈질긴 집념 그리고 사려 깊은 취재 능력이 취재 과정에서 얼마나 중요한가를 보여주는 구체적 사례를 제공했다는 점에서 의의를 지닌다고 하겠다. 훈 할머니 관련 기사가 처음 보도된 이후 그의 혈육을 찾기까지 국내 언론사들의 일탈된 과잉 경쟁과 물타기·훈 할머니 빼돌리기 등 잘못된 취재 관행이 드러나기도 했지만 훈 할머니 특종기사는 독자들에게 슬픈 감동을 선사한 아름다운 한 편의 드라마였다. 50년 만에 가족을 찾은 훈 할머니의 이 이야기는 남은 여생을 살아가는 동안 그가 엮어갈 수많은 이야기와 함께 독자들의 화제가 될 것이다.

특종기사의 축소보도 퍼레이드

　　한보 사건과 김현철 씨 비리 사건에 대한 검찰 수사가 한창 진행되고 있는 와중에도 검찰수사에 대한 권력의 외압설이 끊이지 않았다. 그렇지 않아도 정치판에서는 온갖 흑색선전이 난무하고 이른바 '음모설'이 청와대에서까지 제기되고 있는 미묘한 시기에 권영해 안기부장이 김현철 씨와 김기섭 전 안기부 운영차장을 극비리에 만난 사실이 확인되면서 검찰 수사에 대한 외압설은 더욱 증폭되기에 이르렀다.

　　김현철 씨와 김기섭 씨는 한보 사건의 '몸통 부분'으로 거론되어온 권력 핵심 인사들로 한보 청문회가 끝난 직후 검찰 소환을 앞둔 상황에서 안기부장과의 극비 회동이 이뤄졌다는 점에서 외압설과 관련하여 주목을 받기에 충분했다. 국민 대부분은 권 안기부장이 이 두 사람의 사법 처리를 앞두고 권력 핵심의 주문에 따라 국정 최대 의혹 부분인 김현철 관련 비리를 은폐하거나 축소하기 위한 것이 아니냐고 의심하

---

* ≪저널리즘 비평≫, 1997년, 21호.

게 되었다. 그렇지 않고야 국가안보 최고 책임자가 설마 오얏나무 밑에서 갓끈을 고쳐 매었겠느냐고 국민들은 적지 않은 의구심을 갖게 된 것이다.

권력의 외압에 의해 검찰 수사가 돌연 중단되는 경우는 우리나라의 경우 흔히 있어왔다. 우리나라를 떠들썩하게 했던 박영복 사건, 장영자 사건, 수서 사건 등과 같은 권력형 비리 사건 혹은 정경 유착 사건의 경우에는 으레 권력에 의한 외압설이 꼬리를 물었다. 경우에 따라서는 검찰이 독자적으로 수사를 중단하는 경우도 있었다. 어떤 성역이나 터부에까지 수사가 번지게 될 때 검찰이 스스로 꼬리를 빼는 경우도 물론 있었다. 노태우·전두환 비자금 사건과 장학로 사건 수사 때 대선 자금과 관련한 검은 돈의 단서가 포착되었으나 검찰은 수사를 축소할 수밖에 없었다. 이번 한보 사건 수사 과정에서도 '정태수 리스트' 이외에도 언론인들에게 검은 돈을 제공한 내용을 담고 있는 이른바 '이용남 리스트'를 밝혀내고도 검찰은 끝내 이 부분을 감추고 있기도 하다.

이 같은 검찰 수사에 대한 외압이 최근에 구체적으로 나타난 것은 청와대가 검찰 수뇌부에 전달한 '압력 내용'을 적은 메모가 대검 중앙 수사부에서 발견되면서부터였다. 지난 4월 18일 서울방송은 밤 9시 뉴스를 통해 대검 중수부 간부가 청와대 고위 관계자들의 전화 통화 내용을 적은 메모지를 압수했다며 이를 특종보도했고 우리나라 주요 언론들이 이 특종기사를 대서특필하면서 커다란 파문을 일으켰다. 이 메모의 내용은 '전 총무수석이 구속된 데다 다시 전직 경제수석이 사법 처리된다면 정권의 크나큰 부담이 된다/ 은행장을 배임 혐의로 처벌할 경우 금융계가 마비될 것이기 때문에 더 이상의 은행장 사법 처리는 안 되며 은행장의 경우 불구속 입건도 안 된다/ 뜻대로 하려면 총장 등 검찰 수뇌부가 사표를 낸 다음에 하라'는 것 등이 그 요지이다.

그런데 서울방송은 검찰 수사에 대한 외압과 관련한 대특종을 하고도 스스로 축소보도를 함으로써 특종의 가치를 떨어뜨렸다. 그런가 하면 우리나라 주요 언론들이 SBS가 축소보도한 내용을 앵무새처럼 그대로 보도함으로써 이번엔 언론사들마저 관계 당국으로부터 외압을 받지 않았냐는 의심을 받기에 이르렀다. ≪한겨레≫만이 유일하게 확인 취재 결과를 덧붙였다. ≪한겨레≫의 보도에 의하면 문제된 메모에는 수사 축소를 강요한 청와대 관계자의 이름도 적혀 있었고 더욱 놀랍게도 김현철 씨 형사처벌 불가 입장을 밝히는 내용도 있었으나 서울방송 측이 이를 공개하지 않았다는 것이다. 수사를 축소하도록 외압을 넣은 권력 기관과 권력 엘리트 및 중요한 외압내용을 적은 메모를 발견했다는 특종보도기사에서 기사의 핵심 부분을 축소하여 보도한 것이다. 그보다 더 어처구니없는 것은 우리나라 대부분의 주요 언론들이 확인 과정을 거치지 않고 축소보도의 풀을 감행했다는 사실이다. 축소보도의 외압이 있어서 그랬는지는 몰라도 적어도 외형적으로는 이 엄청난 특종기사와 관련하여 이를 확인하거나 더 깊이 있게 추적한 대목은 보이지 않았다. 확인 없는 기사화의 잘못된 관행이 여전히 개선되고 있지 않음을 보여주는 사례였다. 그리고도 어찌 언론이 검찰의 수사 축소와 검찰 수사의 외압을 비판할 수 있는지 적이 의심하지 않을 수 없었다.

특종기사의 축소보도는 이뿐만이 아니었다. ≪중앙일보≫는 지난 8일 권영해 안기부장과 김현철·김기섭 씨 회동 사실을 단독으로 특종보도하면서 김현철·김기섭 씨와 만난 정부 고위 관계자가 권영해 안기부장임을 알고도 이를 익명 처리했던 것으로 드러났다.

≪중앙일보≫는 이날 1면 머리기사로 "김현철·김기섭, 고위 인사와 회동"이라는 보도를 통해 김현철·김기섭씨가 청문회 직후인 4월 28일 저녁 워커힐 호텔 사파이어 빌라에서 정부 고위 인사를 만나 '청문회 이후 대책'을 협의해 의혹을 사고 있다고 특종보도했다. 또 이 고위 관계자는 회동 이후 검찰에 김현철·김기섭씨의 사법 처리에 반대한다는 의견을 강력히 개진했다고도 보도했다. ≪중앙일보≫가 이날 보도한 내용의 '고위 관계자'는 다음날 ≪동아일보≫와 ≪한겨레≫의 보도를 통해 권영해 안기부장인 것으로 드러났다. 9일 ≪동아일보≫와 ≪한겨레≫는 서울 시내판에 이 정부 고위 관계자가 권영해 안기부장임을 확인 보도했다.

특히 당초 첫 보도 때부터 이 '고위 관계자'가 안기부장인 것을 알면서도 이를 적시하지 않은 ≪중앙일보≫는 다음날 야당의 신상 공개 요구를 1단 기사로 처리하면서도 계속 '정부 고위 관계자'라는 익명으로 보도했다.

참으로 안타까운 일이 아닐 수 없었다. 특종기사의 축소보도는 언론의 신뢰를 떨어뜨릴 뿐만 아니라 저널리즘의 근간마저 뒤흔드는 부정직하고 부도덕한 기만행위이다.

우리나라 언론들은 이제 정도(正道)를 가야 한다. 언론의 바람직한 지향을 위해서는 우리나라 언론은 적어도 이 같은 잘못된 관행을 불식해야 마땅할 것이다.

4장

한국적인 상황에서의 언론산업

베트남 정부로부터 국가훈장(세계민족우호증진훈
장)을 받고 부 쑤언 홍(Vu Xuan Hong) 베트남
국회의원 겸 대외우호친선협회 총연합회 회장과
함께.

한국언론과 언론기업화

1970년대를 전후하여 세계 굴지의 언론기업들이 차례로 문을 닫았다. 예컨대 ≪새터데이 이브닝 포스트≫ 지와 ≪룩≫, ≪라이프≫ 지 등 기라성 같은 언론기업들이 차례로 사라져 간 것이다. 흔치 않은 언론기업들의 이 같은 몰락은 세계 언론계에 커다란 충격을 주었음은 물론이다. 세계의 대부분의 언론기업들은 이들 언론 왕국들의 연쇄적 붕괴를 지켜보면서 한편으로는 언론경영의 새로운 돌파구를 모색하려 했고, 한편으로는 불어난 체중을 감량하기에 이르렀다. 바로 이와 같은 시기에 한국의 언론기업들은 세계 언론계의 이런 동향과는 대조적으로 언론을 '근대화'시키는 작업에 나섰다. 이 같은 언론의 근대화 작업은 이른바 언론기업화란 개념으로 구체화되었다. 다시 말해서 한국의 언론기업들은 언론의 기업화를 꾀하는 5·16 군사 정부의 방침과 보조를 같이함으로써 내실보다는 외형적인 비대화를 가속화시켜왔던

---

* ≪이대학보≫, 1983년 9월 19일.

것이다.

1970년대를 전후한 우리나라의 현대 언론사는 1960년대 전반기부터 배태되기 시작한 이 같은 일련의 언론기업화 작업으로부터 비롯된다고 볼 수 있다. 그것은 자유당 정권과 민주당 정권을 거치는 동안의 한국언론은 적어도 언론경영적인 측면에서는 '작은 것이 아름다운' 수준, 그야말로 불교 경제학적인 경영 규모에 머물렀으나 1960년대 초반부터 이어진 언론기업화 과정을 거치면서 실로 엄청난 변화를 경험하게 되었기 때문이다.

실제로 현대 한국언론은 경영적 측면에서는 기업의 대형화·안정화를 추구함으로써 외형적인 발전을 가져왔으나 편집적 측면에서 언론의 책임과 기능을 회복하려고 몸부림치는 과정 속에서 별 수 없이 내재적으로 위축의 길을 치달았던 것이다.

다시 말해서 5·16 이후의 한국언론은 언론기업화 시대와 언론 유신화 시대를 거치는 동안 점점 변질되어갔으며 언론기업은 더욱 권력의 혜택에 참여하여 권·언(權·言) 의 유착 관계는 언론활동을 유신체제 내의 제도 언론으로 동화시키기에 이르렀다.

필자가 한국언론사를 시대 구분하는 가운데서 제기한바 있는 '언론 기업화 시대'란 용어는 5·16 군사 정부의 언론정책의 핵심 가운데 하나가 '언론기업의 건전성'을 유지하기 위해 '광범위하게 지원하겠다' 는 정책 내용에서 원용한 것이다. 즉 한국의 언론기관들은 1963년 12월 16일 국가재건최고회의가 해체되고 민정화되기까지 '언론의 기업화'를 유도하는 정부의 방침과 보조를 같이 함으로써 질적인 변화를 가져왔으며, 제3공화국 정부의 국정지표의 하나인 근대화 정책에 따른 음양의 지원 아래 기업화의 길을 걸어왔던 만큼 이 시기를 '언론기업화 시대의 언론'으로 보았던 것이다.

언론사적으로 돌이켜보면 제2공화국 시대의 한국언론은 언론계 내부에서 마저 언론의 자유에 제동을 걸어야 한다는 비판이 나올 정도로 잠시 '자유기'를 누렸으나 5·16 이후 엄습한 계엄하에 그 활동이 크게 위축되었으며 계엄 이후에도 갖가지 물리적 압력에 의해 심각한 언론부재현상을 초래했다. 그 대표적인 실례로 나타난 것이 ≪민족일보≫와 ≪동아일보≫, ≪한국일보≫ 필화 사건이다.

5·16 군사 정부는 민정 이양을 앞두고 새로운 언론정책을 공표, 물리적 방법 대신 권장적 방법에 의해 언론을 통제하려는 조짐을 보이기 시작했다. 즉 5·16 군사 정부는 형식상 강온(强穩) 양면 정책으로 언론을 통제하려 했던 것이다.

5·16 군사 정부의 권장적 방법에 의한 언론정책의 혁신은 그것이 물리적인 강제력을 띄지 않는다는 점에서 형식상 온건한 것으로 보였으나 언론의 자유를 본질적으로 제한할 우려가 있는 구조적 개편의 양상을 띄고 있었다.

군사 정부가 제시한 새로운 언론정책은 5개항의 기본 정책과 20개항의 세부 방침으로 분류되는데 언론기업화를 유도하는 정부의 정책이 관계되는 것은 두 갈래로 나눠 볼 수 있다.

첫째, 군사 정부는 언론기업을 하나의 기업으로 파악하고 건전한 언론기업의 육성 대책을 강구하겠다고 말했다는 점을 들 수 있다.

정부는 이런 방침 아래 실력이 없는 업체의 자진 정리 권장(세부방침 제1항), 신문 기업의 육성을 위한 자금 융자 등 최대한의 지원과 편의 제공(세부방침 제2항), 종업원에 대한 합리적 보수기준 마련(세부방침 제4항), 신문 용지와 원목의 수입 관세 인하(세부방침 제8항) 등을 제시했다.

둘째, 군사 정부는 보도 위주의 지면 제작으로부터 교양 위주의 지면 제작으로 유도하고 언론경영에 직접적인 영향을 미치게 될 조석간제를 단간제로 고칠 것을 천명함으로써 외견상으로는 언론기업의 건전성 유지를 위한 지원을 내세우고 있으나 편집권에 대한 중대한 전환을 예고했다. 이와 같은 취지하에 정부당국은 신문 면수의 대폭 증면과 편집 체제의 개선 권장(세부방침 제4항), 단간제로의 전환을 적극 권장하여 그 기준을 공보부가 확정(세부방침 제5항)한다고 밝혔다.

한국의 언론들은 이와 같은 군사 정부의 기본 방침으로부터 유형·무형의 영향을 받아 주목할 만한 외형적 발전과 내재적인 위축의 길을 동시에 걷게 되었다. 오늘날 한국의 언론계를 지배하는 사람들은 저널리스트가 아니라 언론 매체를 소유하는 기업주들이라고 볼 때 어차피 이 시기의 편집권은 경영권에 편입 내지 종속화되게 되었다.

사실상 우리나라의 경우 대부분의 언론기업주들은 순수한 언론인도 아니고 언론기업인도 아니다.

따라서 상당수의 기업주는 언론기관을 공공의 기구로 생각하기보다는 자기의 정치적 또는 기업적 사기(私器)로 생각하는 경향이 있다는 지적이 10여 년 전에 있었던 한국편집인협회 주최 세미나에서 제기된 바 있었다.

이렇게 볼 때 대부분의 기업주들에게 있어 제1차적인 관심이 공공 기구로서의 언론기관의 사회적 기능을 확장해 나가는 데 있다기보다는 소유주의 정치적·경제적 이익을 추구하는 데 있을 수밖에 없었고 그것

<표> 다각경영 업종의 종류

정보 산업	1. 정보 은행	2. 인쇄	3. 출판
	4. 부동산 회사	5. 광고 대리점	6. 정기 간행물
	7. 라디오	8. TV	
레저 산업	1. 놀이터	2. 여행사	3. 호텔
	4. 유원지	5. 레저 상품	
문화 사업 체육	1. 도서관	2. 전시장	3. 공연장
	4. 체육관	5. 학원	6. 위탁 교육 훈련
	7. 체육 기구 제작 생산	8. 유료 박물관	
주택 산업	1. 사무실 대여	2. 택지 조성	
	3. 모범 주택 단지 조성	4. 아파트 건립	
기타	1. 생산 공장	2. 후생 시설	3. 교육 기관

은 당연히 금력, 권력에 예속 또는 밀착하는 결과를 초래하게 되었다. 즉 기업화 시대의 언론기업은 무엇보다도 사세 확장을 위해 진력하여 각 신문은 부수 확장을 위해 출혈 경쟁을 감행하고 한편으로는 광고 수입을 올리기 위해 본지(本紙) 이외의 사업에 파고들었다(〈표〉 참조).

따라서 기업화 시대의 언론은 언론 본래의 기능은 뒷전에 두고 상업성과 자체이익을 지나치게 고려한 나머지 언론의 독립성을 저해하고 알권리를 외면하게 되었다. 기업화 시대의 언론은 결국 권력의 표적이 되지 않을 수 없었으며 나아가서는 권력에 대해 무방비 상태로 전환하게 되었던 것이다.

특히 이 시기의 구조적 양상으로 지적되는 인수와 흡수, 통합, 합병, 통폐합 등 정치적 기류가 혼입된 1970년대 전후의 우리나라의 언론 상

황에서, 권력 또는 금력에의 예속과 밀착을 거부하는 선의의 언론기업
가마저 대세에 눌려 언론의 공공 기능에 대한 신념을 잃게 되고 그것이
편집권을 수행하는 데 커다란 영향을 미치게 되었다.

5·16 이후 경제적 수혜를 크게 입어온 한국 언론기업은 70년대에
들어서면서 더욱 권력과 밀착됨으로써 구조적으로 언론이 독립된 사회
적 세력으로 성장하지 못했음을 엿볼 수 있다. 물론 언론기업이라고 해
서 근대화 작업을 늦출 이유는 없다. 다만 경제적 수혜가 바로 언론 통
치와 등식화될 수 있다는 데 언론기업의 '탈정치화(脫政治化)' 문제가 대
두되는 것이다.

IPI조사에 의하면 대부분의 국가에서 언론기관에 특수한 위치를 부
여해서 감세 또는 면세, 신문 용지 수입의 편의 제공, 운수 시설 이용의
특권, 통신사에 대한 협조 등 여러 가지 조장 정책을 쓰고 있다.

이러한 권장적 기능을 정부가 취하는 이론적 근거는 언론이 단순히
영리 기업이 아니라 공공의 이익에 봉사하는 공기(公器)라는 데 있다.
그러나 기업이 취약한 후진 국가에서 언론에 대한 정부의 보조적 정책
은 언론의 독립성을 위태롭게 할 가능성이 있다는 데 관심을 두어야 할
것이다.

다시 말해서 이 같은 정부의 경제적 권장정책에 의해 수혜를 입어온
언론기업들이 그 수혜 위에서 미디어의 독점화를 꾀하고, 정론성보다
는 상업성을 추구하고, 노란 선정주의로 흐를 때 정부는 언론의 활동을
제약 또는 억제하기 위한 권한을 행사하게 될 것이다. 이 가운데서 특
히 언론 독점화의 문제로 국한시켜 보더라도 몇몇 자본가에 의한 미디
어의 독점화는 미디어의 독립성과 언론의 자유를 위협할 뿐만 아니라

국민의 알 권리를 침해하거나 자유 민주주의의 전제가 되는 다양성과 선택성을 제약할 위험성을 내포하고 있는 것이다. 이런 측면에서 언론 기업화시대의 한국언론기업들이 매스 미디어의 소유권을 집중화하거나 독점화하는 현상은 문제의 심각성을 그대로 드러낸다고 보겠다. 한 언론기업이 신문사와 방송국 등 미디어를 다른 지역에서 둘 또는 그 이상을 소유하는 체인과 네트워크 형태와 한 언론기업이 같은 지역 내에서 서로 다른 매체를 둘 또는 그 이상 소유하는 미디어의 통합 소유 형태, 그리고 개인 혹은 단일 언론기업체에서 종류가 다른 기업체를 소유하는 다각경영 형태 등이 그 대표적인 유형이라 하겠다.

정부의 권장적 방침이 배태한 이 같은 언론기업화는 정치적 기류를 타고 경제적·행정적 특혜의 회오리 속에서 이루어졌고 이로 인해 한국의 언론은 갖가지 병리현상을 보이면서 변질을 거듭하게 되었던 것이다. 1970년대 전후의 경험에서 알 수 있듯이 언론기업이 권력으로부터 독립적이지 못할 때 경영권은 잔명(殘命)할 수 있으나 편집권은 운명(殞命)하고야 만다는 사실에 우리는 특히 주목해야 할 것이다.

'신문전쟁'의 끝은 어디인가

우리나라 신문도 이제 200만 부 시대에 접어들었다. ≪조선일보≫, ≪중앙일보≫, ≪동아일보≫ 등 3대 메이저 신문이 한국 신문사상 처음으로 발행부수 200만 부를 돌파한 것으로 공인되었다. 신문 발행부수 공사 기관인 사단법인 한국ABC협회가 발간한 공사 보고서에 의하면 ≪조선일보≫가 243만 부(유료부수 181만 부)를 발행하여 발행부수 1위를 차지했으며, 다음으로 ≪중앙일보≫와 ≪동아일보≫가 각각 212만 부와 201만 부를 발행한 것으로 공시되었다. 3대 중앙 일간지에 대한 공사 결과가 공표된 것은 ABC협회가 탄생한 지 13년 만의 일이다.

≪동아일보≫, ≪중앙일보≫가 유료부수를 공개하지 않아 광고계나 사회의 기대에는 미치지 못한 공사 결과이긴 하지만 이번 공사 보고서 발간은 우리나라의 대표적인 중앙지 3사에 대한 인증 부수가 처음으로 공개되었다는 점에서 ABC 제도의 정착에 디딤돌을 놓는 중요한 계기

---

* ≪관훈저널≫, 2002년 겨울.

가 되었을 뿐만 아니라 국제 사회에 한국의 위상을 제고시키는 데도 그 나름대로 기여할 것으로 보인다.

이번에 공표된 「ABC 공사 보고서」에 의하면 우리나라는 '신문강국'임에 틀림없다. 세계 2, 3위를 오르내리는 IT 강국에 버금가는 놀랄 만한 발행부수다. 하지만 이 같은 발행부수에 기초한 '신문강국'의 의미가 퇴색되고 있기도 하다. 지난 1996년 보급소 직원 살인 사건까지 부른 경품을 통한 조·중·동의 신문 구독 강요가 다시 기승을 부려 '자전거신문'이라는 신조어까지 등장하고 있다. 공정거래위원회가 내놓은 신문고시가 시행된 지 꼭 1년이 되었건만 '자율개혁'이란 이름으로 신문협회에 위탁한 신문고시는 이미 휴지조각이 된 지 오래다.

저마다 '엘리트신문'임을 선전하고 있는 3대 메이저 신문들이 신문의 질적 경쟁보다는 신문 발행부수 1위 쟁탈전을 위해 '더러운 혈투'를 벌이고 있는데도 신문협회는 신문협회대로 정부는 정부대로 팔짱을 끼고 불구경만 하고 있다. 오랫동안 신문판매시장의 정상화를 요구하며 제도적 개선 방안을 제안해온 언론개혁시민연대 등 시민 단체들도 이같은 추악한 신문판매시장의 과열, 혼탁 양상에 대해서는 제대로 대응하지 못하는 실정이다. 또한 시민 단체들의 관심이 대부분 다가오는 대통령 선거에 집중되어 있는 상황이어서 신문판매시장의 불공정거래 행태는 극단으로 치닫는 가운데 '경품신문'이 지방으로까지 확산되고 있기도 하다.

그런가 하면 올해는 신문사들 사이에 혹은 신문사와 방송사들 사이에 공방이 제기되곤 했는데, 무엇보다 괄목할 만한 현상은 조·중·동과

한·경·대 간의 이념 공방이 작년보다 격화되었다는 점이다. 우리나라 주요 신문들은 대선 후보들에 대한 다각적인 검증 노력이 돋보였음에도 저널리즘의 원칙에서 벗어나 대선 과정에서 불공정보도와 편파보도 등 경사보도를 통해 특정 후보 편들기와 특정 후보 죽이기를 계속하는 가운데 '변형된 증면 전쟁'을 통해 기사보다 광고를 늘려오고 있다는 비판을 받고 있기도 하다.

이러한 와중에서 지방 경제 붕괴와 지방지를 외면하는 독자들의 구독성향으로 지방지는 고사 상태에 빠져 있는 가운데 ≪대한매일≫이 민영화되고 ≪한국일보≫가 채권은행단과의 협의를 통해 출자 전환 등의 방식으로 경영 정상화를 모색하게 된 것도 2002년 신문계의 중요한 뉴스로 기록될 것 같다. 이 밖에도 「정기간행물의등록등에관한법률」 개정이 표류하고 있는 것과 이른바 '안티 조선운동'이 확산되는 것 등도 신문계의 또 다른 뉴스가 아닐 수 없다.

조선에 이은 동아·중앙의 신문 발행부수 공개

사단법인 한국ABC협회는 지난 10월 18일 ≪동아일보≫, ≪조선일보≫, ≪중앙일보≫ 등 우리나라의 대표적인 중앙 3개지와 주간 ≪일요신문≫에 대한 공사 보고서를 발간했다. 이 공사 보고서에는 ABC협회가 인증한 ≪조선일보≫, ≪일요신문≫의 2001년 1~12월의 발행부수, 발송부수, 유료부수와 ≪동아일보≫, ≪중앙일보≫의 2001년 7~12월의 발행부수, 발송부수가 월별, 지역별로 자세히 기재되어 있다(〈표 1〉 참조).

<표 1> 2001년 1~12월 공사 보고서

간별	신문명	발행부수	발송부수	유료부수
일간	동아일보	2,008,752	2,007,138	-
일간	조선일보	2,428,773	2,426,373	1,806,755
일간	중앙일보	2,116,276	2,114,851	-
주간	일요신문	208,228	207,194	130,984

한국ABC협회 최종률 회장은 이 공사 보고서 발간사에서 "유료부수까지 모두 공개되기를 바라는 광고계나 사회의 기대에는 미치지 못하는 미흡한 결과지만 우리나라의 대표적인 중앙지 3사에 대한 인증 부수가 처음으로 공개되었다는 점에서 ABC 제도 정착에 큰 걸음을 내딛는 계기가 되었다고 평가하고 싶다"고 밝혔다.

≪동아일보≫, ≪중앙일보≫가 ABC공사에 참여함으로써 3개 중앙일간지에 대한 공사가 이루어지게 된 것은 세계 10위권의 광고 대국이면서도 그 동안 신문발행부수와 신문광고 매출액 등이 공개되지 않아 광고 후진국이라는 평가를 들어온 현실에서 하나의 중요한 진전이자 좋은 뉴스임에 틀림없다. 이들 3대 메이저 신문에 대한 공사는 ABC협회 창립 13년 만의, 발행부수 공사 착수 8년 만의 일이다.

신문판매시장의 왜곡 현상 심화: 자전거일보 등장

(재벌 신문들의) 이 망국적인 돈 싸움의 결과 독자들에게 배달되지 않고 폐지 수집상으로 직행하는 신문이 매일 300여만 부에 이르며, 신문 구독을 위해 조선이 뿌리는 '사은품'이 의례적인 조그만 기념품 차원을 넘

어 뻐꾸기시계, 비데, 카메라, 도자기 세트, 클래식 CD, 에어컨식 선풍기, 심지어 수십만 원대의 위성 안테나에까지 이른다고 전하고 있다.

이러한 상황은 명백한 불공정거래라는 점에서 정부 차원에서의 법에 의한 대응이 필요하다. 상품 값의 10%가 넘는 물건을 사은품으로 제공하는 것을 금하는 공정거래법에 비추어 재벌 신문들이 그동안 뿌려온 사은품은 대부분 불법인 셈이다. 그러므로 공정거래위원회가 나서 이를 조사해야 마땅하다. 그런데 의례적인 기념품 증정까지도 단속한다고 오래 전 한번 법석을 떨던 공정위는 정작 철저한 단속과 처벌이 필요한 고액 사은품에 대해서는 꿀 먹은 벙어리처럼 말이 없다…….

≪한겨레≫의 1997년 7월 15일자 "신문시장의 대혼란" 제하의 사설 일부다. 그로부터 꼭 5년이 지난 2002년 7월 11일자 ≪미디어 오늘≫에 실린 "파괴되는 신문시장… 전국 주요 도시 경품 공세 실태 — '자전거' 태풍에 신문시장 초토화"라는 제목의 기사와, 2002년 11월 20일자 ≪한겨레≫에 게재된 강준만 교수의 여론 비평을 보자.

요즘 독자들은 '1년짜리' 신문을 본다. 1년 의무구독을 마치자마자 자신이 원하는 경품을 좇아 신문을 바꾸기 때문이다. 독자들이 물건 바꾸는 재미로 신문을 보니까 지국들도 물건으로 유혹하는 일에 더 열성적이다. ……지나친 경품 공세가 '자기 살 파먹는 꼴'이 된다는 걸 잘 아는 지국장들. 왜 그들은 경품의 덫에서 헤어나지 못할까. 한 신문 지국장은 근본 원인으로 조·중·동의 '1등주의' 전략을 꼽았다.

한국 신문들은 어떤 생존술을 쓰는가 놀라지 말자. 천하태평이다. 아니 모두 다 그런 건 아니다. 이른바 조·중·동은 '경품전쟁'에 매달리고 있다. 그래서 '자전거일보'라는 별명을 얻었다. 이들은 '발행부수 3등은 곧 죽음을 의미한다'는 좌우명을 내걸고 필사적인 각오로 뛰고 있다…….

지난 1996년 이래 조·중·동의 경품전쟁을 통한 신문 판매 경쟁은 더욱 치열하게 벌어졌고, 그로 인해 신문판매시장이 극도로 왜곡되자 마침내 언론 단체, 학계, 시민사회단체들이 언론개혁운동을 벌이게 되었다. 그 결과 우여곡절 끝에 신문고시제도가 부활되기에 이르렀다.

하지만 공정거래위원회가 성안한 신문고시가 보수 언론사와 한나라당의 반대로 당초 원안보다 크게 후퇴되었고, 신문협회의 자율적 규제에 맡겨짐에 따라 유명무실해졌다. 공정거래위원회 등 관계당국이 이같은 조·중·동에 주도되고 있는 신문판매시장의 과열, 혼탁현상에 적극적으로 대처하지 못하고, 신문협회는 협회대로 자율적 규제라는 미명하에 뒷짐만 지고 있다. 조·중·동 이외의 80여 개 군소 중앙지와 지방지들도 이들 메이저 신문사의 '신문 죽이기'를 팔짱 끼고 구경만 하고 있다.

이러한 무분별한 물량경쟁은 판매시장을 파괴하고 신문의 정상적인 발전을 저해할 뿐만 아니라 신문의 품위와 공신력을 떨어뜨리는 폐해를 낳게 된다는 점에서 시급히 지양되어야 한다.

광고의존형 수익구조 심화

한국언론재단의 2001년도 연구 보고서에 의하면 현재 우리나라 신문사의 수익구조는 광고 : 지대가 7 : 3의 비율이다(한국언론재단,『신문광고와 텔레비전 효과 비교: 신문 광고 산업의 경쟁력 제고를 위해』, 2001: 78).

한국언론재단이 발행한 위 보고서가 출간된 해가 2001년임을 감안하더라도 조·중·동 등 우리나라 3대 중앙 일간지의 수익구조가 8 : 2에 이르고 있다는 인식이 광고계와 광고학계의 일반적 인식이다. 신문사의 선진형 수익구조는 일반적으로 광고 : 지대의 비율이 6 : 4라고 일컬어지고 있다. 그런 면에서 우리나라 신문사의 수익구조는 비정상적이다. 그러함에도 광고가 가장 많이 집행되는 신문인 ≪조선일보≫, ≪중앙일보≫, ≪동아일보≫ 등 3대 중앙 일간지들이 해마다 20~30%씩 광고료를 올림으로써 광고 : 지대의 수익구조에서 광고가 차지하는 비중은 더욱 높아지고 있다.

광고 실무자들이 광고를 집행할 때 우선적으로 고려하는 신문은 ≪조선일보≫, ≪중앙일보≫, ≪동아일보≫이며, 이에 추가하여 보완적으로 혹은 좀 더 좁혀진 특수한 타깃 청중에게 광고를 집행하는 경우 외에 ≪한국일보≫, ≪경향신문≫, ≪한겨레≫ 등은 앞에서 언급한 신문들을 보완하는 비히클로 사용되고 있는 것으로 판단된다. ≪스포츠서울≫, ≪일간스포츠≫는 좀 더 특수한 타깃 청중에게 광고를 집행하려고 할 때 사용되는 것으로 보인다(한국언론재단, 2001: 117~118, 〈표 2〉 참조).

<표 2> 주력 제품 광고 게재 신문(복수 응답)

신문	빈도	비율 (%)
조선일보	148	74.4
중앙일보	148	74.4
동아일보	132	66.3
매일경제	114	57.3
한국경제	113	56.8
한국일보	97	48.7
경향신문	95	47.7
한겨레	93	46.7
스포츠서울	87	43.7
일간스포츠	83	41.7
국민일보	82	41.2
대한매일신보	80	40.2
문화일보	79	39.7
스포츠조선	78	39.2
세계일보	76	38.2
사례 수	199	100

　이러한 사정은 복수 구독을 꺼리는 지방의 경우 더욱 심각하다. 지방지의 경우는 수익구조가 9 : 1 정도 될 것이라고 추정되고 있기도 하다. 지방지 중에서 가장 발행부수가 많은 ≪부산일보≫가 신문의 품위는 아랑곳하지 않고 1면에 술집 광고까지 게재하는 것을 보면 고사 상태의 지방지가 지가 수익보다 광고 수익 확대를 위해 얼마나 고육지책을 쓰고 있는지 알 수 있다.

　신문의 명성과 신뢰도는 광고에 후광 효과를 발휘하기도 하지만, 반대로 광고가 신문의 신뢰도에 영향을 주기도 한다. 그런데도 신문사의 최근 광고 게재 사례를 보면, 광고가 신문의 품위에 영향을 미칠 수 있다는 것은 고려하지 않는 듯하다. 중앙의 유력 일간지에서도 입에 담기 어려울 정도의 저속한 광고물을 노골적으로 게재하는 것을 자주 볼 수 있다. 국내 신문사들도 근시안적인 광고 수입 확대에만 급급하기보다는 자율적인 여과장치를 설치하여 광고물의 수준을 관리하는 식의 중장기적인 광고 영업 정책이 필요하다(한국언론재단, 2001: 156~157).

광고가 기사보다 많은 지면 구조 일반화

현재…… 광고면이 기사면보다 많은 실정이다. 신문사 내부적으로는 기사와 광고의 비율을 6 : 4로 정해놓고 있지만 실제로는 4 : 6 정도로 광고가 많다. 이렇게 기사보다 광고가 많으면 광고 주목도 및 광고 차별화 효과가 낮아질 수밖에 없다. 광고 주목도를 높이기 위해서는 신문 구독 요금을 현실화하고 대신 광고 의존도는 낮춰야 한다. 정상적인 구독료는 1만 원 정도다(한국언론재단, 2001: 78).

≪조선일보≫가 기왕의 경제면 섹션을 '조선경제'로 바꾸고 '경제 신문을 하나 더 드립니다'란 선전을 통해 증면 경쟁을 시작하자 중앙 일간지들이 앞다투어 증면을 단행했다. 부동산, 여행, 레저 등 변형된 섹션면의 증면을 통한 편법 증면 경쟁은 독자의 눈살을 찌푸리게 할 정도다. 어디 그뿐인가. 하루 20면 안팎의 전면광고가 무차별적으로 실리고 있다. 여성 잡지처럼 광고로 덮일 날이 올지도 모른다는 비판마저 제기되는 터다. 이런 상황에서 기사와 광고의 이상적 비율을 거론한다는 것 자체가 무리다.

이처럼 광고가 기사보다 많은 왜곡된 지면 구조가 일반화할 경우 신문 수용자들의 신문 구독료 인하 운동이 벌어지지 않을까 우려되기도 한다.

조·중·동과 한·경·대의 이념 공방 격화

지난 2001년에는 '언론 개혁'으로 나라가 시끄러웠다. 주요 언론사 사주가 대거 구속되고 엄청난 세금이 추징되었다. 언론사의 잘못을 바로잡겠다는 언론 개혁은 정치적 의도의 개입 여부를 놓고 국론마저 양분되어 벽에 부닥쳤다. 언론 개혁 논쟁으로 심화된 ≪조선일보≫·≪중앙일보≫·≪동아일보≫와 ≪한겨레≫·≪경향신문≫·≪대한매일≫ 간의 이념 공방은 민주당 대선 후보 국민 경선에서 나타난 '노풍'으로 촉발된 '노무현 현상'을 놓고 다시 불붙었다. 제주 경선 이후 '노무현 대안론'이 급부상하자 조·중·동은 이 '음모론'을 의도적으로 확산시켰고, 한·경·대는 이를 신랄하게 비판했다.

3월 16일과 17일 광주와 대전에서 잇달아 실시된 민주당 대선 후보 경선 직후인 3월 18일자 ≪조선일보≫ " '대세론'과 '대안론' 사이" 제하의 다음과 같은 사설의 한 대목은 이러한 구체적 사례의 하나다.

이러한 흐름은 이른바 '이인제 대세론'과 '노무현 대안론'이 팽팽히 경합하고 있음을 말해준다. 그리고 이 과정에서 이른바 '김심(金心, 김대중 대통령의 마음)'의 향배가 끝까지 주목받을 것이다…….

이 사설 내용은 기사 자체를 평면적으로 놓고 보면 언론의 주요 본령의 하나인 예측적 저널리즘의 표현으로 볼 수 있다. 그러나 '음모론'이 보수 언론에 의해 확산되면서 이 사설은 '음모론 퍼뜨리기'의 진원지로 지목받고 있기도 하다. 3월 28일자 ≪한겨레≫ 9면에 나온 ≪한겨레≫ 여론매체 부장의 칼럼은 ≪조선일보≫의 음모론을 이렇게 비판하고 있다.

> ≪조선일보≫는 광주 경선(16일) 직후인 지난 18일치 사설('대세론'과 '대안론' 사이)에서 느닷없이 '이른바 〈김심〉의 향배가 끝까지 주목받을 것'이라고 '음모론 퍼뜨리기'를 예고했다. 아나나 다를까! 이튿날 오전 문민정부 시절 장·차관 모임 '마포포럼(이사장 한나라당 박관용 의원)'이 명석을 깔았는데, 그 자리에서 김대중 ≪조선일보≫ 편집인은 '광주에서 노무현이 득세한 원인 중 하나가 〈김심〉이 광주 대의원들에게 주지되어 있는 것 같다'고 말한 것으로 전해졌다.
>
> 이어 조선·중앙·동아일보의 주거니 받거니 경쟁 보도를 거쳐 급기야 이인제 후보의 입을 타게 되는 과정은 '자동 감응 장치'의 작동과도 같은 것이었다. 이 과정에서 ≪조선일보≫ 25일자 사설('음모론' 무엇이 진실인가)의 '(노 후보와 청와대는 '음모론'이) 〈왜 근거가 없는가〉'를 적극적으로 밝히는 자세가 필요하다'는 구절은 수많은 네티즌들을 열 받게 하는 '강짜(억지 논리)'로 받아들여졌다……

이 마포포럼이 열린 바로 다음날 ≪중앙일보≫는 3면 박스기사를 통해 '김심 음모론'을 처음으로 '기사화'했다. "노무현 바람에 '김심' 실렸나" 제하의 이 기사는 "민주당 일각에서 '김심 개입설'이 제기되기 시

작했다"며 "경선 구도가 이처럼 예상치 못한 방향으로 흐르는 배경에
는 '보이지 않는 손'이 있는 것 아니냐"는 '의혹'을 아무런 검증 없이 보
도했다.

조·중·동과 한·경·대 사이의 이념 논쟁은 서해교전과 북한 핵문
제, 노무현 후보의 공동 정부 구상으로부터 최근의 의정부 여중생 미군
장갑차 압사 사건과 이에 뒤이은 반미 운동 확산 등 크고 작은 문제가
제기될 때마다 첨예한 대립각을 세우곤 했다.

대통령 선거와 편파보도: 특정 후보 편들기와 죽이기

민주당 국민 참여 경선에 대한 국민적 관심의 증대는 언론의 예상을
뒤엎은 이른바 '노무현 현상'에서 비롯되었다. 이 노무현 현상은 지난 3
월 9일 제주에서 처음 실시된 뒤 이어 10일과 16일에 각각 실시된 울산
과 광주의 초반 순회 경선에서 이인제 후보가 단연 선두에 나서리라는
언론의 예상보도를 뒤엎고 노무현 후보가 돌풍을 일으키면서 이인제
대세론이 흔들리고 노무현 대안론이 급부상하면서 나타났다.

서민 후보 이미지를 풍기는 노무현 후보가 급부상하면서 같은 시기
에 114평 호화 빌라 타운 사건과 며느리의 원정 출산 의혹 사건 등으로
코너에 몰린 한나라당 이회창 후보와 대비되기에 이르렀고, 그럴 즈음
≪문화일보≫와 여론조사 기관인 테일러 넬슨 소프레스의 여론조사 결
과 노무현 후보가 이회창 후보를 근소한 차로 앞지르기 시작하면서 민
주당 경선과 노풍은 국민적 뉴스가 되었다. 그러자 한국언론의 고질병
이 되살아났다. 대선 때마다 나타나곤 했던 언론의 특정인 편들기와 특

정인 죽이기의 망령이 되살아난 것이다.

지난 3월 26일 발표된 미국 언론보호위원회(CPI)의 연례 언론 보고서의 지적처럼 "지난해 한국언론 세무 조사로 정부와 논쟁적 관계를 더욱 심화시켜온" 한국 보수 언론들은 그들이 예상했던 '모범 답안(이인제 후보와 이회창 후보의 가상 대결)'이 휴지조각으로 변할 위기에 봉착하자 구태의연한 불공정 보도로 기울기 시작했다.

그런가 하면 기존 체제의 변화를 원치 않는 보수 언론들은 그들이 꺼리는 '노무현 바람'을 차단하여 노풍에 찬물을 끼얹음으로써 국민적 관심을 희석시키거나 물타기를 하려 하고 있지 않나 하는 의혹이 제기되기도 했다. 노무현 후보가 제시한 이른바 '정계 개편론'의 경우를 보자.

보수 언론들은 야당과 같이 정계 개편론을 집요하게 정치적 의제화함으로써 노풍을 잠재우고 심지어 '두 김 씨' 분당 이전의 민주화 세력을 중심으로 개혁파를 모아 궁극적으로 정치판을 개혁 세력 : 수구 세력의 구도로 개편해보려는 노무현 후보의 주장을 좌경 운동권 세력의 결집 움직임으로 몰아가려는 듯한 편집 태도마저 보였다. MBC 〈미디어비평〉에서는 지난 9월 13일 《조선일보》의 특정 정당 편들기를 주제로 이를 정면에서 다루기도 했다. 이 같은 사실은 《미디어 오늘》이 발표한 중앙 일간지와 방송사 정치부장의 설문조사 결과에서도 극명하게 나타났다(《미디어 오늘》, 12월 5일자 참조).

최근에 한나라당에 의해 제기된 도청 의혹에 대한 조·중·동의 보도 태도는 이른바 '발표 저널리즘'에 의한 특정 후보 편들기의 전형이다. 조·중·동은 이 도청 의혹을 1면 톱으로 대서특필했다. 발표 저널리즘은 발표에 의한 정보 조작의 위험성을 지닌다. 미국의 경우 발표 저널리즘 문제는 1950년대에 매카시즘(McCarthyism) 때문에 홍역을 치른 후 대두되어 언론계에 폭넓은 자성을 불러일으킨 바 있기도 하다. 강준만 교수가 그의 언론 시평에서 발표 저널리즘에 대해 다음과 같이 지적한 것도 일부 신문의 특정 신문 편들기를 비판한 사례의 하나다.

경쟁자들이 무슨 말을 하건 언론은 여과 없이 보도해주면서 모든 판단을 유보하겠다고 한다면 그런 보도 관행의 악용엔 어떻게 대처할 것인가? 언론은 이미 선거 때마다 출몰하는 지역감정 선동 발언을 여과 없이 그대로 보도해주는 관행에 문제가 있다는 판단을 내리지 않았는가. ……말이 되는 소리이건, 말이 되지 않는 소리이건 유력한 취재원의 발언은 무조건 대서특필하고 보자는 이른바 '발표 저널리즘'의 폐해는 언론의 신뢰도에 타격을 입히는 '부메랑'이 될 것이다.

캠페인 저널리즘도 변해야 한다

서울을 벗어나면 기이한 간판들과 마네킹이 우리를 맞는다. 간판은 빨간 고딕체 원색이 주종을 이룬다. 수원 갈비집에도 제주 흑돼지 삼겹 살집에도 간판이 온통 빨강색 투성이다. 차분하면서도 가라앉은 중간 색의 자그마하면서도 아름다운 간판은 눈을 비벼 뜨고 보려 해도 잘 보이지 않는다. 주유소와 대형 음식점은 저녁이면 국적 불명의 야자수 네온사인이 손님을 부른다. 톡톡 튀는 아이디어를 뽐내기 위해서인 듯하지만 꼴불견이다. 서울 시내의 경우도 예외는 아니다.

영국의 런던 교외 헤버성 앞에 있는 한 팝 레스토랑 간판의 고색창연함과 독일 하이델베르크 선맥주집 연녹색 간판의 아름다움과 프랑스 파리 시내 샹젤리제 거리에 산재해 있는 카페 간판의 아름다운 질서를 기억하고 있는 필자에게도 이들 원색의 대형 간판과 얄궂은 네온사인은 낯설기만 하다. 세계 3대 미항의 하나인 샌프란시스코와 그곳에서 4

---

* ≪기자협회보≫, 2004년 6월 9일.

시간 거리에 있는 요세미티 국립 공원 주변에 자리 잡은 호텔 입간판 어디에도 이러한 원색의 무질서는 보이지 않았다.

≪중앙일보≫가 올해에 펼치는 아름다운 간판 캠페인은 그런 면에서 의미 있는 캠페인 저널리즘(Campaign Journalism)의 하나로 생각된다. ≪중앙일보≫는 국내 간판 문화가 공해 수준까지 이르러 개선이 필요하다고 보고 지난 2월 말 1면에 아름다운 간판 운동을 시작한다는 내용의 사고를 게재하면서, 간판에 대한 관심을 촉발하기 위해 지금까지 4회에 걸쳐 국내 간판의 실태와 문제점, 해외 사례 등을 소개하는 시리즈 기사를 게재했다.

≪중앙일보≫는 서울시가 올해의 역점사업으로 종로 업그레이드 프로젝트를 추진키로 한 것을 계기로 서울시와 공동으로 캠페인을 벌여나가고 있는데, 이 간판 개선 사업이 서울시나 종로에만 국한해선 효과가 미흡하다고 보고 전국적인 운동으로 확산할 방침이다. ≪중앙일보≫에 의하면 이러한 작업의 일환으로 간판 개선에 전문가의 관심과 참여를 확산하기 위해 서울시와 공동으로 종로 간판 디자인 공모전을 개최하고, 이 신문사에 간판 정비를 의뢰해온 건물주와 업소들을 대상으로 아름다운 간판 운동에 협조하는 대학 디자인 전공 교수 등의 전문가와 간판 제작업자들이 개선 작업을 진행 중이라고 한다. ≪중앙일보≫는 또 서울시 이외 일부 지자체와도 관광지 등 특정 지역을 대상으로 간판 정비를 하는 방안을 강구 중인데 이 같은 작업의 가시적인 결과가 나오면 지면에 적극적으로 보도함으로써 지자체 및 대학, 건물주, 업주, 기업 등이 자발적으로 간판 개선에 나서도록 할 계획이라고 한다.

시대의 변화에 따라 독자의 수용태도도 변한다. 따라서 신문사의 캠페
인도 시대의 변화에 맞춰 변해야 한다. 1990년대 초반부터 시작한 조선
일보의 '쓰레기를 줄입시다'라는 환경 캠페인과 ≪한겨레≫가 벌인 일련
의 북한 어린이 돕기로 시작된 통일 문화 캠페인 그리고 ≪동아일보≫의
이라크 난민 돕기 등 국제 캠페인이 그 나름대로 큰 호응을 얻을 수 있었
던 것은 이러한 시대의 변화를 읽고 발 빠르게 대응했기 때문이 아닌가
싶다. 신문사가 펼치는 캠페인 저널리즘은 이제 시민의 삶에 중요한 의
미를 제공하고, 시민의 가치관과 나라의 가치관을 정확하게 가늠하고 냉
정하게 해석할 때 많은 독자들로부터 좋은 반응을 얻게 될 것이다. 캠페
인 저널리즘은 이제 1면을 잠식(蠶食)하는 '사고(社告) 사업'이라는 구태
의연한 수준에서 벗어나야 한다. 그런 의미에서 신문사는 관습적으로 자
기선전의 일환으로 캠페인 저널리즘을 이용해서도 안 된다.

개혁 대상으로 다시 떠오른 언론

60일간의 신문전쟁은 8월 말로 접어들면서 사그라졌다. 독자는 아랑곳하지 않고 철저하게 '정글의 법칙'을 따르던 재벌 신문과 신문 재벌 간의 전면전을 양대 재벌이 더는 상처를 입지 않기 위해서인지 서둘러 봉합한 인상이다.

신문전쟁을 벌여 수용자들의 눈살을 찌푸리게 했던 한국언론은 국면 전환을 위해 새로운 '가상의 적'을 찾기라도 한 듯 한총련을 표적으로 사실 보도보다는 왜곡·편파보도 등 불공정 보도를 행함으로써 이른바 '공안언론'의 모습을 적나라하게 보여줬다는 비판을 받기에 이르렀다.

무더운 여름을 더욱 무덥게 했던 신문전쟁과 그에 뒤이은 공안 언론으로의 발 빠른 변신은 한국언론이 개혁 대상으로 다시 거론되어야 할 이유가 어느 곳에 있는가를 알려준다. 자사 이기주의의 사슬에 묶여 사(社)·노(勞)가 한 몸이 되어 경쟁자와 혈투를 벌인 신문전쟁은 우리나라

---

* ≪저널리즘 비평≫, 1997년, 19호.

언론사의 구조적 문제를 그대로 노정했으며, 기회 있을 때마다 연합하여 가상의 적을 만들어 '마녀사냥'에 나서 언론을 호도하는 공안 언론의 일그러진 모습은 불공정 보도의 잘못된 관행을 구체적으로 보여주는 사례로 지적되고 있기도 하다.

언론이 타율적인 개혁의 대상이 되어온 것은 여러 번이다. 정치변동의 고비 때마다 언론을 정화해야 한다는 목소리가 안팎에서 제기되어 왔다. 5·16 쿠데타와 제3공화국 출범 과정을 전후해서도 그러했고, 유신 정변과 12·12에서 5·18로 이어지는 쿠데타 과정에서도 역시 그러했다. 그 결과 언론 정화의 대상으로 적지 않은 언론인들이 언론계를 떠나야 했고, 제5공화국 출범 과정에서는 '언론숙정'이라는 불명예스러운 이름으로 800여 명의 언론인들이 해고되었다. 그런가 하면 언론사들이 숙정의 대상이 되어 어느 날 갑자기 통폐합되었다.

지난 1993년 문민정부 출범 뒤에도 언론계에 대한 개혁의 필요성이 제기되었다가 어느 틈에 언론계 스스로 벌이는 언론 제자리 찾기 운동으로 바뀌었다. 언론사에 대한 일련의 세무조사가 실시된 이후 이 언론 제자리 찾기 운동은 외연화되지 않고 오히려 잠복해버렸다. 그러다가 12·12와 5·18의 주역들이 법정에 서고 전두환 전 대통령이 그 자신에 대한 망명 압력을 무마하기위해 언론계와 정계에 150억 원에 이르는 엄청난 검은 돈을 뿌렸다고 검찰 수사 과정에서 진술함으로써 언론은 또다시 개혁의 대상으로 여론화된 바 있다. 특히 방송사 노조와 언론 운동 단체들로부터 언론은 과거를 청산해야 한다는 압력이 거세게 가해졌다. 우리가 추진하는 개혁 작업은 사회의 모든 부문에 걸쳐 이루어져야 하는 역사적 당위성을 지니고 있는 만큼 언론계라고 해서 결코 성역이 될 수는 없을 것이다. 언론 개혁의 당면 과제는 다음 다섯 가지로 요약할 수 있을 것 같다.

첫째, 언론의 소유와 경영 그리고 편집을 분리시킴으로써 언론사의 세습 제도를 배격하고 현대적 의미의 전문 경영인 제도를 확실히 도입해야 할 것이다. 편집권의 독립은 이를 통해서 실현되어야 마땅할 것이다. 한국언론은 선진 외국의 경우와 달리 권력의 우산 아래에서 소유자의 경영권 승계가 보장되기 때문에 경영 능력이 없는 언론사주마저 살아남을 수 있으나 이제는 언론 개혁의 차원에서 언론사의 소유 구조를 개혁하여야 할 것이다. 최근 '독불장군론'이 화제의 언어가 되고 있지만 일부 언론재벌의 독불장군적 행태야말로 비판받아 마땅하다고 생각된다. 독불장군적 언론 재벌에게도 마땅히 미래가 없어야 하기 때문이다.

둘째, 권력과 금력에 굴종해온 부패·비리 언론인들의 청산 작업이다. 전두환 언론 장학생, 노태우 언론 장학생 등으로 정치권력의 하수인이 되어 체제 언론, 공안 언론을 조성하는 데 앞장섬으로써 언론인으로서의 본분과 기자 정신을 망각하고 언론의 독립성과 품위를 해친 장본인들은 국민의 이름으로 거세되어야 할 것이다.

셋째, 언론의 잘못된 역사를 청산하는 작업을 언론계 스스로 벌여야 마땅하다는 점이다. 군사 독재 정권의 하수인으로 전락했던 언론은 일제 때부터 시작된 부끄러운 어둠의 역사를 한 점 숨김없이 소상히 밝힘으로써 미래지향적 언론으로 당당히 거듭나야 할 것이다. 덮어두고 묻어두는 데 익숙한 기왕의 언론의 잘못된 관행은 우선적으로 바로잡아 나가야 할 것이다.

넷째, 지난 1980년 신군부 쿠데타 세력에 의해 통폐합되었던 언론사들은 5·18 특별법 제정을 계기로 원상회복 투쟁에 나서고 있으나 당시 언론사 내부의 보이지 않는 손에 의해 강제 해직된 언론인들의 원상회복에 대해서 침묵하거나 묵살하는 것은 마땅히 있을 수 없다는 점이다. 언론사가 자신의 손실만을 큰 고통으로 여기고 언론사가 강제 축출한 언론인들의 아픔은 아랑곳하지 않는 이중 잣대는 언론의 신뢰성을 떨어뜨리는 부도덕한 행위로 비쳐지기 때문이다.

다섯째, 언론사주가 권력에 기생하는 행위도 문제지만 언론인을 사병화하는 일부 언론 재벌들의 행위도 언론 개혁의 대상이 되어야 마땅하다는 점이다. 최근 언론인인 윤덕환 씨가 '재벌 신문'을 써서 그러한 언론의 일그러진 모습을 적나라하게 그리고 있지만 언론을 재벌의 나팔수로 혹은 홍보기관 내지 정보기관쯤으로 전락시키는 잘못된 관행은 불식되어야 한다고 보기 때문이다.

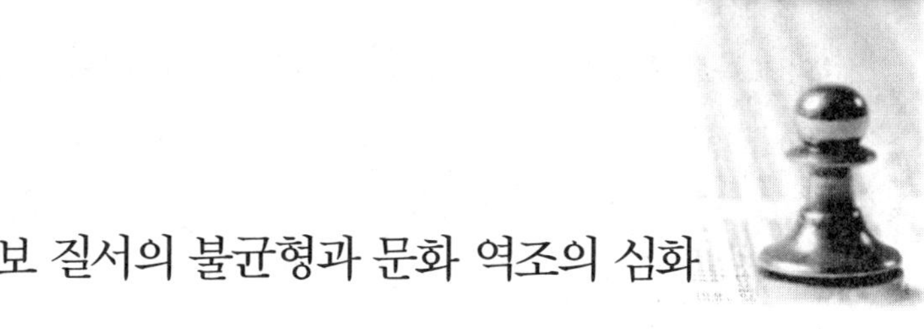

정보 질서의 불균형과 문화 역조의 심화

1. 처음 말

주한 미군 방송인 AFKN-TV가 지난 10월 4일부터 SATNET(Satellite Network: 위성 중계) 계획에 따라 태평양 상공에 띄워져 있는 미국 통신 위성을 통해 미국 본토로부터 직접 위성 방송(DBS)을 하기 시작했다.

레이건 미국 대통령의 방한을 한 달 남짓 앞두고 실시된 이 SATNET에 의한 AFKN-TV의 직접 위성 방송을 놓고 일부의 긍정적인 반응과 함께 이에 대한 비판이 끈질기게 제기되고 있다.

* 이에 대한 긍정적 평가는 일부 제한되어 있는 한국 내의 정보 질서를 확대시켜 시청자가 요구하는 정보량을 어느 정도까지 충족시켜줄 수 있는 미국 TV 프로그램을 직접 수용하게 됨에 따라 시청자의 높아진 눈길을 의식해서 국내 TV프로그램의 질이 향상될 수 있지 않겠느냐는

* ≪외대학보≫, 1983년 11월 16일, 제381호.

희망 등으로 집약된다.

이와 반대로 비판적인 입장에서 하는 얘기들은 자유롭고 균형 있는 정보의 흐름을 주창하는 우리나라와 같은 제3세계 국가 등의 새로운 국제 정보 질서 운동(New World Information Order Movement)의 정신을 정면으로 무시하는 게 아니냐는 논의와 함께 AFKN-TV의 이 같은 처사가 국내 정보 흐름의 불균형을 가져오게 될 것이고 결과적으로 신식민주의에 의한 경제적 불균등과 문화적 종속주의를 부채질하여 '무역 역조'에 비견되는 '문화 역조' 현상을 더욱 심화시키게 되지 않을까 하는 심각한 우려를 제시한다.

2. 정보 체계의 탈식민 운동과 AFKN-TV의 입장

UN은 올해를 '세계 커뮤니케이션의 해(WCY' 83)'로 정해놓고 다채로운 행사를 해왔다. UN의 커뮤니케이션 문제에 대한 이 같은 관심은 지난 1970년대 전반에 걸쳐 UN 산하 기관인 UNESCO, 국제 통신 연맹(TTU) 및 그 밖의 국제적 토론장에서 주로 라틴 아메리카 여러 나라, 아시아, 아프리카의 신생 독립 국가들로 구성된 저개발 국가들(Less Developed Countries)과 북미와 유럽 선진국들 간의 가장 격렬한 공방의 주제가 되어왔던 이른바 새로운 국제 정보 질서(New World Information Order) 논쟁이 더욱 확대되어 현존의 국제 커뮤니케이션 체제, 말하자면 국제 간의 뉴스 및 정보의 유통 체제가 구미의 다국적 언론기업들에 의해 독점된 상태를 구조적으로 개편해야 한다는 제2라운드 논쟁으로 접어들고 있다.

즉, 제3세계의 이 같은 주장은 현존하는 국제 뉴스 및 정보의 교류는 구미의 다국적 언론기업에 의해 지배되고 있으며 이는 선진국의 경제적·정치적 및 문화적 이익을 신장하고 종속관계를 영속화하기 위한 수단으로만 쓰이고 있다는 것이다.

따라서 뉴스의 흐름은 양적인 면에서는 주로 선진국에서 후진국으로 흐르는 일방적인 것이며 그 내용과 질에서는 후진국의 뉴스는 선진국 수용자의 취향에만 영합되는 전쟁, 천재지변, 폭동 등 비정상적인 사건 등에만 국한되고 있을 뿐 후진국의 문화와 발전상 또는 후진국의 시각에 입각한 뉴스는 거의 전무하다는 것으로 레너드 슈스먼(Leonard Sussman)은 그의 논문 「매스 미디어와 제3세계의 도전」에서 "후진국 뉴스가 미국 신문에 보도되려면 혁명을 일으킬 수밖에 없다"는 자조적 비난마저 나오고 있다고 말하고 있다.

그뿐 아니라 제3세계는 서구의 매체는 서구의 자본주의 정치 이데올로기와 그들의 문화와 상품을 강매하기 위한 '문화적 제국주의'의 수단이며 '신식민주의'에 입각한 경제적 착취의 영속화를 위한 수단으로 파악하고 이의 시정을 요구하고 나섰다고 보는 것이 『전자 식민주의론(Electronic Colonialism)』을 쓴 토머스 매퀘일 등의 지적이다.

이처럼 선·후진국간의 정보 채널에 관한 논의가 UN을 정점으로 해서 활발히 전개되는 마당에 AFKN-TV의 SATNET 계획에 의한 직접 위성방송이 실시된 것은 이 같은 국제적 커뮤니케이션 운동의 동향과는 거리가 먼 선진국 발상에 의한 결과로서, 후발 국가인 우리나라의 기존의 국내 정보 질서를 혼란시킬 뿐만 아니라 제3세계 국가들과 관심을 공유하는 이른바 자유롭고 균형 있는 정보의 흐름 논리에서 애써 벗어남으로써 당사국의 국가적 위신을 떨어뜨렸다는 점이 지적되고 있기도 하다.

3. SATNET 방송의 파장

AFKN-TV의 SATNET에 의한 DBS 방송이란 미국 본토에 있는 네트
워크사가 방영하는 TV 뉴스, 스포츠 프로그램 및 각종 정보 등을 인공
위성을 통해 해외 주둔 미군 병사들에게 미국에서 방영하는 같은 시간
에 동시에 방영하는 계획을 의미한다. 따라서 AFKN-TV는 종래 미국
본토에 있는 AFRTS(American Forces Radio & Television Service)가 항공
편으로 공수하여 11시간 이상의 시차로 뒤늦게 방영했던 TV 프로그램
을 위성 중계를 통해 동시에 방영함으로써 AFKN에 관한한 미국과 한
국이 동일 시청권에 들어간 셈이 되며, TV 문화권에 관한한 동일 문화
권이 된 것이다.

특히 주목되는 것은 AFKN-TV가 기왕의 편성시간보다 5시간이나 늘
려 상영함으로써 우리나라 국내 방송인 KBS-TV와 MBC-TV보다 9시
간 이상이나 방송이 길다는 점이다. 이 같은 측면에서 국가적 체면과
국민적 위신의 문제가 거론된다고 하겠다.

이와 아울러 이 시점에서 우리의 관심을 끄는 것은 AFKN 방송이 6·
25 동란 이후 미군이 우리나라에 주둔함으로써 지난 30여 년 동안 미군
만을 위한 방송으로 방송되어온 미군 방송이 주권 국가인 국내 방송의
방송 시간량을 훨씬 초과하면서 그 주시청 대상이 미군들뿐만 아니라
우리나라 국민들, 특히 지식층을 비롯하여 청소년들까지 널리 시청함
으로써 우리나라에 미치는 미국의 TV 문화의 영향이 매우 커지고 있다

는 사실이다.

특히 우리에게 주목되는 것은 AFKN-TV의 주요 시청 대상자가 미국 시민 일반이 아니고 주한 미군이기 때문에 AFKN-TV의 프로그램은 자연히 미군 병사들의 기호와 수준에 맞는 대중문화의 프로그램이 주류를 이룬다는 사실이다. 다시 말해서 미국 대중문화의 전파 미디어에서 심각한 문젯거리로 지적되는 상품 문화인 성(性)범죄, 폭력, 전쟁 등의 휴먼 인터레스트, 즉 인간의 원시적 관심을 자극하는 쾌락주의와 유희 지향적 내지 소비 지향적 내용물이 주류를 이루고 있다는 것이다.

그럼으로써 한국에서는 미국의 병폐적 문화 현상과 다원주의를 지배하는 미국 문화의 일방적 허상만이 한국 시청자들에게 전달됨으로써 미국에도 결코 이롭지만은 않은 결과를 가져올 우려가 제기될 수 있다는 것을 아울러 지적할 수 있을 것 같다. 미국의 국가적 중심적 이미지가 저속한 대중문화의 이미지로만 형상화될 수도 있다는 점에서 오히려 미국 측에서도 같이 우려해야 할 대목인 듯싶다.

4. 맺는말

따라서 AFKN-TV의 확대 방송이 비록 애매모호한 한미행정협정에 의한, 다시 말해서 "주파수를 포함한 전기통신에 관한 모든 문제는 양 정부의 지정 통신당국의 약정에 따라 최대의 조정과 협력의 정신에 따라 신속히 해결해야 된다"는 규정에서 보듯, 이 같은 문제점에 인식을 같이하면서 '최대의 조정과 협력'을 통해 국내 정보 질서에 던져줄 불평등과 불균형을 불식하도록 규제되어야 할 것이다.

그것은 방송이야말로 미국과 같은 자유주의 국가 체제 아래서도 국민의 이익, 필요, 편의를 위해서 국가로부터 규제 내지 통제를 받는다는 제한적 자유라는 통념에 유념해야 할 것이다.

또한 미국과 한국이 전통적 우호관계 아래 있다 하더라도 주권국가인 우리나라 영토 안에서 우리나라의 전파를 대여하여 사용하고 있는 외국 방송이 우리나라 방송법규로부터 치외 법권적 존재로 인식된다면 두 나라의 바람직한 정치 질서를 위해서 파기되어야 할 것이다.

AFKN-TV 측으로서도 우리나라와 같은 후발 국가들이 세계 커뮤니케이션의 해에 토로하는 목소리에 귀를 기울여야 할 것이다. 다시 말해서 이 국가들의 운동의 방향이 현존하는 선진국 매체 및 통신사의 독점 형태의 국제 커뮤니케이션으로서 구조적 개편을 통해 후진국의 뉴스와 문화가 정확히 반영될 수 있고 자유로우면서도 균형된 흐름이 보장될 수 있는 2방 커뮤니케이션체제의 정립을 요구하는 것이었으며, 이와 동시에 국내적 측면에서는 선진국의 문화적 종속을 불식하고 탈식민을 통해 자국(自國)의 정보 체제 등의 결정에 관한 독자적인 결정권과 영향력을 행사할 수 있어야 한다. 이럴 때에만 문화의 주체성이 확보될 수 있다는 그들의 자각(自覺)에 관심을 기울여야 할 것이다.

정보의 양보다 질이 문제다

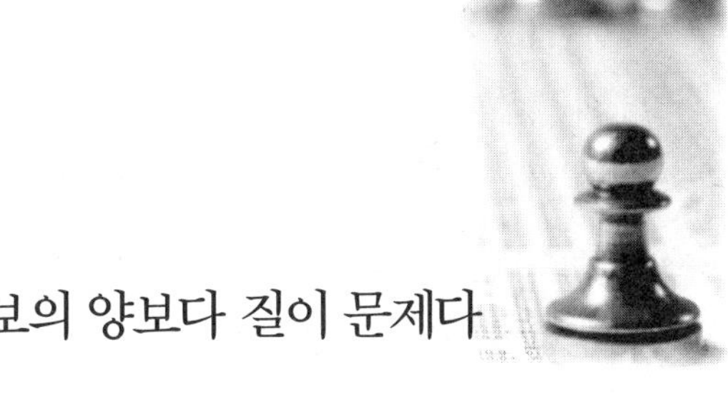

봄철 프로그램 개편의 양상

4월부터 각 TV가 프로그램을 개편했다. KBS-TV의 경우 '급변하는 고도 정보 사회에 보다 능동적으로 대처하기 위해' 이번 프로그램을 개편했다고 밝히고 있다.

KBS-TV는 특히 보도 프로그램과 보도성 프로그램을 대폭 강화, 대량 정보의 24시간 전달 체계를 확립한, 새로운 형식의 보도 프로그램 체제를 구축했다는 데에 기대를 갖게 한다.

이 같은 보도성 프로그램에 대한 관심은 KBS-TV만이 아니고, 시간량은 늘리지 않았지만 제작 태도에 있어서는 MBC-TV도 마찬가지다.

이번 봄철 프로그램 개편에서 두드러진 특징은 보도·스포츠 프로그램의 증가, 제작 포맷의 다양화 모색, 생방송의 시간대 확충 등을 들 수

* ≪방송심의≫, 1984년 4월, 34호

있다. 무엇보다 이번 개편 내용 가운데서 주목되는 것은 '현장을 중시하는 폭넓고 깊이 있는 심층 기획 뉴스'와 '교양성을 갖춘 보도성 프로그램의 대폭 확충'이 아닌가 싶다. 이 같은 특징적인 개편의 양상을 살펴보면 외견상으로는 급변하는 고도 정보 사회에 대응하기 위한 작업이라는 것이 설득적이긴 하지만, 지나치게 '추적 60분형' 보도성 프로그램으로 편성 기준이 경도(傾倒)된 듯싶다. 물론 〈추적 60분〉 프로그램이 기왕에 없었던 유니크한 포맷과 내용으로 해서 시청률이 높았고 이 프로그램이 우리 사회에 준 충격파가 컸던 것도 사실이지만, 엇비슷한 보도성 프로그램이 양산된다는 것은 그렇지 않아도 유사 프로그램에 식상해하는 시청자들을 실망시킬 것만 같다. 더욱이 유사 프로그램의 남발로 말미암아 소재를 발굴·선택하여 분배하는 데 어려움이 따를 것으로 보이는데, 이 같은 제작의 획일성 때문에 이 프로그램의 센세이셔널리즘에도 불구하고 폭넓은 시청자를 개발해온 수준급 양질 프로그램 하나를 고사시키지나 않을까 우려된다.

이번 개편 과정에서 드러난 유사성 보도 프로그램의 방송 패턴을 보면서 여전히 구태의연한 시청률 경쟁의 굴레에서 벗어나지 못하고 있지 않나 하는 느낌이 드는 것이다.

채널의 다양화와 전파 낭비

이번 개편을 보면 보도 및 보도성 프로그램들이 대부분 각 시간대 사이사이에 편성되고 있음을 볼 수 있다. 그러나 뉴스 시간의 총량이 늘어났다 하여 중복되지 않는 새로운 뉴스 생산품이 시청자들에게 공급되리라고 보이지는 않는다. 과거의 경험에 비추어 볼 때 6시 뉴스가 7시 뉴스로 다시금 송출되고 이 뉴스가 채널이 바뀌어 8시에 다시 재탕되거나 심지어 저녁 뉴스가 별다른 내용의 변화 없이 아침 뉴스로 전달되지 않을까 적이 우려되는 것이다. 이와 아울러 보도성 프로그램이 양산됨으로써 오히려 보도 뉴스 구성상의 특성을 살리지 못하지나 않을까 걱정된다.

이번 개편에서 실례를 찾아본다면 저녁 뉴스의 경우 각 시간대의 스트레이트 뉴스(straight news) 사이에 흥미 위주의 시사성 있는 비하인드 스토리(behind story)와 현장 취재물이 혼재됨으로써 스트레이트 뉴스와 보도성 뉴스와의 구별을 모호하게 만들 소지를 안고 있다. 여기서 채널의 몰개성 성향과 전파 낭비의 가능성을 발견하게 된다. 전파 낭비의 문제는 보도 프로그램에만 국한시켜 볼 것은 아니지만, 채널마다 같은 내용의 뉴스가 중복되어 방영되는 것은 시정되어야 할 것이다. 정보 전달이 있을 뿐 해설(kommentor)이 없다는 점이 줄곧 지적되어 온 터에 정책적인 측면에서의 시간대의 동시 송출이라면 그런 대로 이해가 되겠지만 비정책적 측면에서의 동시 송출은 어딘가 어색하게 여겨진다.

IBM 회사의 한 기사는 일반적으로 개인 전화가 전 시간의 99%는 사용되지 않고 있으며 나머지 1%도 사소한 일에 사용되고 있다는 사실을 알아냈다. 우리의 소중한 TV가 시청자들에게 이 같은 전화 꼴로 비추어지지는 않을까 우려된다. 정치적 아이템은 상황 윤리에 의해 소화하지 못하고 있다 하더라도 대부분의 아이템을 오락화하고 드라마타이즈(dramatige)함으로써 대중을 마비시키는 내용들이 적지 않았던 것이 저간의 사정이 아니었던가 한다.

아도르노(Theodor W. Adorno)가 지적하듯 매스 미디어가 강제적, 의도적으로 오락을 수단으로 사용한다면 이처럼 엄청난 문화의 타락을 위해 TV가 한량없이 전파를 낭비해도 되는 것일까? 그리고 여러 가지 상정으로 예컨대 재정의 결핍 등으로 사회적으로 필수 불가결한 요구 사항도 채 충족시켜주지 못하는 처지에서 저질의 알맹이 없는 정보나 뉴스, 터무니없는 오락을 제공하기 위해 고도로 값비싼 커뮤니케이션 수단을 헛되이 낭비해야 할 이유가 있는 것일까?

미국의 경우 닉슨 대통령이 중공을 방문했을 때 미국 대통령으로서는 종전 이후의 첫 공식 방문이었음에도 불구하고 그렇게 전파를 낭비할 필요가 있었겠느냐는 비판이 제기된 바 있었다. 즉 닉슨의 중공 방문 첫 이틀 동안 컬러 TV 화면에 생방송으로 방영된 내용이란 고작 중공인의 모습뿐이었는데, 그 다음날도 여전히 중국인을 비추기만 했고, 3일째 되는 아침에 인공위성을 통해 방영된 것은 겨우 아침식사의 메뉴였을 뿐이었다는 것이다. 또 24명의 수행 기자 중에서 중공과 중국어를 제대로 알고 있던 사람은 오랫동안 중공 특파원 생활을 했던 테오도르 화이트밖에 없었으나, 화이트 기자는 공공 TV 방송국인 PBS의 기자였기 때문에 아무런 보도를 할 수 없었다. 그가 소속된 PBS가 80만 달러라는 거액의 위성 중계료를 충당할 수 없었기 때문이었다.

여기에서 우리는 중요한 시사를 받게 된다. 정보는 수용할 수 있는 능력이 증대되면 될수록 그 내용은 빈약해지고 농도도 옅어지는 경향이 있다는 사실이다.

이런 측면에서 1980년의 언론 대변혁 이후 각 TV마다 정보 수용과 정보 송출 능력은 엄청나게 팽창했으나 여전히 질적 저하 문제와 제작의 안일성이 논의되어온 것은 이 같은 예증에 지나지 않는다.

보도의 편애주의와 정보의 불평등성

서구 국가의 경우 매체 보도의 참된 권리를 모색해야 한다는 대중의 요구가 오래전부터 제기되어오고 있다고 한다. 지금까지 침묵을 지켜오던 일반 미디어 수용자들도 그들의 권리를 주장하고 나서기 시작한 것이다. 매체의 영향력이 확대됨에 따라 그들은 비민주적 과정에 불복하기 시작했으며 매체의 소유자가 소규모의 전문적 엘리트이든 또는 국가이든 간에 그들의 이익만을 옹호하는 것은 받아들일 수 없다는 태도를 보이게 되었다.

기실 대중들은 특정 사건이나 인물만을 계속 보도하는 제작의 편애주의를 비난하고 있다. 스포츠 뉴스의 경우 인기 스타와 인기 종목만이 스포츠시간대를 지배한다든지 보도 프로그램의 경우 고정박스를 설정하여 특정 시간대를 고정화한다든지 하는 양상이 그런 예에 든다고 하겠다. 시간대의 고정화는 뉴스가치의 상대적 퇴락을 가져옴으로써 보도 시간대에 대한 신뢰의 갭을 낳을 우려가 크며, 또한 정보 공유의 불평등으로 빚어지는 보도의 편애주의에 대한 이미지의 고체화 내지는 경직성을 낳을 것으로 여겨진다. 각 TV국은 보도의 불평등과 편애주의를 극복하는 노력이 아쉬워지는 것이다.

TV토론 지상 중계의 허와 실

지난 5월 1일 ≪중앙일보≫가 문화방송과 공동으로 15대 대통령 선거 예비주자 10명을 하루에 한 명씩 초청하여 벌인 TV토론 내용을 다음날 지상 중계한 것을 시작으로, ≪조선일보≫와 ≪한국일보≫도 다른 두 공중파 방송들과 짝을 이뤄 개최한 TV토론 내용을 경쟁적으로 지상 중계했다. TV토론의 지상 중계는 대부분의 신문이 2~3면의 엄청난 지면을 할애했다. 만평과 가십기사까지 포함하면 경우에 따라서는 5면에 가까운 지면을 TV토론을 보도하는 데 사용했다.

유력 신문사들이 방송사와 공동으로 TV토론을 개최하고 토론 내용을 지상 중계하는 것은 "언론사의 정치적 영향력을 과시하고 확대하려는 목적에서 비롯된 것"이라는 지적이 제기되고 있으나 다른 시각에서 보면 "독자의 관심을 끌기 위해 새롭게 기획된 선정주의와 상업주의의 또 다른 모습"일 수도 있다.

------

* ≪시민과 변호사≫, 1997년 7월, 통권 42호.

신문사들이 저마다 자사의 영향력을 과시·확대하고 독자의 관심을 유도하기 위해 노력하는 것은 어쩌면 자연스러운 일인지도 모른다. 하지만 건전한 선거 문화 정착과 깨끗한 선거 풍토 조성을 위해 앞장서 국민을 계도해야 할 신문사들이 대선을 6개월여 앞둔 시점에서 선거법을 위반하는 행위를 계속함으로 해서 민간 언론 비평 단체인 바른 언론을 위한 시민 연합에 의해 선관위에 고발되기까지 한 것은 부끄러운 일이 아닐 수 없다.

TV 전파의 정치적 이용, 특히 TV토론에 대해 참으로 엄격했던 정부가 이번 대선 주자 TV토론에 대해서는 왜 그렇게 유연해졌는지 적이 의아스럽다. 이 불법적 토론회만큼은 정부가 계속 못 본 체했다. 너무나 한국적인 법운용이 아닐 수 없다. 정부가 언론사의 탈법을 눈감아 온 데는 그럴 만한 절박한 이유가 있었겠지만 탈법적 전파 사용을 규제하지 않은 데 대해 정부 차원에서의 해명이 있어야 마땅하다고 본다. TV토론의 탈법성 여부는 방송사가 독단적으로 판단할 문제가 결코 아니기 때문이다. 정부당국의 해명이 없을 경우 정부는 대선 자금 공개 등 국민적 요구를 희석시키기 위해 TV토론을 이용하려 했다는 비난을 감수할 수밖에 없을 것이다.

TV토론과 관련하여 선거법이 아직 손실되지도 않은 상태이고, 선진국에서 흔히 볼 수 있는 민간 TV토론 위원회 같은 전문 위원회도 발족되지 않았고, 그렇다고 TV토론과 관련한 언론 단체나 언론사 나름대로의 기본 지침이 마련된 것도 아닌 터에 일부 신문사들이 방송사와 공동으로 경쟁적으로 TV토론을 주관하고 졸속으로 토론의 진행 방식과 질문 내용을 결정하고 무원칙적으로 패널리스트들을 선정함으로써 TV토

론의 형평성과 공정성 및 편파성이 누누이 지적되어왔다. 특히 이번에
실시된 일련의 TV토론이 대선 주자들의 자질과 도덕성, 정책, 비전 등
을 유권자들에게 알려줌으로써 공공의 이익에 봉사했다는 측면에서 공
공성을 인정한다 하더라도, 언론계가 선도적으로 공직 선거 및 선거부
정방지법을 위반하는 좋지 않은 선례를 남기게 된 것은 참으로 유감스
러운 일이 아닐 수 없었다.

TV토론의 불공정성 부분만 해도 그렇다. ≪중앙일보≫가 처음으로
TV토론을 지상 중계할 때만 해도 10명의 TV토론 초청자들의 조건이
바뀌게 되었다. 그러함에도 ≪조선일보≫와 ≪한국일보≫가 주최한
대선 주자 TV토론은 대선 후보와 대선 예비 주자를 구별하지 않고 무
차별적으로 진행함으로써 불공정한 토론이 될 수밖에 없었다. 자민련
과 신한국당의 전당 대회가 차례로 끝난 이후에 대선 후보들끼리의 TV
토론을 벌였어야 순리였다.

토론의 질문 내용도 수박 겉핥기식이었다. 패널리스트들이 관심을 두
는 식자층의 관심 사안이나 단순 문답이 많아서 국민 생활과 직결된 민
생 관련 내용이 부족했다는 비판이 공개적으로 한 중소 기업인에 의해
제기되기도 했다. 주식회사 가우디 배삼준 사장이 일간지에 낸 '대선 예
비 후보께 질의할 대국민 제안 안건 모집 공고'가 국민적 공감을 얻은
것은 토론 질문 내용의 졸속과 한계성을 극명하게 보여준 사례였다.

어디 그뿐인가. 언론사들이 경쟁적으로 주최한 일련의 대선 주자 토
론회에서 정작 언론 문제가 전혀 거론되지 않은 것을 계기로 일선 언론
인들의 단체인 전국언론노동조합연맹(위원장 이형모)과 한국기자협회
(회장 남영진) 그리고 한국방송프로듀서연합회(회장 최상일)등 언론 3단

체가 언론 개혁 정책 문제를 정면으로 제기하고 나선 것도 같은 맥락으로 볼 수 있다.

언론개혁정책위원회(언개위)는 지난 14일 서울 프레스센터에 모여 올해 대통령 선거를 맞아 언론개혁운동을 공동으로 벌이기로 결의했다. 언개위는 '대선 시기 언론 3단체의 정책 사업에 관한 기획과 자문'을 담당하며 '올 대선에서 언론정책을 쟁점화하고 주요 후보들에게 언론 개혁 공약을 요구함으로써 차기 정권에 언론 개혁의 부담을 지우는 것'을 활동 목표로 삼고 있다고 한다.

언개위는 이를 위해 일차적으로 언론계 안팎의 요구를 바탕으로 '언론 개혁 10대 과제'를 선정하는 한편 대선주자들을 대상으로 언론개혁 과제에 관한 설문조사를 벌이기로 했다. 언개위는 설문조사와 10대 개혁 정책 과제를 마무리한 뒤 이를 바탕으로 대선 후보 초청 토론회를 열고 각 당의 언론 개혁 공약 비교자료집도 제작해 배포할 예정이다.

이들 언론 단체들이 언론 개혁을 개혁 작업의 최우선 사업으로 설정한 것은 언론계라고 해서 결코 성역이 될 수는 없다는 기본 인식에서 비롯되고 있다. 이들 언론 단체의 다짐대로 언론 개혁의 10대 당면 과제를 선정하겠지만 언론 개혁 대상으로 다음과 같은 문제가 거론될 수 있을 것으로 보인다.

첫째, 언론의 소유와 경영을 분리시킴으로써 언론사의 세습 제도를 배격하고 현대적 의미의 전문 경영인 제도를 확실히 도입하는 문제를 들 수 있다. 한국언론은 선진 외국의 경우와 달리 권력의 우산 아래서 소유자의 경영권 승계가 보장되기 때문에 경영 능력이 없는 언론사주들이 살아남을 수 있었으나 이제는 언론 개혁의 차원에서

언론사의 소유 구조를 개혁하여 언론사라도 경영을 꾀할 수 있도록
해야 할 것이다.

둘째, 권력과 금력에 굴종해 온 부패·비리 언론인들의 청산 작업을
들 수 있다. 전두환 언론 장학생, 노태우 언론 장학생, 김현철 장학생
등으로 정치권력의 하수인이 되어 체제 언론, 공안 언론을 조성하는 데
앞장섬으로써 언론인으로서의 본분과 기자 정신을 망각하고 언론의 독
립성과 품위를 해친 장본인들은 언론인의 이름에서 거세되어야 할 것
이다.

셋째, 언론의 잘못된 역사를 청산하는 작업을 언론계 스스로 벌어야
마땅하다는 점이다. 언론은 일제에 협력했던 언론의 친일 부문과 군사
독재 정권의 하수인으로 전락했던 어둠의 역사를 한 점 숨김없이 소상
히 밝힘으로써 미래 지향적인 언론으로 당당히 거듭나야 할 것이다. 덮
어두고 묻어두는 데 익숙한 기왕의 언론의 잘못된 관행은 마땅히 바로
잡아야 할 것이다.

넷째, 지난 1980년 신군부 쿠데타 세력에 의해 통폐합되었던 언론사
들은 5·18 특별법 제정을 계기로 원상 회복 투쟁에 나서고 있으나 당
시 언론사 내부의 보이지 않는 손에 의해 강제 해직된 언론인들의 원상
회복에 대해서 침묵하거나 묵살하는 것은 마땅히 있을 수 없다는 점이
다. 언론사가 자신의 손실만을 큰 고통으로 여기고, 언론사가 강제 축
출한 언론인의 아픔은 아랑곳하지 않는 이중 잣대는 언론의 신뢰성을
떨어뜨리는 부도덕한 행위로 비쳐지기 때문이다.

다섯째, 언론사주가 권력에 기생하는 행위도 문제지만 언론인을 사
병화하는 일부 언론 재벌들의 행위도 언론 개혁의 대상이 되어야 마땅

하다는 점이다. 언론을 재벌의 나팔수로 혹은 홍보기관 내지 정보기
관쯤으로 전락시키는 잘못된 관행은 이제 불식되어야 한다고 보는 것
이다.

대형 토론물, 밀도 있는 제작이 문제다

편성의 편향성

날이 갈수록 더욱 깊어만 가는 불황의 여파로 인한 정부의 에너지 절약과 외채 절감 정책 때문인지는 몰라도 정례적(定例的)으로 실시하고 있는 KBS, MBC 양사의 가을철 프로그램 개편이 11월 4일을 마지막으로 뒤늦게 단행되었다. 성급하게 다가온 계절의 변덕과는 달리 정부의 기본정책의 구도에 따라 편성의 틀을 잡다 보니 개편이 늦어지지 않았겠느냐는 관측이 가능하지만 어쨌든 '지각 단행'이란 구설수에 오를 만도 했다.

KBS와 MBC는 당초 10월 중순경에 개편하기로 계획을 세웠으나 대내외적인 여러 가지 여건이 여의치 않아 MBC는 10월 14일에서 10월 21일로 연기되었고, KBS는 여기서 다시 연기되어 두 방송국의 이번 가

* ≪방송심의≫, 1985년, 53호.

을철 개편은 결국 당초 예정보다 20일 가량 늦어진 11월 4일에야 마무리 지을 수 있었다는 것이다. 일부 신문의 이 같은 배경 보도기사에서도 알 수 있듯이 우리나라 TV 방송의 편성은 어차피 정책의 구도 안에서 조정되는 것이다. 다만 이번의 경우 개편 일자마저 크게 지연될 정도로 내외적인 사정이 있었다고 볼 때 누누이 지적되는 '편성의 편향성'에 새삼스럽게 주목하지 않을 수 없다고 하겠다.

사실 지금까지의 TV 프로그램 개편은 시청자들의 생활 시간대의 변화에 맞춰야 한다는 원칙에 따라 춘분과 추분을 중심으로 1주일 이내에 대개 시행되어왔으며 최근에는 여름과 겨울에도 시청자들의 생활 리듬을 고려하여 부분적으로 조정해왔던 터였다.

대형화·집중화된 프로그램은
도식성(圖式性)·경직성(硬直性)을 탈피해야

이번에 단행된 가을철 TV 프로그램의 개편에서 두드러지게 나타난 현상은 국민 통합을 위한 '국민 의지 개혁'과 '국민의 정신적 생산성'을 높이기 위한 프로그램의 강화를 들 수 있겠다. 대형 토크 프로그램의 정규화와 신설, 그리고 보도 프로그램과 교양 프로그램의 대형화가 그러한 예이다. 여기서 우리는 이처럼 보도·교양 프로그램의 대형화를 꾀함으로써 일과성(一過性) 내지 일회성을 지닌 단발적 프로그램을 지양하고 미래의 비전을 제시하면서 국민정신을 생산적인 방향으로 개혁해보고자 하는 정책적 배려가 짙게 깔려 있음을 알 수 있다. 물론 이와 같은 방향 조정은 아침 방송의 단축과 무관하지 않으리라 여겨진다.

이 같은 경향은 앨빈 토플러(Alvin Tofler)가 말하는 정보화 혁명 시대의 특징 가운데 하나인 '집중에서 분산으로'라는 양상과는 배치되는 것이긴 하지만 아침 방송의 개설로 방만하게 분산되어 있던 보도·교양 프로그램을 집중화·대형화함으로써 편성상 도식성과 경직성을 탈피할 수 있을지는 모른다.

그러나 그러한 집중화·대형화 경향이 정책적 배려에 의해 나온 것이라면 이들 대형화된 프로그램이 국민적 호응을 얻기란 어려운 것이라고 생각한다.

예컨대, 〈TV 청문회(KBC-1TV, 수 21:45~23:25)〉와 〈안녕하십니까(KBS-2TV, 월~토 07:10~07:30)〉 그리고 〈금요 특별기획(MBC-TV, 금 21:45~23:35)〉과 같은 대형 프로그램에서 다룰 수 있는 주제란 과연 어떤 것일까를 생각해볼 때 그 같은 관점은 한결 명쾌해진다고 하겠다. 언뜻 보기에는 이들 프로그램에서 토론하면서 함께 해결 방안을 모색하고 처방을 내릴 수 있는 현안 문제는 산적해 있지 않나 보이기도 하지만 여기서 말하는 현안 문제에 대한 개념 설정과 시각 조정에 따라서는 어차피 한계에 부닥칠 것이라는 데 주목해볼 때 이들 프로그램에서 다룰 수 있는 현안 문제는 정책적일 수밖에 없다 하겠다. 이렇게 볼 때 이들 대형 프로그램은 '우리 시대가 요구하는 국민 의식의 개혁'을 위한 정책 프로그램화하지 않을까 우려되기도 한다.

따라서 당초의 편성 의도가 다분히 정치적일 수밖에 없는 이들 대형 프로그램이 얼마만큼 국민의 공감대를 형성하게 될지는 그야말로 미지수이다.

〈아포스트로프〉는 불가능한 것인가

이번 가을철 프로그램 개편에서 나타난 현상은 이 밖에도 다음과 같은 몇 가지를 들 수 있다.

첫째, 보도 프로그램의 강화를 들 수 있다. 앞서 지적한 보도 프로그램의 대형화와 연관되지만 예컨대 KBS-1TV의 경우 뉴스 프로그램의 시간을 주당 907분에서 1,079분으로 늘렸으며 MBC-TV의 경우도 개편 전보다 0.8%정도의 뉴스 시간의 신장을 보여주고 있다.

둘째는 정시 뉴스제의 정착을 들 수 있다. 예컨대 저녁 시간대의 7시의 〈수도권 뉴스〉와 9시의 〈KBS 뉴스센터 9〉와 같은 뉴스 시간의 정시 시간대의 고정화가 그것이다. KBS가 뉴스 프로그램을 이처럼 정시 뉴스로 환원한 것은 시청자들의 생활 리듬에 맞추기 위한 것이라고 보인다. 그동안 KBS 뉴스는 정시가 아니라 수시로 방송되어 시청자들이 TV 뉴스를 통해 시간대를 확인하는 데 불편을 겪어왔던 것이다.

셋째로는 교양 프로그램의 확충을 들 수 있다. KBS-TV의 경우 르포 〈사람과 사람〉 류의 〈문답여행, 오늘의 주인공(KBS-1TV, 화 19:10)〉과 〈어떤 인생(KBS-1TV, 목 19:10)〉 등을 신설하고 기존의 〈유쾌한 퀴즈 쇼〉, 〈즐거운 가족 게임〉 등을 폐지했으며 본격 퀴즈 형식의 〈계산해 봅시다(KBS-1TV, 수 19:10)〉, 〈주간 경제(KBS-1TV 토 21:30)〉 등을 신설했다.

MBC-TV는 심야대 프로그램을 완전 교양화하여 기존 프로그램인 〈청소년 음악회〉, 〈인간 시대〉, 〈이야기 좀 합시다〉와 함께 〈명작의 고향(화 22:45~23:35)〉, 〈세계의 대학(목 22:45~23:35)〉, 〈TV 문화 기행

〈금 22:45~23:35〉〉 등을 신설했으며 이 밖에도 〈퀴즈 효도 관광(토 17:40~18:30)〉 등을 새로 편성했으며 〈금요 특별기획〉을 신설, 일요일에 방영되는 〈MBC 특별기획(10:10~11:40)〉과 연결시켰다. MBC-TV는 다양한 교양 프로그램을 신설, 교양물 총시간을 개편 전보다 다소 줄였으나 프로그램의 다양성으로 뒷받침하려 했다. 그러나 MBC-TV는 이번 개편에서〈TV 독서 토론〉과 〈젊음이 있는 곳에〉를 폐지했는데 특히 〈TV 독서 토론〉의 폐지는 심야 시간대의 교양화와는 달리 교양 프로그램의 질적 수준 향상에 한계를 드러냈다.

〈TV 독서 토론〉은 프랑스 앙텡 2TV의 권위 있는 프로그램 〈아포스트로프(쉼표)〉의 명성에 버금가는 프로그램으로 발전하길 기대했었으나 자정 시간 대로 밀리더니 끝내 폐지된 것은 아직껏 시청률 경쟁과 상업성을 탈피하지 못하고 있는 우리나라 TV 문화의 현주소를 읽게 했다. MBC-TV나 KBS-TV의 〈아포스트로프〉는 기대할 수 없는 것일까.

이 밖에도 교양성 다큐멘터리의 확충과 12월을 전후하여 MBC-TV가 창사 기념의 일환으로 펼치려는 청소년 교양 프로그램의 기획 편성이 주목된다 하겠다.

국제 언론 단체들과 교류 늘리고
언론학자들에게도 문호 개방을

낙후된 한국언론계에 새 바람을 불어넣기 위해 주로 20대의 젊은 기자 18인이 관훈동 하숙집 다다미방에서 시작한 관훈 클럽은 격동의 한국 현대사 속에서 신문 자유의 향상과 언론 창달에 크게 기여해왔다. 반연구·반친목을 위해 출범한 관훈 클럽은 지난 40년 동안 9차례의 규약 개정을 거치면서 시대와 역사의 변화에 능동적으로 대응해오면서 한국언론의 발전을 위해 노력해왔다. 창립 때부터 7명의 운영위원으로 구성된 운영위원회를 중심으로 운영되어온 관훈 클럽은 지금까지 44차례에 걸쳐 운영위원회가 새롭게 구성되었으나 클럽의 창립 정신을 유지해오면서 규약 제3조와 제4조에 규정하고 있는 '신문에 대한 연구와 토론', '회지 및 간행물 발행', '국내외 언론 단체 등과의 연락 교류' 및 '기타 필요한 사업과 활동' 등 주요 목적 사업을 실현했다. ≪신문연구≫ 발간, 관훈 토론회 개최, 심포지엄(최병우 기자 심포

* ≪관훈통신≫, 1997 2월, 49호.

지엄 등)과 해외 저명 언론인 초청 강연회 개최 및 한국언론 2000년 위원회 발족, 스타일 북 제정, 신문 주간 제정, 신문 편집인 협회 창립 노력, 관훈 언론상과 최병우 기자 기념 국제 보도상 제정 등의 사업이 대표적이다.

하지만 관훈 클럽은 이 같은 화려한 외형적 성취에도 불구하고 다가오는 21세기와 창립 반세기를 앞두고 진입하고 있는 고도 정보화 사회와 그에 따른 저널리즘의 국제화에 대비할 미래 지향적 연구와 기획, 저널리스트들의 자질 향상과 언론 민주화를 위한 혁신적 프로그램을 제시하지 못하고 있다는 지적이 있기도 하다. 관훈 클럽이 40년 전에 다짐했던 한국언론을 위한 새바람운동이 새로운 단계로 확산될 수 있기 위해서는 다음과 같은 몇 가지 측면에서 진전이 있었으면 싶다.

첫째, 커뮤니케이션과 저널리즘의 국제화가 가속화되고 있는 세계 언론 환경의 변화에 적응할 수 있도록 규약에 제시되어 있는 바 관훈 클럽과 유사한 목적을 가진 국내외 단체 등과의 연락 교류 사업을 활성화하여, IPI , FIEJ, IOJ와 Freedom Forum, Freedom House 등 국제 언론 단체와 국제 언론 연구 및 언론 환경 감시 단체 등과의 교류를 확대했으면 한다. 이는 한국의 진정한 언론 민주화에도 기여할 수 있다고 보기 때문이다.

둘째, 과감한 체질 개선을 통해 흔히 지적되는 관훈 클럽의 '귀족주의'를 지양해줬으면 한다. 회원 가입 조건을 제한하여 상대적으로 젊은 세대를 수혈하지 않음으로써 클럽의 보수화와 동맥 경화증이 우려되기 때문이다. 아울러 저널리즘을 전공하고 있거나 언론 현장 경험이 있는 언론학자들에게도 문호를 개방하는 열린 자세를 보여줬으면 한다.

셋째, 평생 언론인을 지향하는 회원들로 구성된 관훈 클럽의 정치 지향성과 일부 회원들의 현실 정치참여에 대한 비판에 대해 겸허한 자기 반성이 있어야 한다고 본다. 이 같은 비판은 관훈 클럽이 압력 단체로서 진정한 자기 목소리를 내야 한다는 바람이 저변에 깔려 있다고 보기 때문이다.

넷째, 산학협동을 좀 더 확대해 언론학 연구자들과 그늘에 있는 언론인들을 대폭 지원해줌으로써 언론의 균형 발전과 언론 창달에 기여할 수 있도록 기회를 부여했으면 한다.

한국언론 2000년 위원회에 두 명의 학자가 참여한 것도 긍정적 변화라 볼 수 있지만 인색한 산학협동의 한 단면을 보여주는 것이 아닌가 싶기도 하다.

5장

기자, 출판인
그리고 교수의 길

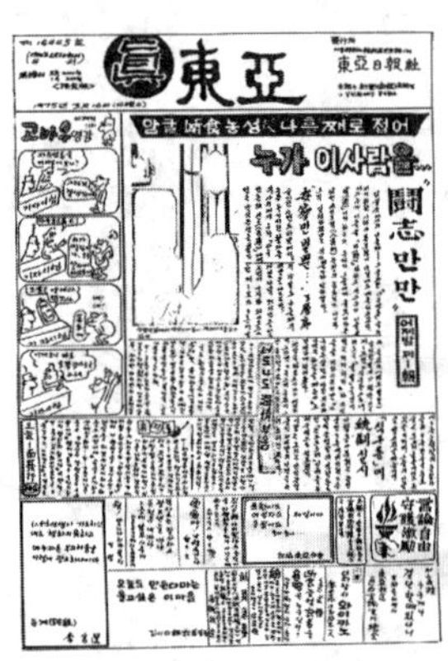

동아일보 광고탄압 사태로 기자들이 제작 거부 투쟁을 하면서 1975년 3월 15일과 16일 '가짜 동아일보' 대신 손으로 직접 써서 만든 '진짜 동아일보'라는 뜻의 ≪진동아≫ 1호와 2호 표지.

≪진동아≫ 3호는 발행하지도 못한 채 3월 17일, 130여 명의 기자 프로듀서 아나운서들이 강제 해고됐으며, 이튿날 동아자유언론수호투쟁위원회를 결성했다. 동아일보 기자 180여 명은 1974년 10월 24일 당시 유신헌법에 반대하며 언론자유를 쟁취하자는 내용의 동아자유언론실천선언을 했다가 박정희 정권으로부터 탄압을 받았다.

신문 다면화 시대와 출판

신문이 다면화되고 TV가 컬러화되었다고 해서 매스커뮤니케이션 수용자들의 뇌리에 자리 잡은 매스컴에 대한 불신의 깊은 골은 좀처럼 메워지고 있지 않다는 게 일반적인 우려인 것 같다. TV가 컬러화되고 신문 지면이 늘어나면서 TV 뉴스가 다시 생동감이 생겼다느니, 문화면 등이 나아졌다느니 하는 일부의 호의적인 반응과 함께 매스커뮤니케이션 수용자들이 곧잘 토로하는 불평들, 이를테면 '재미없는 TV'라든지 '볼 것 없는 신문'이라든지 하는 등의 언론에 대한 불신의 갭을 표현하는 표현들이 수용자들의 입을 통해 서슴없이 제기되는 것이 아직도 현실 상황이 아닌가 한다.

신문의 다면화와 TV의 컬러화는 다 같이 지면의 다양화와 화면의 역동화를 뜻한다. 다시 말해서 신문의 다면화는 신문의 기획과 편집, 그리고 지면 구성의 다양한 종합 편집 체계를 뜻하며, TV의 컬러화란 상

---

* 《출판문화》, 1981년 3월, 통권 186호.

영 효과의 극대화를 꾀하기 위한 기동성 있는 화면의 제고를 뜻하는 것이지 그저 한낱 신문 지면의 증면이나 화면의 채색화를 뜻하는 것은 아니다. 그야말로 '정보의 획일화'와 '공개 사회의 비정보화'를 탈피하기 위한 몸부림이어야 한다.

그런데 우리가 여기서 지나쳐서는 안 될 것은 '정보의 진실성' 문제이다. 다양한 정보를 송출하기 위한 신문, 라디오, 텔레비전, 잡지, 영화 등 매스커뮤니케이션 미디어로부터 '무크(Mook)'로 대변되는 부정기 간행물 등 이른바 미니 미디어에 이르기까지 갖가지 종류의 미디어가 출현하고 있지만, 정보의 획일화와 공개 사회의 비정보화의 굴레를 제대로 벗어나지 못하고 있으며, 더구나 정보의 진실성 문제는 여전히 숙제로 남아 있다. 물론 이 같은 과제는 정보를 선택적으로 송출하는 매스컴 당사자(송신자)와 정보를 선택적으로 받아들이려는 수용자들의 성향에도 크게 기인한다. 그러나 여기서 제기되는 수용자의 선택적 노출 성향은 그렇게 문제될 것은 없고 정보 송출자의 선택성이 더 큰 문제라고 하겠다.

아놀드 토인비(Arnold J. Toynbee)는 '올바른 정보만이 원자 시대의 인류로 하여금 살아남을 수 있도록 하는 기회를 제공해줄 것'이라고 경고한 바 있다. 또 독일의 문예비평가인 레몬하르 트라이니쉬는 '신문, 라디오, 텔레비전 그리고 도서 등과 같은 매스커뮤니케이션이 전달해주는 모든 내용은 기실 방대한 정보 현실의 한 단편에 불과하며 우리들의 주요한 정보수단 가운데 하나인 언어는 갖가지 사건과 경험, 그리고 사상을 명백하게 표현하고, 지속적으로 공급해주기에는 너무나도 불완전한 하나의 장치에 지나지 않는다'고 지적, 획일적이고 비진실적이며 협소한 정보 공간의 확충을 위해 적이 다행스런 일이 아닐 수 없다. 비록 4면에 지나지 않는 증면이긴 하지만 그것이 우리 출판계에 주는 효과가 어떻든가에 아직도 인색한 출판 면이 늘어나리라는 기대는 크지 않을 수 없다. 그러나 신문이 다면화되었다고 해서 막연히 반가워할 것만이 아니다. 이 게제에 몇 가지 지적할 점이 있다.

첫째, 신문 미디어 송신자의 선택성이 문제라는 점이다. 넓혀진 지면에 출판문화의 창달을 위한 시각에서 과연 얼마만큼 출판 면을 늘려줄 수 있겠느냐 하는 점이 그것이다.

둘째, 이와 아울러 현재와 같은 일부 신문의 출판 고정란을 짝수페이지의 종합 편집란에서 홀수페이지의 문화면으로 옮겨 독자의 관심을 보다 많이 끌 수 있도록 할 수 있느냐는 점이다.

셋째, 신문 지면의 품위를 위해 광고 면의 획일주의적 내지는 대기업 편향의 편집 태도를 지양할 수 있겠느냐는 점이다. 일본 같은 나라의 신문과 같이 출판 광고 면을 1면과 3면, 그리고 7면(12면 전체를 한꺼번에 인쇄할 경우, 그렇지 않을 경우 9면)으로 고정시킬 수 있느냐 하는 점이다.

넷째, 출판문화의 향상을 통한 국가 발전이라는 차원에서 광고료 단가를 인하 조정할 수 있겠느냐는 점들이 그것이다.

우리의 몇 가지 사상의 의사 전달을 위해 우리 출판인 스스로 다짐해야 할 점들도 따로 있을 것 같다. 먼저 출판인 스스로 저질 출판물을 추방, 양서를 출판하여 스스로의 품위를 지켜야 할 것이다. 둘째, 출판인 스스로 신문의 다면화에 따른 새로운 독자 확충을 위해 다양성과 참신성을 보여야 하며 셋째, 출협이 앞장서서 신문사와 언론정책 당국과 충분한 대화를 가져 우리의 의사를 전달·관철시키는 노력을 해야 할 것이다.

프랑크푸르트 국제도서전시회 참가 보고

제38회 프랑크푸르트 국제도서전시회(The 38 Frankfurt Book Fair)가 서독 출판인 연협회 주최로 중심가에 있는 특설 도서전시장 Buchmesse platz에서 지난 9월 30일부터 10월 6일까지 1주일 동안 열렸다.

남쪽으로 포르투갈의 리스본과 북으로는 베를린과 모스크바를 거쳐 시베리아까지 연결되는 유로 열차가 뻗어나가는 프랑크푸르트 중앙역에서 도보로 5분 거리에 위치하고 있는 이 특설 도서전시관은 그 명성에 버금가게끔 전시장의 규모 면에서나 참가 출판사와 전시 도서의 숫자 면에서 역시 세계 최대의 전시장으로서 손색이 없었다. 프랑크푸르트 중앙역에서 뻗어나간 철길을 따라가면서 양쪽에 나뉘어 있는 이 전시관은 우리나라 서울 삼성동 소재 종합전시관보다 전시 공간 면에서 무려 3배에 가까운 규모가 아닐까 싶었는데, 구름다리를 통해 에스컬레이터가 양쪽으로 흩어져 있는 전시관들을 연결해주었고, 지상에서는

---

* ≪출판문화≫, 1986년, 통권 253호.

독일 최대 일간지의 하나인 《디 벨트(Die Welt)》 지의 10여 대의 리무진 버스 등이 관람객을 실어 나르느라 분주히 오가는 속에서 세계 최대의 책의 잔치에 참가한 출판인들이 이데올로기를 뛰어넘어 책을 통해 책의 발전을 모색하는 모습 등이 너무나 인상적이었다.

이번 전시회에서는 '인도 — 꾸준한 변화'라는 제목으로 세계에서 나온 인도에 관한 대부분의 도서를 함께 전시하면서 인도의 문화를 소개하는 인도특별전이 열렸으며, 이와 함께 86 프랑크푸르트 인쇄기기전시회와 전자도서출판위원회도 개최되었는데, 특히 국제출판인회의 IPA 국제위원회가 올해에도 이 프랑크푸르트 국제도서전시회에서 열려 세계의 지도자급 출판인들이 자리를 함께 하면서 IPA의 사업과 정관개정 문제를 토의했다. 이 회의에는 임인규 회장과 김진홍 상무 이사가 참가했는데, 자연히 선진국 출판인들의 관심이 큰 우리나라의 국제저작권 가입 문제가 거론되었다. 이 자리에서 임 회장은 우리나라 정부의 저작권법 개정 움직임과 함께 논의되고 있는 UCC 가입 문제를 설명하면서 '그러나 우리나라의 많은 출판인들은 UCC 가입을 아직 시기상조로 보고 있다'는 견해를 밝혔다.

이번 전시회에는 7,000여 개의 세계 유명 출판사가 참가했는데, 전시에 직접 참여하지 않은 출판사까지 합치면 1만여 개의 출판사가 전시와 참관, 그리고 상담을 위해 참가한 것으로 보인다. 우리나라에서는 모두 11개 출판사가 참가했으며, 대한출판문화협회 임인규 회장과 권병일, 김낙준 부회장이 옵서버로 참가했다. 우리나라는 지난 어느 해보다 가장 많은 7대의 전시대를 확보, 제4번 홀에 통합해서 전시했다. 출협이 2대, 금성출판사 2대, 국민서관과 서울국제출판사가 1대씩 해서 모두 6대를 연결하여 함께 전시했다. 다만 안그라픽스는 예술전시관인 제 5층에 독립해서 전시되었다. 이들 전시대 사용 출판사 가운데 국민서관만이 출판사 대표자가 참가하지 않았을 뿐 금성, 서울국제, 안그라픽스는 대표자가 직접 참가했다. 이번 전시회를 위해 출협 집행진에서는 김진홍(전예원)과 김언호(한길사) 사장이 각각 단장과 총무의 자격으로 참가했고, 강영중(한국공문수학연구회 본부장), 강원채(삼성당 회장) Mrs. Adams(서울국제출판사 편집인), 안상수(안그라픽스 대표), 김종곤(대현출판사 대표), 이영기(신태양사 대표), 한병화(예경산업사 대표) 제민(諸民)들이 참가했다.

이번 참가 단원들은 세계 최대의 책의 전시장에서 우리나라 책의 해외 진출 문제를 토론했고, 출판의 국제화 시대를 위해, 또는 88올림픽을 계기로 마련되고 있는 문화 올림픽 등을 대비하기 위해 국제도서전에 참가하는 우리 출판인들의 자세와 시각을 새로운 단계로 고양시켜야 한다는 논의도 있었다. 그것은 이번 전시회에서 세계 여러 나라 출판사와 상당액의 계약이 이루어짐으로써 우리도 이제 출판의 국제화에서 서서히 눈을 돌려야 할 때가 왔지 않느냐는 맥락에서 그러했다. 아무튼 이번 전시회는 우리나라의 출판도 국제화에 대한 가능성을 엿보이게 했다는 점에서 의의가 있었다고 보고 싶다.

또 이번 전시회에서는 중공과 쿠바, 아프리카 여러 나라의 진출이 눈에 띄었는데 그 가운데서도 중공의 도서 발전이 괄목할 만한 성장을 보였으며 중공 현지에서 종합 디자인된 전시대를 운반해 설치하는 적극성도 보였다. 이번 전시회에 나온 중공 도서는 영어나 독일어, 프랑스어 등 선진국어로 된 책은 별로 없었으면서도 출품된 중공 도서가 대부분 팔려나갔다는 현지 언론의 보도를 보면 우리나라도 앞으로는 영어로 된 책만 출품할 것이 아니라 비록 한글로 되어 있다 하더라도 우리나라를 대표할 만한 우수한 도서를 엄선하는 경우 꽤 많은 상담이 이루어질 것으로 보였다.

또한 이번 전시회에 출품된 도서들이 그래픽 측면에서 다양해졌다는 것이 현지 언론의 평가였다. 특히 프랑스, 캐나다 등의 그래픽이 좋아 보였으나 우리나라의 안그라픽스도 좋은 반응을 얻었다. 따라서 우리나라 출판 디자인도 민족 고유문화의 전통이 농축되어 있는 그래픽의 영역을 넓혀나간다면 우리나라 출판문화를 세계 출판 시장에 소개하는 데 중요한 역할을 담당할 수 있을 것같이 보였다. 이것은 한국 출판문화 수준을 보여주는 일과 함께 우리나라 고유문화의 역량을 함께 보여주는 계기가 될 것으로 여겨지기 때문이다.

참가 출판인들은 이번 전시회를 마치면서 10월 6일 현지에서 간담회를 가졌는데, 이 자리에서는 다음과 같은 몇 가지 문제가 지적되었다. 참가 규모의 확대 문제와 전시관의 종합화, 독립관의 다원화 문제, 출품 도서의 선정 문제 그리고 정부 또는 정부 기관의 지원 문제 등이 그것들이었다. 이와 함께 국제도서전시회 준비를 위한 전담 기구로 소위원회를 출협에 설치토록 건의하라는 논의도 있었다.

우선적으로 지적된 것이 전시 장소의 문제. 우리나라 전시장은 왜 해마다 사람이 별로 찾지 않는 구석진 곳에 자리 잡느냐는 점이다. 이 문제는 먼저 점유하고 있는 출판사가 포기하지 않는 한 어려운 문제 같았는데 앞으로 외교 채널을 통해 로비 활동을 편다든지 출협과 개개 출판사 그리고 현지 동포들이 공식적으로 또는 비공식적으로 서신을 통해 전시회 본부에 불평을 토로하는 방법을 활용할 수 있지 않느냐는 이야기도 있었다.

한편 이 문제의 해결을 위해 임 회장은 전시회 본부를 찾아가 중국, 일본, 한국의 동양 언어권 출판사를 한 자리에 모으는 방법을 제시, 긍정적으로 검토하겠다는 답변을 들었다.

이와 아울러 참가 출판사별 전시대를 다원화하는 문제가 제시되었는데, 그 이유는 작년에 미국 출판사 사이에 전시대를 독립적으로 마련했던 서울국제출판사가 올해에는 한국 출판사들과 함께 참가하느라 장소가 좋지 않은 곳에 배정받았더니 판매 성적이 작년에 비해 하향 곡선을 그린 반면 올해 독립해서 예술관에 전시대를 마련한 안그라픽스가 짭짤하게 재미를 보았다는 사실에서 비롯되었다. 따라서 내년부터는 한국이라는 이름 밑에 출협이 종합적으로 전 출품 도서를 전체 디자인(Total design)해서 전시하는 종합관과 여유 있는 출판사는 각자 전시회 본부와 접촉하여 독립적으로 전시 장소를 찾음으로써 한편으로 장소 문제에서 오는 불이익을 타개하면서 다른 한편으로 우리나라 출판의 판로를 넓혀갈 수 있지 않을까 하는 판단에서 나온 것으로, 말하자면 선진국 출판사가 있는 좋은 전시 공간으로 '이민'을 떠나 살게 하는 게 어떠냐는 것이다.

다음으로 지적된 것이 도서 선정 문제. 이 문제는 해마다 제기되어온 것으로, 앞서 제시한 바대로 영문판 출판물에 국한시키지 말고, 우리나라의 신간 도서 가운데서 선정하고 오래된 책은 당연히 제외시키고 비록 한글이나 한자로만 되어있는 책이라 하더라도 우리나라의 대표적인 책을 골라 출품함으로써 우리나라 출판문화 수준을 보여주어야 할 것이라는데 초점이 모아졌다. 그럴 경우 설령 북한이 참가한다 하더라도 상대적 우위성으로 대비될 것이다.

　마지막으로 정부 또는 정부 기관의 지원 문제와 소위원회 설치 문제 등은 출협이 적극적으로 협조를 구하거나 앞으로 진지하게 모색해야 할 대목이지만 프랑크푸르트 국제도서전 하나만이라도 출판인들의 역량을 총동원하여 종합적으로 설계하여 우리나라의 출판문화 수출을 증대시키고, 그를 통해 우리나라 문화를 홍보하는 일에 모든 노력을 기울여야 할 것이다.

전환기 출판문화 정책의 당면 과제

1. 출판문화 정책의 변화 양상

12·12와 5·17 등 폭력적 정치변동에 의해 탄생된 제5공화국이 마감되고 바야흐로 우리나라에서 처음으로 기록될 이른바 '평화적 정권교체'를 계기로 하는 전환기적 시대 상황 속에서 우리는 실로 적지 않은 변화를 겪고 있다. 구정권의 정통성 위기로 말미암아 갖가지 우여곡절 끝에 새롭게 탄생된 제6공화국은 직선제에 의해 합법적으로 정치변동을 성취한 만큼 적어도 그 정당성은 인정받고 있다고 볼 수 있겠으나, 신정부가 일부 비판 세력들이 다양하게 제기하는 정통성 시비의 망령 속에서 헤어나기 위해서는 구체제와의 단절과 함께 유발적(induced)이고 의도적인 변동을 시도하지 않으면 안 되는 시대적 당위성과 필연성을 지니고 있다 하겠다.

---

* ≪출판문화≫, 1988년 2월.

최근 새로운 정부에 의해 기왕의 권위주의적이고 경직된 정치문화를 탈각(脫殼)시키려는 방안이 채택되고, 또한 구체제와 연계되어 신정권에 부담이 되는 이미지를 희석시키려는 일련의 작업이 이루어지는 것처럼 비쳐지는 것도 이러한 맥락에서 보아야 할 것이다. 이 같은 정치문화의 변화에 발맞추어 문화의 다양한 부문에서도 역시 변화된 질서가 구축되거나 모색되는 터이다. 더욱이 출판문화 부문을 포함하는 모든 예술 문화 영역을 전담할 문화부가 정부의 새로운 기구로서 탄생됨으로써 마침내 '순수 문화'가 국가 경영에 커다란 비중을 차지하게 되지 않을까 하는 벅찬 희망을 지니게 될 만큼 제반 문화의 정책적 변화가 실감되는 요즈음이다.

출판량에서 세계 10대 출판국으로 두각을 나타내기 시작한 우리나라 출판 부문에서의 변화 또한 괄목할 만하다 하겠다. 우리나라의 출판은 엄청난 양적 성장에도 출판의 질적 측면에서 '풍요 속의 빈곤'을 보여왔다 해도 과언은 아니다. 즉 출판물 생산의 풍요는 출판 자체의 정적(正的) 성장을 창출하지 못했고, 더욱이 자율적 내실화를 이룩할 수 없었다. 그것은 지난 20여 년간의 우리나라의 언론 질서의 타율적 지배에 의해 주요 문화 언론 매체로서의 출판 역시 위축의 길을 걸어왔기 때문이다.

최근에 이르러 일부 납북 작가의 작품의 출판이 허용되거나 심의되고 있는 등 금기시되어오던 출판의 경계가 점차 무너지고, 제3공화국 이후 독재체제하에서 판금 조치되었던 금서 가운데 상당수가 해금되고 출판사 등록과 납본의 절차를 자율화한다는 사실과 더불어 유신체제의 반민주적 제도를 지양하면서 기본권으로서의 출판의 자유권을 어느 정

도 향상시키려는 의지를 보이고 있는 것은 그 같은 변화의 구체적 실례
라 할 수 있을 것이다.

이와 아울러 식민지 시대에 만들어진 것을 준용한 것으로 알려진 구
래(旧來)의 출판 관계법이 현 실정에 맞도록 개정되고 저작권법이 바뀌
고 또한 도서관법을 강화한 것은 정책적 변화의 측면에서 긍정적으로
지적될 수 있을 것 같다.

한편 지난해 정기국회의 법사위원회 축소 심의 과정에서 폐기 처리
된 출판법 개정안은 비민주적 독소 조항을 담고 있는 반면, 재벌급 언
론기업의 출판업 겸업을 금지하는 조항을 따로 규정하지 않음으로써
출판·문화계로부터 많은 비판을 받았으며, 또 미국의 압력에 따른 한
미 간 저작권 협상타결에 따라 세계저작권협약에 가입한 것은 우리 출
판계의 자생력을 높여줌으로써 출판 국제화의 가능성을 평가하는 분위
기가 있는 반면 미국 등 선진 제국에 의한 문화 배급의 불균형에 따른
신 식민주의 물결에 휩쓸리고 있으며, 또 아직껏 영세성을 면치 못하고
있는 우리나라의 출판 현상을 무시한 정책 전환이라는 비판이 거세게
일기도 했다.

요컨대 출판문화 쪽에서의 변화는 주로 출판의 민주화 추세와 출판
의 자유 확보를 통한 출판 영역을 확대시켜주는 출판의 자유화 및 자율
화의 신장, 그리고 탈이데올로기를 토대로 하는 출판의 개방화와 세계
저작권 협약 가입에 따른 국제의 국제 경쟁 시대를 연 출판의 국제화
문제 및 국내외적 출판 독점 문제를 주조로 하는 출판의 평등화 문제
등과 관련되는 것이다.

2. 출판문화 정책의 당면 과제

이와 같은 전환기적 시대 상황 속에서의 출판문화의 변화는 어차피 새 정부의 정책지표의 기본 구조 위에서 특성화될 것으로 보인다. 이러한 기조 위에서 최우선의 현실적 과제로서 지적되는 것이 독선적 행정과 권위주의 청산을 근간으로 하는 출판 민주화의 확대 문제라 할 수 있다. 비록 그것이 야당에서 먼저 개정 시안을 국회에 제출했기 때문에 정부로서도 부득이 충분한 사전 논의 과정 없이 서둘러 출판사 및 인쇄소 등록에 관한 개정 법률안을 내놓았었다고는 하지만, 출판계의 엄청난 저항을 받아 법사위 심의 과정에서 폐기 처리된 이 법률안에 담긴 내용에서 보아 알 수 있듯이 당국은 여전히 관료주의적 타성에 젖어 경직성을 보여주고 있다. 이 같은 출판 정책의 비민주적 발상은 출판의 다원적 발전과 성숙을 위해 하루 빨리 지양되어야 할 것이다.

우리가 흔히 말하는 언론의 민주화는 '정보의 자유롭고 평등한 흐름' 원칙을 그 바탕으로 한다. 다시 말해서 언론의 민주화는 언론의 자유화와 언론의 평등화를 핵심적 요소로 하는 것이다. 이렇게 볼 때 언론 유형 가운데 가장 총체적이고 구체적인 형태인 출판의 민주화도 이 자유화와 평등의 정신적 활동의 소산인 저작물을 생산, 가공하여 복제할 수 있어야 하며, 또 누구나 평등한 조건에서 이 복제된 저작물인 책에 접근할 수 있어야 한다. 오늘날 우리가 지향하는 출판 민주화의 방향도 이와 같은 출판의 자유화와 평등화의 차원에서 마땅히 정립되어야 한다고 여겨진다. 그러기 위해서는 우선 현행의 행정부 지배에 의한 타율적 질서가 출판의 자율 역량을 제고시키고 한편으로 사법부에 의해 지배되는 자율적 질서로 바로잡혀야 할 것이다. 그것은 ① 등록에서부터 이른바 '납본'이란 이름으로 행해져 온 사전 검열 과정, ② 기구상으로는 개편 조정되었지만 출판물(간행물) 심의 내지 조정이라는 사실상의 사전 내지 사후 검열 과정, ③ 일련의 이들 과정과 함께 도서잡지윤리위와 같은 정부의 조정을 받는 '관적 자율 심의' 과정에 의한 등록 취소에 이르기까지 행정부의 과지배를 지양하여 출판의 자유화와 평등화를 실현할 수 있도록 하는 새로운 출판 질서를 구축하는 것을 의미한다.

이 같은 출판 민주화의 전제 위에서 지적될 수 있는 것은 출판의 자유화의 문제이다. 출판 자유의 확보를 통한 출판 영역의 확대는 출판인들이 한결 같이 추구해왔던 명제의 하나이다. 이 출판의 자유화는 좁은 의미의 발행의 자유뿐만 아니라 표현의 자유와 배포(판매) 및 자유롭게 읽을 수 있는 자유(정보접근권)까지 폭넓은 자유로의 확대를 뜻한다. 그것은 일반 관행이 되어온 것처럼 책의 발행을 차단하거나 발행 도서의 내용을 수정케 하거나 또는 발행된 도서의 판매를 막거나 심지어 발행 도서를 읽은 독자들에게 탈법적 제재를 가하는 등의 반출판 문화적 억압을 청산하고 출판의 책임을 함께 강조하는 출판의 자율적 자유화로의 발전을 도모하기 위함이다. 새로 제정될 출판법에 출판사 발행인 또는 편집인의 자격 요건을 강화하는 내용이 삽입되어서는 안 되며 부득이 이 기준 조항이 마련된다면 그 요건을 대폭 완화해야 할 것이다.

다음으로 출판의 평등화가 제고되어야 한다는 점을 지적하고자 한다. 인간은 누구나 자기의 의사를 자유롭게 표현할 수 있어야 하고 다른 사람의 의견에 귀를 기울일 수 있어야 한다. 책은 바로 이 같은 개개인의 표현의 내용과 그 시대정신이 담긴 정신적 용기이다. 따라서 출판은 어떤 특정 세력 또는 특정 계급의 독점물일 수 없는 것이다. 출판이 특정 세력 또는 특정 계급에 의해 지배될 때 그 사회는 획일화되고 수로화(水路化)되어 단일적 사고가 점유하는 비민주 사회로의 길을 가게 된다. 따라서 민주 시민이면 누구나 책을 통해 자기의 의사를 펼 수 있고, 책을 통해 다른 사람과 대화를 나누거나 토론할 수 있게 하는 총체적 언론 수단이라 할 수 있는 출판에 개개인의 능력에 따라 자유롭게 참여할 수 있어야 한다. 특정한 세력과 계급만이 발행으로부터 독서에 이르는 전 출판 과정에 참여할 수 있다든지 또 다른 특정 세력과 계급은 출판에 참여할 수 없도록 배제하는 출판의 불평등은 불식되어야 한다. 하지만 언론사의 출판 겸업 문제는 출판의 평등화의 차원을 넘어 오히려 출판의 불평등을 제고한다고 보아진다. 그것은 언론사로 대표되는 재벌기업에 의한 출판 겸업이야말로 평등한 조건에서의 출판업이 아니라 오늘날 우리나라 언론사가 누릴 수 있는 온갖 특혜 속에서 활동하는 언론기업 자체이기 때문이다. 이렇게 본다면 언론사의 출판 겸업은 출판 불평등의 구체적 실례이기도 하다. 따라서 차제에 관계 당국은 출판계와 그 연관 업계의 오랜 소망인 출판업의 중소기업 고유 업종 지정 문제를 정책적 과제로서 추진해야 마땅할 것으로 여겨진다.

한편 올해의 숙제로 넘겨진 출판 법제 정비 등 출판 행정의 조정 문제 역시 출판계의 관심이 집중되고 있는 현안이 아닐 수 없다. 새로 제정될 출판법 개정 법률안은 출판 현상의 다원적 변화 추세에 발맞춰 출판사 관계 법률과 인쇄소 관계 법률을 독립시켜 제정해야 한다는 견해가 대두되고 있고, 또 이런 견해는 합리적 근거를 지니고 있는 만큼 정부당국이 앞으로 이에 대한 충분한 논의와 합의 과정을 거쳐 긍정적인 결정을 내려야 할 것이다.

다음으로 도서관법이 개정 공포되어 도서관 업무가 문교부에서 새로 발족되는 문화부로 이관될 것으로 보이는데, 정부는 앞으로 문화부의 탄생과 더불어 이 도서관 업무를 담당할 직제를 격상하고 예산을 대폭 확충하여 국민의 잠재 독자층을 개발하는 데 역점을 두어야 할 것이다. 공공 도서관의 확대와 함께 기업 내 사설 도서관 시설의 설치를 의무화하는 방향에서의 정책적 입안 작업을 적극적으로 서둘러야 할 것이다. 그것은 유네스코 도서헌장 제1조에서 채택하고 있는 바와 같이 '읽을 권리가 있는 모든 사람들'에게 도서관 이용을 통한 책의 문화를 전수하는 구체적 실천 작업이 될 것이기 때문이다.

그다음으로 출판에 대한 정부 지원 사업을 출판 행위에 한정시키지 말고 출판의 과학화를 촉진하기 위한 사업 등에도 정부의 지원 사업을 확대해 출판사로 하여금 컴퓨터 편집 기술 개발 및 신기술 개발 도입을 서두르게 하여 출판의 고급화와 출판 유통에 따르는 표준화 작업 등을 추진할 수 있도록 정책적으로 유도해나가는 방안도 검토될 수 있을 것이다. 또한 우리나라 민족 문화의 건전한 고양을 위해 특히 국학 부문 출판에 대한 정부 지원 사업을 확충하는 방안이 강구되어야 할 것이다. 정부에서 전통 예능 보유자를 인간 문화재로 선정하여 전통예술의 맥을 잇게 하는 것과 마찬가지로 점차 소멸되어가는 우리 민족 문화의 계승과 발전을 위해서는 국학 연구자의 보호와 함께 책을 통한 민족 문화의 저장이 무엇보다 요긴하다고 보기 때문이다.

이와 함께 출판문화의 질적 향상을 위한 구체적 정책 과제를 든다면 우선 전문 출판 인력의 확보와 이데올로기를 초월한 국제 교류의 활성화를 들 수 있을 것 같다.

이 가운데서 특히 출판 전문 인력의 양성 문제는 시급한 출판계의 과제인 만큼 4년제 대학에 출판학과와 출판 부문 강좌가 신설 또는 개설되도록 국가 발전의 차원에서 전향적으로 관계 당국에서 협의·검토되었으면 한다. 지금까지 출판 인력의 고급화를 추진하면서도 전문대학 수준에서 출판인을 양성하는 것으로 여기는 일반의 인식하에서는 전문 출판 인력의 확보를 기대하기 어려웠던 게 사실이었다.

그리고 국제저작권협약에 가입함으로써 우리나라도 출판의 국제 경쟁 시대에 접어든 만큼 이 같은 출판의 국제화 추세에 맞춰 해외 시장을 개발해야 하는데, 그러기 위해서는 이데올로기를 초월한 국제 간의 자유 교류가 이루어져야 하며 가능하면 북한·중공과의 출판 및 출판인 교류까지를 포함하는 적극적 자세가 필요한 만큼 이에 대한 정부의 정책적 측면에서의 뒷받침이 있어야 할 것이다. 이와 아울러 서울에 북한 출판물 전문서점을 개설하는 방안이 검토되었으면 한다. 그것은 올림픽을 앞둔 오늘의 시점에서 이데올로기와 문화의 우월성을 보여주는 구체적 증거가 될 것이며 민족 동질성 회복을 위한 작은 디딤돌이 될 수 있다고 보기 때문이다.

3. 출판문화 정책의 새로운 방향

앞서 지적한 바와 같이 올해는 정치변동기에다 국회의원 선거와 지방자치제 실현, 그리고 88 서울올림픽 개최 등 출판 환경을 제약하는 조건들이 임립해 있는 실정이다. 거기에다가 출판의 외적 환경 역시 내

적 환경에 버금갈 만큼 커다란 시련에 부딪히게 될 전망이다. 정초부터
부쩍 가중되기 시작한 지적 소유권 압력은 그 같은 풍란을 예고한다 하
겠다.

이렇게 볼 때 올해의 출판문화 정책은 어차피 이처럼 열악한 출판의
내외적 제약 조건에 대응하기 위한 단기적 대응 요법이 있을 수도 있겠
으나 새 공화국이 출범하는 전환기적 시대에 맞는 중·장기 문화 정책
을 개발, 그에 따른 구체적 실천 목표를 설정하는 것이 바람직한 정책
방향이라 여겨진다. 그것은 새로운 정부의 국정지표에 따라 특성적 문
화 정책이 모색되는 것이 합리적이라고 보기 때문이다.

따라서 우선 새 정부가 지향하는 민주화에 맞는 출판의 자유화와 평
등화를 전제 조건으로 하는 출판의 민주화가 정착되고 이념과 사상의
경계를 오히려 포용하는 출판의 개방화 그리고 출판 민족주의에 근거
한 출판의 국제화가 실현될 수 있는 정책이 무엇보다 먼저 개발되어야
할 것이다.

또한 정부의 출판문화 정책은 기왕의 소아병적인 권위주의를 지양하
고 출판문화의 건강한 발전을 꾀하는 사회 환경을 가꿔가도록 조성하
는 방향에서 정책이 입안·추진되어야 할 것이다. 그렇게 함으로써 출
판의 타율 질서에 젖어온 행정 편의주의가 청산되고 자주적이고 자율
적인 출판 구조로 전환됨으로써 출판의 자율 구조가 정착될 것이라고
보인다.

다음으로 타성에 젖어 현실에 안주하려는 출판인들의 자율 역량을
장기적 안목에서 제고시키는 출판문화 정책과 병행하여, 독서 운동을
통한 독서 환경을 개선함으로써 성숙된 책의 문화가 뿌리 내릴 수 있는

방향에서 꾸준한 정책 개발이 뒤따라야 할 것이다.

　마지막으로 새로운 출판문화 정책 방향에 대한 정향과 구체적 방안을 따로 요약하여 제시하는 것이 순서이지만 이미 앞서 그 대강에 대해 언급했기 때문에 이를 생략하기로 한다.

섹스냐, 폭로냐 그것이 문제로다

1980년대에 들어서면서 여성 잡지와 종합지로 대표되는 일단의 잡지 군에 대한 비판이 거세게 일고 있다. 최근에는 이 같은 비판의 강도가 더욱 높아져 여성을 상품화하지 말자는 여성계의 요구마저 나오고 있다. 그런가 하면 이 잡지들의 이례적인 상승 곡선에 비해 상대적으로 내리막길을 걷는 일부 출판물은 가야 할 정도를 외면한 채 파행적 야만주의 경향마저 보이고 있다.

그야말로 여성과 섹스를 팔아 독자를 사로잡겠다는 선정주의적 징후군이 여성지의 구석구석에서 발견되고 있으며, 더욱이 청소년을 대상으로 하는 하이틴 잡지에서마저 섹스주의가 범람하고 있어 UN이 정한 청소년의 해를 무색케 하는 실정이다.

이 같은 여성지들의 섹스주의 물결에 뒤질세라 우리나라의 유수한 종합지들은 저마다 1980년대 이후 전개되기 시작한 '제2의 폭로주의

---

* ≪마당≫, 1985년, 통권 47호.

시대'를 구가하기라도 하듯, '집중 발굴' 또는 '집중 추적'이라는 포장 아래 잡지 발행부수 30만 부라는 경이적인 기록을 돌파하고 있다는 소식이다. 이러한 종합지의 비대화 경향은 발행부수가 평균 2만 부에서 3만 부 선에 머물던 1970년대의 경우 보다 무려 10배에 가까운 엄청난 신장률을 보이고 있다는 점에서 특이한 현상으로 받아들여지고 있다. 이런 현상은 1960년대 말부터 일기 시작한 구미 여러 나라에서 볼 수 있었던 바, 종합지의 퇴조 경향과 좋은 대조를 이룬다. 물론 1970년대 당시엔 새로운 얼굴로 창간된 ≪월간 중앙≫이 잡지 시장의 상당한 부분을 점유하고 있다가 10·26 사태 이후 폐간 당함에 따라 이 공백을 1980년대에 창간된 ≪월간 조선≫이 메웠다고 본다면 최근의 종합지의 괄목할 만한 성장은 가히 놀라운 추이라고 볼 수밖에 없다.

이 같은 종합지의 최근 경향은, 그에 대해 설명할 수 있는 이유야 여러 갈래가 있을 수 있겠으나 무엇보다 우리나라의 기왕의 정치 체계와 무관하지 않다고 보인다. 즉 지난 박정희 정권 시대의 경직된 정치 질서와 그로 인해 형성된 왜곡된 언론 상황 아래서 굵직한 동시대의 역사적 사건들이 사뭇 베일 속에 가려져 왔었고, 이 사건들에 대한 폭로 기사는 자연스럽게 독자의 관심을 끌 수밖에 없지 않나 보이는 것이다. 그러나 폭로주의라는 이름 아래 알맹이 없는 폭로 기사가 잇달아 게재될 때 그 어느 매체보다도 풍부한 내용을 포용하는 잡지 문화의 상대적 저질화를 가져오고 그럼으로써 독자들이 자유롭게 향유해야 할 다양한 잡지 문화를 단편화시키고 수포화시킬 우려마저 낳고 있는 것이다.

여성지의 경우와 마찬가지로 일부 출판물에서도 향락주의 내지는 선정주의의 그림자가 짙게 깔려 있다. 출세주의를 부추기거나 이와 비슷한 성향의 내용을 담은 기왕의 출판물들이 재탕되어 나오는 이른바 출판의 복고주의 성향이 두드러지게 나타나는가 하면 대중 독자들에게 영합하는, 출판의 상식선에 훨씬 밑도는 저질의 부도덕한 내용의 출판물들이 쏟아져 나옴으로써 출판의 야만주의 경향을 부채질하고 있다는 사실이 흔히 지적되는 것이다.

오늘날과 같은 대중 사회에서 어차피 보게 되는 매스 미디어가 빚어내는 갖가지 야만주의 경향은 오늘날 우리 사회의 전면에 흔히 나타나고 있다고 보인다. 이를 테면 앞서 말한 대중 잡지의 선정주의 경향과 텔레비전의 폭력물 선호 경향, 영화의 퇴폐주의 경향과 대중가요의 저속화 등 우리가 만나게 되는 야만주의 경향은 많이 열거될 수 있다. 이러한 경향은 출판의 경우로 그 예시의 폭을 넓히더라도 사정은 거의 마찬가지이다.

선정주의가 난무하는 여성지

지난 1960년대 이후 우리 사회는 그야말로 급격한 변동을 겪었다. 이른바 근대화 과정을 거쳐 오는 동안 우리가 지켜왔던 전통 사회의 기존 질서와 기본 가치가 붕괴됨에 따라 엄청난 가치의 혼돈을 경험하게 되었다. 우리 사회가 근대화의 물결을 타고 오늘의 산업 사회로 이행되어오는 동안 사회는 세분화되고 직업은 전문화되었고, 인구 증가에 따른 대중 교육의 확대로 인해 문자해독 계층이 급격히 확대되었고 특히 소득의 증가에 따라 여가 시간이 엄청나게 증대되기에 이르렀다.

이 같은 복합적 변화 요인은 바로 잡지 독자층의 확대로 연결되었다고 해도 지나친 말이 아니다. 즉 사회가 점차 세분화되자 잡지는 새로운 시장성을 지닌 서로 다른 집단들의 관심에 영합하기 시작했다. 다시 말해서 그들은 성별, 계층, 연령, 종교 및 취향에 따른 여가 선용 등에 나타나는 차이점들을 스스로 인식하게 된 것이다. 점증하는 사회적 변화 현상은 마침내 매체의 분화를 강요하기에 이르렀고 이에 따라 갖가지 새로운 형태의 여성 잡지가 등장하게 되었다. 미국에서 볼 수 있는 바와 같은 ≪플레이보이≫지나 그보다 직선적인 ≪펜트하우스≫, 그와 유사한 ≪위≫, 그 밖에 미스지와 섹스지들은 출현하지 않았다 하더라도, 여성 교양지라는 이름 아래 미국의 ≪레이디 홈 저널≫과 ≪굿 하우스 키핑≫지들과 같이 섹스 잡지의 특색을 가미한 여성 잡지와 주간지 또는 격주간지들이 잇달아 창간되어 과당 경쟁을 벌이고 있고 1980년대에 들어서면서 이른바 전문지 시대가 도래한 것도 이 같은 예에 속한다고 보인다.

특히 여가 시간의 증대는 잡지 시장의 엄청난 확대, 발전을 가져왔다. 산업화 이전까지만 해도 잡지는 주로 상·중류 계층에서만 읽었다. 그러나 사회 전반의 산업화로 인해 노동 시간이 크게 단축되고 대중교통 기관이 발달되었고, 전기 제품이 양산되고 그로 인해 가정의 조명도가 높아짐으로써 독자의 여가 시간이 증가되기에 이르렀다. 실제로 잡지 구독의 상당수를 차지하는 주부 독자들의 경우, 진공청소기, 세탁기, 전기다리미, 가스레인지 등의 대량 보급으로 인해 일손이 줄어들게 됨에 따라 상당한 양의 자유 시간을 즐길 수 있게 됨으로써 차츰 주부들의 여가 선용이 생활화되면서 주부들을 대상으로 하는 여성지들의 시장성은 엄청나게 증대되기에 이르렀다.

이러한 사정에서 1960년대 전반기까지만 해도 파산을 경험하거나 불운의 늪에서 헤어나지 못하던 우리나라의 여성지들은 ≪주부생활≫과 ≪여원≫에 이어 1960년대에 복간된 ≪여성 동아≫와 1970년대에 창간된 ≪여성중앙≫의 4파전의 양상을 보였으나 ≪엘레강스≫(≪여성자신≫으로 게재), ≪영 레이디≫, ≪레이디 경향≫과 잇달아 지난해에 창간된 ≪가정조선≫과 ≪샘이 깊은 물≫ 등의 여성지들이 함께 어우러져 치열한 혼전을 치르는 형편이다. 여기에다 여성 주간지와 ≪미용 생활≫, ≪건강 생활≫ 등 여성 전문 잡지까지 계산에 넣는다면 '여성지의 혼전'은 춘추 전국 시대를 방불케 한다.

이와 같은 여성지들의 과다 경쟁은 여성들에게 유익한 지식과 교양 그리고 교양의 전달보다는 잡지의 또 다른 기능인 '오락의 제공'이라는 이름 아래 섹스주의와 선정주의로 치닫고 있는 게 현실이다. 섹스는 이 잡지들의 성공을 위해 손쉽게 선택할 수 있는 비법의 카드가 되고 있는 것이다. ≪여성 문학≫, ≪또 하나의 문화≫ 등 여성 무크지들이 여성지들의 섹스주의 물결에 반격 선언을 하고 나섰고, 일부 여성지들도 그들의 새로운 방향을 모색하고 있으나 점점 거세어지기만 하는 여성지의 섹스주의 물결은 감당하기 어려울 만큼 걱정스런 수위에 다다르고 있다고 보인다.

지난 6월호의 여성지들의 표제를 보면 이 같은 우려는 금방 현실적인 것으로 받아들여진다. "아름다운 성 오르가즘", "원숙한 성", "박동선은 나의 첫 남자", "내 남편과의 마지막 밤", "위험한 여름, 위험한 남자", "무릎에도 표정이 있다", "당신에겐 이런 남성이 어울린다" 등 성적 호기심을 유발하는 선정적이고도 자극적인 표현들이 춤을 춘다.

사정은 여기에서 끝나지 않는다. 이들 여성지에 실린 광고와 광고형 기사 내용을 보면 더욱 놀랍다. "보여줄 수는 없습니다. 그래도 보여주고 싶습니다", "감미로운 밤을 연출하세요", "아무리 보아도 예쁜 히프 라인", "이달 호는 더욱 화끈합니다" 등 점입가경이다.

여성 잡지의 기사 내용과 광고 내용에서 흔히 접하게 되는 이러한 표현들은 여성을 대부분 성의 대상 또는 남자를 즐겁게 해주려는 단순한 욕망에 사로잡히는 존재로 묘사되어 여성계의 반발을 사고 있으며 여성 단체에서는 여성의 상품화를 막는 조치가 있어야 한다는 보도마저 나오는 실정이다.

폭로주의로 전성시대 맞는 종합지

여성지에 나타나는 선정주의의 물결과 함께 요즘 들어 우리의 관심을 끄는 것은, 일반 종합지에서 다투어 싣는 폭로주의의 양상이 아닌가 싶다. 이 잡지들의 최근 경향을 싸잡아 폭로주의 현상으로 몰아붙일 수 없는 측면도 있으나, 지난 몇 년 동안 달아오른 종합지의 폭로주의 경향을 보면 20세기 초엽 10여 년 동안 미국 잡지계를 풍미했던 폭로주의 시대가 다시 도래한 듯한 감을 주고 있다. 흡사 전쟁을 방불케 하는 종합지들의 폭로주의 경향은 이제 독자들이 식상해할 것도 같은데 더욱 확산되는 것 같다. 오히려 폭로주의의 불길은 종합지에만 국한되지 않고 요즘에는 여성지와 전문지에까지 번져가고 있는 판이다.

이 같은 폭로주의 기사들은 처음에는 지난 체제하의 큼직한 정치적 사건들에 모아졌으나 최근에는 특정인의 프라이버시 문제에 얽힌 내용들이 오히려 크게 눈에 띈다. "육영수와 박영옥", "육영수 여사가 흘린 눈물", "최지희와 박동선", "주치의가 본 박 대통령의 최후", "김재규의 최후의 날" 등이 그런 예에 속할 듯싶다. 그러나 미국 잡지의 폭로 시대의 주축을 이루었던 기업의 횡포와 정부의 부패 문제 등에 관련된 내용은 기이하리만큼 별로 눈에 띄지 않는다. 지난 6월호에도 이 같은 폭로 기사는 찾아볼 수 없다. 다만 최근에 삼미야구단을 인수하면서 사실과 달리 엉뚱한 유언비어의 속죄양시되고 있어도 할 말을 하지 못하고 몸살을 앓고 있는 청보 그룹의 성장 배경을 '실체'라는 언어 조작적 표현으로 '폭로'하고 있을 뿐이다. "청보 그룹의 실체"라는 기사 등이 예이다.

대중의 부정적 욕구에 영합하는 출판

앞에서도 지적한 바와 같이 지난 1970년대 이후 급격하게 산업화를 경험하게 되면서 문화의 파행성을 면치 못했고, 출판문화도 이 같은 사회 문화 변동의 환경에서 크게 벗어날 수는 없었다고 보인다. 돌이켜보면 지난 시대의 음험한 문화 풍토 속에서 출판문화의 건전한 발전을 저해하는 갖가지 반(反)출판문화적 현상이 노정되어왔다. 그런가 하면 대중 사회가 낳은 비생산적인 야만주의와 비천한 상업주의가 문화 내적으로 스며들어 출판마저 크게 오염시켰으며, 출판문화의 타락을 심화시켜왔던 것이다.

그러나 이처럼 오염된 출판 환경 속에서도 우리의 양식 있는 출판인들은 동시대의 파행적 부산물이기도 한 반출판문화 경향과 충돌하면서 우리의 출판문화를 생산적인 방향으로 이끌기 위해 새로운 출판의 고양을 위한 창조적 작업을 지속적으로 시도해왔고, 그럼으로써 출판문화의 발전을 제약하는 환경 속에서도 이를 지혜롭게 극복해왔던 것이다.

하지만 1980년대에 접어들면서 경험한 새로운 정치변동 속에서 우리나라의 출판문화는 전혀 예기치 못한 도전을 받게 되었다. 새로운 정치변동의 준거에 따라 사회 문화적 변동도 이루어질 수밖에 없었겠지만, 새로운 개혁과 변혁을 통해 출판문화의 건전한 질서가 구축되길 바랐던 출판인의 기대를 충족시켜주지는 못했다. 출판의 야만주의적 요소는 어느 정도 제거될 수 있었다고 보겠지만, 이번의 이른바 금서 단속에서 보는 바와 같이 출판의 다원주의가 위축되었고, 앞서 지적한 반 출판문화 현상이 거두어지기는커녕 출판문화를 저해하는 대중 사회의 새로운 부정적 요소가 첨가되었다는 사실이 거론되었다. 황금 시간대를 누비는 프로 스포츠와 동시대의 문화 가치를 박탈하는 내용들로 거의 편성, 운용되고 있다는 비난을 면치 못하고 있는 텔레비전 프로그램과 천박스럽게 섹스를 파는 여성 잡지와 주간지 문화와 퇴폐적 청년문화의 온상이 되고 있는 전자오락실 등, 출판의 건전한 발전을 저해하는 요인 등이 범람하고 있다는 비판을 받기에 이르렀던 것이다.

죄의식에 젖어 있는 시대, 혹은 죄의식도 없는 저 뻔뻔스러운 칼라 텔레비전과 저 돈 범벅인 프로 야구와 저 피범벅인 아시아 여자 농구 선수권 대회와 그리고 그때마다의 화환과 카퍼레이드 앞에.

이 시는 지난 1983년에 발표된 젊은 시인 황지우의 시집 『새들도 세

상을 뜨는구나』에 수록된 「도대체 시란 무엇인가」라는 시구의 한 대목
이다. 이 시인은 어쩌면 우리 시대의 시와 시인의 모습을 통해 변화하
고 있는 이 사회의 반문화, 반지적 풍토를 그리려 했는지도 모른다. 하
지만 우리는 이 시에서 오늘날의 우리의 출판과 출판인의 상징성을 발
견하면서 공감하게 된다.

이 같은 부정적 출판 환경 속에서 일부 출판인들은 여전히 도덕성을
상실한 채 독자 대중의 취향에 맞도록 출판을 표적화시키려 하고 있다.
일부 출판인들은 또 출판문화의 주체로서의 자긍심과 출판 의식은 뒷
전에 미룬 채 연속되는 출판의 불황 요인으로 출판 현실을 합리화시키
려 하고 있다. 그런가 하면 일부 출판인들은 또한 물질적으로 안락하기
만을 바라고, 정신적으로 태만한 독자 대중의 부정적 욕구에만 영합하
려 듦으로써 독자를 더욱 타락시키고 출판문화를 혼탁하게 만들고 있
는 것이다.

문화는 결국 죽음을 향해 나아가는가

모름지기 산업 사회의 특징적 현상의 하나로 대두된 대중 사회와 대
중문화 전반에 대한 비관론적 논의가, 이들 사회와 문화에 대한 낙관
론적 견해와 함께 끊임없이 제기되고 있다. 인간 사회의 장에 등장한
문화는 그것이 어떠한 문화이든 간에 타락과 붕괴의 방향으로 나아갔
다고 할 수 있다. 끊임없이 상승만을 계속한 문화는 없기 때문이다. 그
런 의미에서 짐멜(G. Simmel)이 말한 바와 같이, 문화는 결국 죽음을
향해 나아가고 있는지도 모른다. 그러나 이 같은 입장과는 달리 옛 문

화의 단순한 부활을 기원하는 보수적 이데올로기들과 공통되는 대중 사회론자들도 있다.

이처럼 문화의 대중화는 이솝 우화의 경우처럼 양면적 입장에서 사용되고 있다. 그 하나는 대중 사회론적 발상으로서 '문화의 대중화'를 이미 있는 것 또는 진행 중에 있는 것으로 보고 아예 가치 박탈적 문맥 속에서 개탄하는 경우이고, 다른 하나는 문화의 대중화야말로 진정 성취해야 될 이상으로서 강조하는 가치 부여적 태도이다.

그런데 우리나라에는 가치 박탈적 의미로 사용하는 경우가 많다. 즉 문화의 대중화는 병적인 것으로 파악되고 있는 것이다. 이렇게 볼 때 그 사회가 자리 잡고 있는 사회적 체제와 그 사회의 변동 원리에 따라 사회 문화의 제반 현상에 대한 설명이 가능하다고 하겠다. 즉 사회 체제에 따라 대중 사회의 주요한 핵심적 요소인 대중문화도 그 사회 체제의 법칙 안에서 적응하지 않을 수 없게 될 것이며, 또 사회가 변동함에 따라 그 사회의 문화 현상도 변화하게 될 것이다.

아무튼 사회 변동과 문화 변동은 상호 관련성을 지니고 있는데 사회 변동은 사회 구조, 즉 인간 및 집단 관계의 변화라고 규정하고, 문화 변동은 문화의 세 측면, 즉 지식과 신념 등과 같은 인지적 문화, 가치와 규범 등과 같은 규범적 문화, 그리고 물질적 문화에서 일어나는 변화라고 규정할 수 있다. 이러한 사회 문화적 변동은 첫째 사회적 갈등, 둘째 변동의 체제 내재성, 셋째 경제적 내지 기술적 요인, 넷째 이데올로기 또는 가치관 등의 획일적 요인에 의해 일어난다는 것이 일반론이다.

이같이 사회 문화적 변동 원리 중에서 사회적·문화적 욕구도 변화하기 마련이다. 독자의 요구도 이 같은 갈래에서 크게 벗어나고 있지는 않은데 웨플스와 베렐슨은 독자들이 책을 읽는 동기를 명예적 동기, 현실 도피적 동기, 안전 추구적 동기로 나누어 보고 있다.

웨플스 등이 제시하는 독서의 동기와 목적에서도 알 수 있듯이 독서를 하는 사회 문화적 욕구는 크게 사회적 측면과 사회 심리적 및 심리적 측면으로 나눠볼 수 있겠는데, 이 같은 일련의 욕구에 의해 독자의 취향과 관심도 어차피 커다란 변화를 겪지 않을 수 없다고 보인다.

그러나 오늘날과 같은 대중 사회에서는 이 '대중'을 구성하는 개개 성원에 따라 그 욕구와 기존 성향이 제각기 다르며, 예컨대 선정적인 성적 메시지에 노출될 경우 쉽게 영향을 받는 것과 같은 이른바 충동 효과가 독자 개개인의 성향에 따라 다를 수 있다는 사실을 간과할 수는 없다고 하겠다.

이러한 사회 심리학적 경향과 함께 대중 사회의 특징적 현상 가운데 하나인 문화의 균질화와 표준화의 상실로 말미암아 특정 사회의 문화를 가름하는 출판문화는 어차피 대중 사회의 비관적 테두리 안에서 여전히 파행성을 보이고 있다. 특히 일부 출판물의 경우 엘리어트가 말하는 바, 극단의 야만주의 경향으로 흐름으로써 우리가 지향하는 수준 높은 출판문화를 오염시키고 있다. 따라서 우리의 출판문화는 이 같은 대중사회의 특징적 현상에도 쉽게 적응치 못함으로써 반문화 현상을 드러내 보이고 있기도 하다. 한편 독자들은 독자들대로 범람하고 있는 정보의 홍수 속에 내맡겨진 채 정보를 선택하는 데 혼란을 겪고 있으며 자칫 저질 문화만을 수용하게 될 우려마저 낳고 있다.

여기에서 오염된 정보를 선별할 수 있는 능력이 부족한 독자가 오염된 문화에 전염되지 못하게끔 하는 바람직한 장치가 절실해지는 것이다. 잡지, 출판물은 이제 독자 계층을 보다 더 생산적인 단계로 끌어올리는 지식 축적의 용기여야 할 것이다. 오늘날과 같은 대중사회에서 독자 대중의 타락한 의식을 일깨우고 계몽하고 지도하기 위해서는 새로운 시대 환경에 알맞은, 동시대가 요구하는 바람직한 출판문화의 계발이 새롭게 요청된다고 하겠다. 그러기 위해서는 창조적 역할 수행이 그 어느 때보다도 강조되는 것이다.

# 어떤 급행료

　며칠 전 종로 2가에서 택시를 탔다. 오후 5시가 채 되지 않았는데도 날은 벌써 어둑어둑했다. 택시가 남산 1호 터널로 접어드는 입구에 이르자 병목현상 때문인지 꽤나 밀리기 시작했다. 나는 멍하니 차창 밖으로 펼쳐지는 도시의 저녁 풍경을 바라보고 있었다.

　"아저씨, 지금 그 돈이 무슨 돈인지 아세요?"

　엉금엉금 기어오르던 차가 톨게이트를 지나 터널로 막 접어들 무렵 운전기사가 엉뚱한 질문을 했다.

　"무슨 돈이라뇨?"

　"톨게이트 지날 때 던진 그 돈 말입니다."

　"……?"

　"그게 바로 급행료예요, 급행료."

　"……?"

* ≪조선일보≫, 1986년 12월 20일.

“공해 때문에 숨이 탁탁 막히는 이 터널을 어서 빨리 빠져 나가게 해달라고 바친 겁니다.”

운전기사와 나는 함께 웃었다.

언제부터인가 우리는 급행료 사회의 풍속도에 익숙해왔다. 우리는 곧잘, 급행료를 지불했더라면 쉽게 해결될 수 있는 일을 두고 왜 그랬느냐는 핀잔을 듣는가 하면, 급행료를 들이지 않아도 될 성싶은 일에 성급하게도 급행료를 지불하고는 이내 후회하기도 한다. 그런가 하면 혐오스런 부정부패란 단어 자체에 대한 불감증 증세를 보이는 증후군마저 팽배해져 가는 세태 속에 우리는 살고 있는 것이다.

터널의 공해 공기를 덜 마시겠다고 급행료를 지불해야 한다는 그 발상이야말로 우리 사회의 어둠을 그대로 풍자하는 것은 아닐까. 부실한 터널공사를 하고도 책임지지 않는 사회, 그런 터널을 그대로 방치한 채 시민을 맞는 사회, 거기에다 그보다 더 무서운 것은, 굳이 급행료를 지불해야 ‘공해 터널’을 더 빨리 탈출할 수 있다고 믿는 이 사회의 병리적 단면들이 그의 이야기 속에 담겨 있는 것만 같았다.

터널을 빠져 나왔을 때 밖에는 어둠이 짙게 깔려 있었다. 우리가 함께 웃던 웃음도, 그 웃음의 의미도 어둠 속에 함께 묻혀가고 있었다.

양담배 광고 방치할 건가

담배가 자국에서 마약으로 규정되면서 시민들에 의한 거액의 손해 배상청구 소송에 시달리고 있는 미국을 비롯한 서구 선진국 중심의 다국적 담배 회사들이 교묘한 방법으로 제3세계에 문제의 '마약 담배'를 수출함으로써 지탄의 대상이 된 지 오래이다.

우리나라에서도 최근 금연 운동이 점차 확산되어 담배의 방송 광고는 물론 신문 광고가 전면 금지되어 있고, 잡지의 경우에만 예외가 인정되고 있을 뿐이다. 그런데도 외국 담배 회사들이 편법 광고를 신문에 게재하여 물의를 빚고 있다. 이들 회사들이 흔히 이용하는 편법 광고는 담배 가격을 고시하는 방법인데, 이 방법은 「담배사업법」 제18조 3항 및 동법 시행규칙 제16조에 의거하여 신문·잡지 등 매체에 게재 제한이 없기 때문이다.

브리티시 아메리칸 토바코사 한국 지사는 지난 31일 국내 주요 일간

* ≪문화일보≫ 2000년 2월 2일.

지 1면에 5단 통단으로 담배 가격 공고를 게재했다. 한국 담배 인삼 공사가 신문에 게재하는 담배 가격 공고의 크기가 통상 5단 10cm인 점을 감안하면, 그 크기 면에서 이미 「담배사업법」 시행규칙에 정하고 있는 담배 가격 공고의 상식적 범위를 크게 벗어난 것으로 보아야 마땅하다.

이 광고는 제조 담배의 판매 가격 공고라는 점을 굳이 밝히고 있으나, 대문짝만 한 광고성 외국산 담배 이름에 가려 상대적으로 눈에 띄지 않도록 레이아웃이 되어 있다.

이 공고의 내용은 '2월 1일부터 시판되는 새로운 켄트 슈퍼라이트의 담배 소비자가격을 한 갑당 1,300원으로 낮추겠다'는 것이었다. 이 공고는 우리나라 청소년들과 여성 흡연자들이 즐겨 찾는 라이트 담배의 가격을 국산 고급 담배보다 훨씬 싼 값에 덤핑하겠다는 의도를 '공개적으로 광고'한 것이다.

가격 고시 빙자 불공정거래

한 마디로 덤핑 광고를 위장한 이 공고 광고는 시민 단체들의 관심이 낙천·낙선 운동에 모아지고, 대부분의 서민들은 설 준비에 여념이 없는 틈을 절묘하게 이용했다는 점에서 다분히 계산적이라는 것이 금연 운동 단체들의 시각이다. 다국적 담배 회사들의 국내 법적 규제의 허술한 구멍을 이용한 이 같은 '치고 빠지기'식 편법 광고는 이번이 처음이 아니다.

지난해 7월에는 브리티시 아메리칸 토바코사가 같은 회사 제품인 쿨 라이트의 광고를 이번과 유사한 방법으로 게재하려다가 한국광고자율

심의기구에 의해 중지명령을 받았고, 금연운동협의회는 이 다국적 회사를 공정거래위원회에 제소하기도 했다. 그러니까 브리티시 아메리칸 토바코사는 이 같은 편법 광고의 '상습범'인 셈이다. 여기에는 우리나라 흡연가들의 건강을 백안시하는 다국적 기업의 음험한 기도가 게재되어 있음을 엿볼 수 있다.

그런데 정부는 이를 강 건너 불구경하듯 하고 있다. 보건복지부는 청소년 흡연 인구 세계 1위의 오명을 씻을 뚜렷한 정책을 내놓지 못하고 있고, 산업자원부는 산업자원부대로, 재경부는 재경부대로 경제 논리만을 앞세워 다국적 기업의 거대한 공세 앞에 짐짓 눈을 감고 있다. 공정거래위원회가 그동안 덤핑을 일삼아온 거대 다국적 담배회사의 불공정 행위에 대해 조사하고 있다는 소식을 들은 바도 없다.

정부는 시민 단체들이 전면에 나서기 전에 범정부 차원에서 「담배사업법」과 「담배사업법」 시행규칙의 독소조항을 개폐하여 다국적 담배회사들의 횡포를 막고, 담배로 인해 좀먹어 들어가는 청소년과 젊은 여성의 건강을 구제할 수 있는 획기적인 개혁 방안을 내놓았으면 싶다. 클린턴 미국 대통령이 담배를 마약으로 규정하면서 국민을 담배로부터 보호할 수 있는 시행세칙을 제시했듯이 말이다.

1면 게재로 신문윤리 실종

그런가하면 이번 다국적 담배 회사의 주요 일간지 광고 게재는 우리나라 언론의 이중 잣대를 그대로 보여주었다. 시민 단체가 법을 위반하면서까지 편법으로 혹은 불법으로 낙천·낙선 운동을 해서는 안 된다고 비판해온 신문이, 편법 운용으로 실정법을 떡 주무르듯 하는 다국적 기업의 외국산 담배 광고를 신문의 얼굴인 1면에 버젓이 게재할 수 있는지 신문의 윤리 의식을 새삼 지적하지 않을 수 없다.

  "신문은 모름지기 공공의 이익을 우선해야 하고, 공중을 위해 봉사해야 할 의무가 있다." ≪뉴욕 타임스≫ 편집국장을 지낸 클린턴 대니얼이 말한 '신문의 의무론'이다. 광고도 기사라는 것은 이제 뉴스가 아니다. 그런 점에서 광고 판단의 준거도 삶의 가치를 준거로 삼는 기사 판단의 경우와 같아야 한다. 담배로부터 보호받을 수 있는 권리, 이것이야말로 이 시대 공중인 독자들의 삶의 가치가 아닐까.

서커스단의 코끼리

우리들이 살아가다 보면 여기저기서 참으로 많은 것을 보고 듣고 또 그런 속에서 무엇인가를 느끼게 된다. 그러나 우리들은 막상 이 '무엇인가'에 대한 값을 새기지 못하고 지나쳐버리기 십상이다. 우리들이 그날그날 겪게 되는 수많은 것들에 대해 어떤 의미를 부여한다거나 아니면 그런 것들에서 어떤 의미를 찾지 못하고 그냥 지나쳐버리는 것이 현대를 살아가는 우리들의 보편화된 습성이 되고 있는 것이다.

그런 속에서도 혹 가다 어느 한때 우리가 마주친 사상(事像) 가운데서 어떤 의미를 집어냈을 때, 그때 우리가 느끼는 희열의 심도는 참으로 큰 것이다.

여기에서 소개하는 독일의 우화(寓話) 하나도 바로 그러한 범주에 드는 것이리라.

어느 날 서커스단의 동물들이 '간이막사(簡易幕舍)'에 모여 앉아 구수

---

* ≪내외 출판계≫, 1977년 12월.

회의를 했다. 그날 회의 내용의 골자는 주로 서커스단의 단장이 그들을 혹사시키면서도 먹이를 배불리 주지 않고 있으니 대책을 강구하자는 것이었다. 갑론을박 끝에 그들은 '동물 노동자 위원회(노조)'를 결성하기로 했다. 결과는 만장일치였다.

위원회 구성을 마친 그들은 마지막으로 위원장 선출에 들어갔다. 투표 끝에 코끼리가 무난하게 당선되었다. 코끼리는 영리하면서도 낮이 두꺼워 적임자로 생각되었기 때문이었다.

그런데 이 코끼리에게 큰 어려움이 닥쳤다. 그것은 더 많은 먹이를 타내는 일이었다. 이 문제를 놓고 동물들은 설왕설래했다. 그 위원회의 과격파 동물들은 지금 당장 우리의 요구를 관철시켜야 한다는 생각이었고 온건파 동물들은 좀 더 심사숙고해서 요구해야 한다고 주장했다. 위원회의 의견은 이렇게 갈라졌다. 그런데 위원장 코끼리는 내 힘닿는 데까지 노력은 해보겠으나 폭력 같은 지나친 행동은 하지 않겠다고 선언, 온건파의 주장을 받아들였다.

그러자 과격파 동물들이 일제히 들고 일어나 마침내 코끼리를 위원장 자리에서 축출한 다음 새 위원장으로 사자를 뽑았다. 왜냐하면 사자는 으르렁하고 큰 소리를 낼 수 있었기 때문이었다. 새 위원장이 된 사자는 어느 날 단장에게 사납게 울어댔다. 그러나 소용이 없었다. 그러자 동물들은 사자에게 "그러면 이번엔 비장의 무서운 이빨을 보여보라"고 요구했다. 이렇게 되어 사자는 어느 날 단장에게 이빨을 드러내 보였다가 오히려 찬 물벼락만 받았을 뿐 어느 것 하나 더 나아지는 것이라곤 없었다.

그래서 이번엔 앵무새를 위원장으로 개선했다. 앵무새는 사람과의 대화가 가능했기 때문이었다. 그러나 앵무새는 위원들의 말만 그대로 전할 수밖에 없었기 때문에 별로 효과가 없었다. 이에 위원장으로 말을 뽑았다. 말은 동물 중에서 계산을 제일 잘하는 그야말로 현명한 동물로 소문이 났었기 때문이었다. 그러나 그의 계산도 단장의 그것에는 크게 미치지 못했다. 그리하여 그들은 하는 수 없이 코끼리에게 그들 모두의 신뢰를 되돌려 주었다. 코끼리가 다시금 서커스 동물 노조 위원장이 된 것이다.

그랬더니 코끼리는 그들 이익에 관련되는 일을 크게 그르치게 처리하지 않고 그러면서도 서커스 단장에게 항상 자기의 '힘'을 느끼도록 하면서 동료 동물들이 자기에게 맡긴 책무를 유감없이 발휘했다…….

이 이야기는 「코끼리는 그것을 할 수 있다」라는 독일 우화를 간추린 것이다. 거대한 조직을 이끌어가는 기업인들에게나 아니면 그 조직 속의 중간 계층의 관리인들에게나 또는 일반 하층 근로자들에게나 이 서커스단의 코끼리 이야기는 참으로 많은 것을 시사해준다.

물론 이와 같은 사정은 단순히 기업의 경우에만 국한시켜 생각할 수 있는 것은 아니다. 이 우화의 경우는 이른바 '인간관계'가 중요시되는 오늘날과 같은 고도 산업 사회의 복잡한 사회 구조에 소속되어 있는 어느 계층, 어느 집단에서나 함께 음미해볼 만한 것이라고 느껴진다.

우리는 사실 무리를 지어 조직을 만들고 이 조직을 어떻게 이끌어 가야 할까를 들먹일 때 곧잘 '경영의 묘(妙)'를 떠올린다. 그러나 막상 그 경영의 묘를 찾기란 그렇게 손쉬운 일은 아니다.

경우를 좁혀서 출판하는 사람들에게도 사정은 마찬가지일 듯싶다. 무리를 지어서 조직을 만들고 조직을 키우겠다, 조직을 재정비하겠다고 바둥대지만 묘수를 살리지 못하고 있지 않은가. 그런 와중에서 교과서 파동의 홍역까지 치르지 않았던가.

조직을 이끌어가는 데서나 조직을 바람직한 방향으로 경영해 나가는 데서나 '사자의 포효'와 '말의 얄팍한 계산'은 장애 요인이 될 때가 많다. 오히려 코끼리의 허심 없는 '무게 지킴'의 자세가 소중한 때가 더 많은 것이다.

갈색 구름에 덮인 지구촌

　전 지구적으로 기상 이변이 계속되고 있다. 100년 만의 최악의 홍수로 동·중부 유럽의 엘베 강이 범람하고 다뉴브 강 유역이 침수되었다. 175년 만의 집중 호우가 체코를 강타해 프라하 등 도시들을 잇따라 삼켰다. 이처럼 기록적인 폭우는 한국의 남부 지역에도 큰 피해를 주었다. 그런가 하면 인도와 파키스탄의 북서부 지방 등은 극심한 가뭄에 시달리고 있다.

　영국의 BBC방송은 최근 남아시아에 폭우와 가뭄 등 기상 이변이 일어나는 것은 '아시아의 갈색 구름' 때문이라고 보도했다. 갖가지 오염 물질들이 뒤섞여 있는 이 구름은 목재나 가축 배설물을 사용하는 난방, 산불, 매연 등에 의해 생긴 것이라고 기상학자들은 보고 있다.

* ≪동아일보≫, 2002년 8월 22일.

유럽 이어 한반도도 기상 이변

이러한 갈색 구름 현상은 남아시아에서만 나타나는 것 같지는 않다. 필자는 지난달 3일부터 23일까지 PAS 대학생 해외 청년 봉사단 단원들과 함께 시베리아 북쪽에 있는 야쿠츠크에 다녀왔다. 야쿠츠크는 세계 3대 강의 하나로 바이칼 호수에서 발원해 북극으로 흐르는 레나 강변에 발달한 러시아 사하공화국의 수도다. 지리적으로 북아시아에 위치한 야쿠츠크는 몽골에 비견되는 파란 하늘과 북시베리아 특유의 아름다운 삼림 및 광대한 평원(투이마다)을 간직하고 있다. 낮에는 35도를 오르내리는 뜨거운 날씨였지만 공기가 맑고 깨끗해서 시원하게 느껴질 정도였다. 뭉게구름 떠 있는 레나 강 위의 푸른 하늘은 참으로 아름다웠다. 백야의 여름, 해와 달과 레나 강이 함께 흐르는 새벽하늘은 경이로움 그 자체였다.

그런데 귀국을 앞둔 어느 날 그토록 맑고 푸른 하늘이 안개로 덮인 듯 뿌옇게 변했다. 야쿠츠크 근교 삼림에서 산불이 발생했기 때문이었다. 이 산불로 5일간이나 비행기가 뜨질 못했다. "일산화탄소를 발생시키는 화석 연료보다도 초목을 태우는 것과 같은 생물 자원의 연소가 더 큰 오염원이 될 수 있다"는 기상학자들의 주장을 확인시켜 주기라도 하듯 이 산불의 위력은 대단했다. 삼림지대에서 자연 발화로 인한 산불이 자주 일어나긴 하지만 이처럼 큰 여름 산불은 제2차 세계대전 이래 처음 있는 일이라고 했다. 지난 늦은 봄에는 385년의 역사를 자랑하는 야쿠츠크가 생긴 이래 최악의 봄철 물난리를 겪기도 했다. 지구 온난화로 말미암아 북극의 빙하가 녹아내려 강의 자연스러운 흐름을 막아 레나 강이 범람했기 때문이었다. 이 같은 레나 강의 재앙을 경험했던 야쿠츠크 사람들은 그들의 삶의 방식대로 자연의 섭리에 순응하기라도 하듯이 여름 산불이 자연적으로 소멸되도록 그저 바라볼 뿐이었다.

겨울이면 영하 40~50도까지 내려가는 동토의 땅이지만 세계 최대의 청정 유역으로 남아 있던 북부 시베리아를 러시아 정부는 차츰 황폐화시켰다. 주민들의 뜻과는 달리 폐기물을 이 지역에 마구 버렸다. 석유, 가스, 금, 주석, 다이아몬드, 석탄, 농업 원료 등 풍부한 유용 자원이 매장되어 있는 이 지역이 대규모로 개발됨으로써 지금 환경 오염으로 몸살을 앓고 있다. 북극해는 기준치 이상으로 오염되어 방사성 폐기물의 무덤으로 전락했다. '지속 가능한 개발'을 근간으로 하는 「리우 선언」에 서명한 러시아가 이 선언을 제대로 이행하고 있는 것 같지 않다.

올해는 1992년 6월 179개국 정상들이 참석했던 리우 회의에서 지속 가능한 개발이라는 신개념을 채택한 지 꼭 10년이 되는 해다. 26일 남아프리카 공화국의 요하네스버그에서는 지속 가능한 개발을 위한 지구 정상 회의(WSSD)가 열린다. 이번 요하네스버그 회의에서는 지속 가능한 개발을 위한 실천적 내용이 보다 심도 있게 논의될 것으로 보인다. 벌써 몇 년째 아열대성 호우를 동반한 8월 장마가 엄습하고 있는 우리나라도 이제 지속 가능한 개발을 위한 실천 전략을 마련할 때가 된 듯하다.

지속 가능한 개발 전략 수립을

이번 8월 호우는 아시아의 갈색 구름 현상 때문이거나 엘니뇨로 인해 해수면이 상승하고 오존층이 파괴되어 온실 효과를 일으키는 기상 이변 때문으로 설명되고 있다. 해마다 파괴적 기상 이변을 경험하고 있는 우리도 '살아 있는 자연'과의 조화 속에서 지속 가능한 개발만을 하며 살아온 북시베리아의 야쿠츠크 사람들처럼 자연과의 조화 속에서 살아갈 수는 없을까. 최악의 환경 재앙이 속출하는 최근의 지구적 현실을 목도하면서 우리도 이제 지속 가능한 환경 친화적 개발을 위한 노력을 서둘러야 할 때가 아닌가 하는 생각을 갖게 된다.

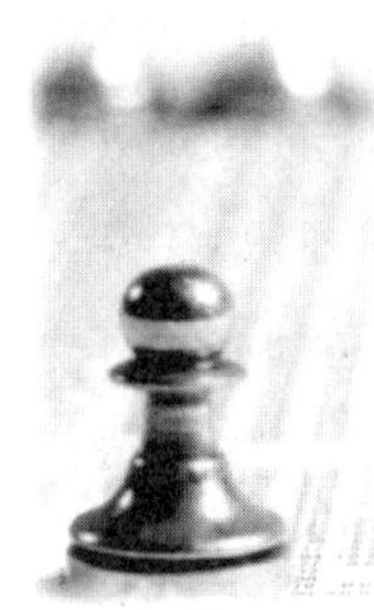

열린 대학으로 가는 길

  갓난아기의 울음소리마저 흔히 들려오는 연립 주택의 공간에 묻혀 있는 사회관 아래층에서 1년 남짓 지내다 보니 그런대로 세상과 격리되어 있다 싶은 도서관 연구실 시절이 그리워지기도 한다. 도서관 연구실이라야 지금보다 썩 나은 것은 없고, 무더운 여름철에 통풍조차 잘 되지 않는 성냥갑 같은 연구실에서 보낸 것이 이젠 하나의 추억으로 남아 있건만 그 5층의 교수 연구실에서 내려다보이는 우리 학교의 전경은 얼마나 아름다웠던가. 올망졸망한 강의동이며 넓지 않은 운동장, 상징탑 그리고 미네르바의 나무숲들……, 이 모두가 대학의 연륜처럼 느껴져 신비스럽기조차 하지 않았던가. 그리고 이 모두가 캠퍼스를 거쳐 간 교수들이나 선배 학생들의 손길이 한 땀 한 땀 배어서 숨 쉬는, 그야말로 외대인의 탐구와 도전의 상징처럼 느껴지지 않았던가.

  하지만 2년여 동안 대학 생활을 해오는 동안 나의 이 같은 아름다운

---

* ≪외대≫, 1984년, 19호.

신비감은 점차 퇴색되는 것 같아 안타깝기만 하다. 예나 다름없이 바쁜 걸음걸이로 활기차게 움직이는 모습들, 과거에 비해 훨씬 밝고 다양해 보이는 옷차림과 무거운 가방을 바라보면서 나는 곧잘 밝고 생기에 찬 미래의 대학을 떠올리곤 한다. 그런 가운데서도 다른 한편으로 오늘 우리 대학의 이면에 도사린 전혀 다른 얼굴을 연상해보는 것이다. 그것은 짧은 경험에서 눈여겨 본, 우리 대학이 당면한 대학 내지 대학인의 고민거리인지도 모르겠다.

얼마 전 한 학생으로부터 웃지 못할 우스개 이야기를 들은 적이 있다. 그 내용은 대충 이러했다.

"○○ 대학의 한 교수님이 학생에게 물었습니다. '요즈음 학생들 점심시간에 통 보이질 않아. 모두들 어디로 간 거야?' 학생이 대답하길, '아마, 뿅뿅 하러 갔을 겁니다.' (여기서 말하는 뿅뿅은 전자오락실의 은어다) 그로부터 며칠이 지난 어느 날 이번엔 한 학생이 그 교수님에게 물었습니다. '요즈음 점심시간에 교수님들을 통 뵙기가 어려워요. 모두들 어디 계신 거지요?' 머뭇거리던 교수님 왈, '글쎄 전자오락실에 계실 걸……'."

최근 들어 다분히 말초적으로 변질된 대학가의 분위기를 조소와 냉소로 풍자한 이 한 토막의 우스개 이야기는 오늘의 대학 사회의 한 단면이 아닌가도 싶다.

흔히들 지적하는 대로 오늘날의 대학이 겪고 있는 상황에 제도의 과도기적 진통으로 보다 나은 미래, 즉 보다 발전된 대학을 정립하기 위한 불가피한 도정인지도 모르겠지만 점차 팽배해가는 불신 사조, '네가 아니면 내가……'라는 사활적(死活的) 경쟁 의식, 그리고 점차 소원해져만 가는 교수와 학생, 학생과 학생 간의 인간관계 등은 단지 과도기적 진통으로 치부해버릴 수만은 없을 것 같다.

굳이 고전적인 전제를 끌어들이지 않더라도 대학에서의 학문활동이란 곧 진리의 탐구를 목적으로 하는 것이다. 그것은 삶의 실존의 핵으로서의 자유를 지향하는 것이며 정의를 구현코자 하는 것이다. 하이데거의 말대로 대학의 세 가지 기능 즉 학문의 연구, 인간 교육, 사회 혹은 국가에 대한 봉사는 바로 대학의 자유, 정의, 진리를 향한 끊임없는 탐구와 창조행위로부터 비롯되는 것이다.

그것이야말로 오늘날 우리 대학이 우리 사회가 세계로부터 정신적으로 고립되거나 낙후되지 않고 그들과 나란히 나아가 앞서 갈 수 있는 원동력이 되어주는 것이다.

바로 그렇기 때문에 오늘날의 많은 젊은 대학인들이 철학 서적보다도 영어 자습서 한 권에 더 큰 성취감을 얻고자 할 때, 우리는 더욱 큰 지적 열등감을 앞으로 맛보게 될 수도 있다.

많은 대학인들이 학점 하나 더 잘 따기 위해 몰두하고 거기서 자신의 미래에 대한 발판을 마련코자 할 때, 우리는 멀지 않은 장래에 보다 확고한 자기 발판을 상실할지도 모른다.

많은 대학인들이 낭만적 이념주의에 혹은 허무주의나 냉소주의에 길들여져 갈 때, 우리 대학인들은 진정한 우리의 이념을 상실하거나 아니면 또 다른 외세에 의한 이념을 저도 모르게 강요당하는 현실을 보게 될 수도 있지 않을까.

또한 많은 대학인들이 현실에 온 정열과 열망을 던져 불태울 때 우리는 우리의 가슴 한 구석에서 더 큰 좌절과 절망이 채워지고 있음을 느끼게 될는지도 모른다.

대학은, 진정한 의미에서 대학은 하나의 극단을 선택하는 곳이 아니라 모든 가능성을 타진하고 고찰하고 탐구하는 과정이다. 〈준비하는 세대〉의 왜곡되지 않은 의미가 여기에 있음은 두말할 나위가 없다.

보다 '열려 있는 대학' 즉, 살아서 숨 쉬며 머리를 싸매고 가슴을 터놓는 그런 대학을 지향하는 노력은 먼저 자신을 돌아보는 자세에서부터 시작되는 것이 아닐까 싶다. 제도적인 허와 실의 혼합, 현실과의 괴리, 이념적인 갈등의 모든 것이 절망의 요소가 될지라도 벤야민(W. Benjamin)의 말처럼 절망한 자를 위해 희망이 존재하는 것임을 믿지 않으면 안 되리라고 여기는 것이다.

작은 기쁨이나 작은 이익에 자신의 현재와 미래의 가능성을 기대는 우를 반복하지 않는 것은 지금의 세대에게는 중요한 마음가짐의 하나가 되어야 할 것이다. 대학은 취직을 위해 지나가는 정거장도 아니며 테크노크라트의 합숙 훈련장도 아니다.

현실에 쉽게 안주하고 쉽게 패배하며 허무주의와 냉소주의에 쉽게 익숙해질 때 우리는 거짓된 우상 앞에 제배하게 되고 허황된 희망 앞에서 무기력해질 뿐이다. 물상화(物象化)하는 시대를 구원코자 하는 가장 절실한 노력과 도전이 감히 행해져야 하는 곳이 바로 대학임을 잊어서는 안 될 것이다.

젊은 대학인들은 결코 '도피를 준비하는 세대'도 '허무로 가는 존재'도 아니다.

대학인은 '희망을 예비하는 희망' 그 자체이다. 그러므로 어떠한 상황하에서도 실망하거나 좌절하여 현실의 울타리 속에 안주하는 근시적 동물로 전락해서는 안 된다. 그것은 자신과 역사 앞에 스스로의 무학임을 선언하는 것이며 대학인에게 부여된 책임과 의무를 저버리는 것에 지나지 않는다.

가을비를 맞으며

우리나라의 늦여름이 이렇게 지겨울 줄을 나는 몰랐다. 게릴라성 호우가 지나간 뒤에도 시원하기는커녕 푹푹 찐다. 나는 지난 여름방학에 라오스의 수도 비엔티안에서 한 달 가까이 국제 봉사 활동을 하고 돌아왔다. 라오스에서는 스콜(갑자기 바람이 불기 시작해 몇 분 동안 지속된 후 갑자기 멈추는 현상)이 지나가면 시원했다. 그런데 한국의 늦여름 날씨는 그러하지 않다. 9월이 되고 가을 학기가 된지 한 달이 되었는데도 한국의 날씨는 마냥 그 타령이다. 태풍 나리에 이어 태풍 휘파의 영향으로 엄청나게 많은 비가 불연속적으로 내리고 있다.

나는 오늘도 우산을 들고 나선다. 성급하게 떨어진 가을 낙엽이 흩날리는 캠퍼스를 바라보며 지난 세월의 회한과 상념에 젖어보기도 한다. 교수동에서 바라보는 우리 대학의 캠퍼스는 그 위용에 비해 정겨운 데가 적지 않다. 마로니에 공원을 옮겨놓은 운동장 앞 중앙공원은 작지만

---

* ≪외대학보≫, 2007년 9월 28일, 896호.

나에게 상대적으로 큰 안식을 주는 곳이기도 하다. 우리 외대의 창학 이념의 하나이기도 한 '평화'가 가을비 속에서도 언뜻언뜻 묻어나는 곳이기도 하다. 공원을 지나 가을비를 맞으며 교수님들이 우산을 들고 강의실로 향하는 모습도 보인다.

교수님들이 받쳐 든 우산들을 바라보며 나는 문득 '교수 우산(professor's umbrella)'이라는 말을 떠올려 본다. 언론인 박권상 씨에 따르면 이 말은 영국에서 들은 은유 언어의 하나라고 한다. 연구하는 데 너무 집착해서 세상물정 모르고 학문에 몰두하고 있는 교수님을 빗대어 하는 말이다. 영국의 옥스퍼드나 케임브리지의 캠퍼스 타운을 오가는 버스를 타고 가다 보면 비가 개고 날씨가 맑게 바뀌었는데도 우산을 펴들고 다닌다든가 아니면 빗물을 털지 않고 빗물이 뚝뚝 떨어지는 우산을 든 채로 버스 안에 올라가 손님들의 눈살을 찌푸리게 하는 교수의 모습을 쉽게 목도하게 된다고 한다. 이처럼 고매한 학자의 비상식적인 품성을 비꼬아 교수 우산이라고 말하는 것 같다.

그런데 이 은유 언어도 시대의 변화에 맞춰 의미를 달리하고 있는 듯하다. 점차 타락해가는 한국 대학 사회의 현실에서 보면 이 말은 역설적으로 오늘에 맞는 소중한 뜻이 있다고 생각되기 때문이다. 이른바 '상아탑'이 세속적인 '캠퍼스 정치'의 흙탕물에 휩쓸려 허우적거리고 있고, 총장 직선제의 회오리바람이 지나쳐 교수님들의 정신세계마저 황폐화시키고 있다는 비판이 일반화되고 있는 것은 그러한 역설의 근거가 되고 있다. 우리 대학의 최근 사태를 보면서 이 은유 언어의 현재적 가치를 생각해본다.

이제 학교경영은 검증된 경영자가 맡고 교수들은 학문에만 전념하는 교수 우산의 원형적 모습으로 돌아갈 때 대학의 진정한 평화가 뿌리내리지 않을까. 추적추적 내리는 가을비도 멎어 간다. 나는 헛된 상념의 날개를 접고 다시 셔터를 내린다.

6장

아카저널리스트가 본 현실과 이상

1969년 11월 ≪동아일보≫에 입사한
김진홍 기자의 신분증.

기자 생활 6년차인 1975년 3월 17일 동아일
보 광고탄압사태로 동료기자들과 강제해직되
면서 역사의 유물이 되었다.

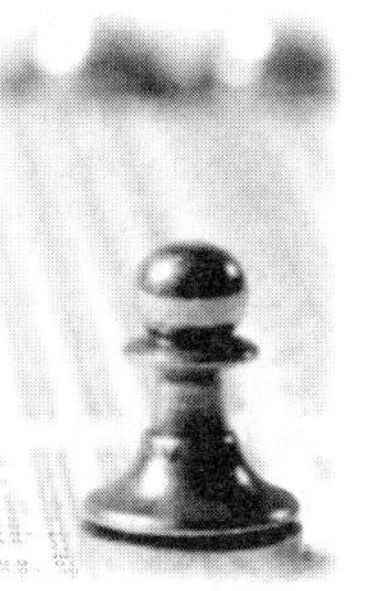

"공영방송 편향 보도 이래도 괜찮습니까"
사제 대담 박유봉·김진홍

편파보도로 공명(公明) 역행

김진홍(金鎭洪 이하 김): 유난히 날씨가 추웠던 올 겨울에 선생님은 하루도 거르지 않고 학교에 나와 연구에 몰두하셨다는 얘기를 들었습니다. 바쁜 시간을 쪼개서 유세장에 한번 나가보셨습니까?

박유봉(朴有鳳, 이하 박): 영하 10도 이하의 혹한이 계속되다가 선거 열기가 달아오르면서 날씨가 확 풀렸는데 이대로 나갔으면 좋겠어요. 신문과 TV를 통해 선거를 접했고, 유세장에는 못 갔어요. 대단한 열기였다고 하더군.

김: 저는 정치 1번지라고 하는 서울의 종로·중구 유세장에 나가봤습니다. 역시 대단했습니다. 그러나 신문의 과열 현상 표현과는 달리 방송을 통해서는 그런 열기를 느낄 수가 없었습니다.

---

* 《주간 조선》, 1985년, 833호.

박: 신문 매체와 방송 매체는 다른 속성을 갖고 있어요. 신문은 지도 기
능이 강하지만, 방송은 그 같은 기능을 다 할 수가 없지요. 역시 정
치·사회·경제 문제에 대한 진지한 보도는 신문에 기대할 수밖에
없어요.

김: 매체 나름의 특성이 있다지만 요즘 방송의 편파적인 선거 보도는
신문의 사설과 만화에서까지 비난의 화살을 받고 있습니다. 공명선
거 방송 캠페인이 오히려 공명에 역행하고 있다는 인상마저 주고
있습니다. 일부에서는 공명 캠페인 방송을 절대 공명하다고 주장하
고 있지만 신문을 비롯한 기타 언론기관과 방송을 비판하는 사람들
은 절대 공명하지 않다는 입장을 보이고 있습니다.

박: 아무리 좋은 제도라도 운영을 잘못하면 실효를 거둘 수가 없어요.
또 제도상 조금 하자가 있더라도 운영의 묘를 살리면 잘될 수가 있
지요. 1980년에 서구식 공영 제도를 도입한다기에 큰 기대를 걸었
었지요. 그러나 지난 4년간을 본다면 운영을 잘못한 탓인지는 모르
겠으나 공영방송 제도의 성과라고는 도저히 평가할 수가 없어요.
TV의 공명선거 캠페인도 탤런트나 코미디언들이 나와서 촌극프로
등을 통해 공명을 강조하는 데 오히려 공명선거를 흐리는 것 같은
기분이 들어요. 선거는 민주주의의 결정(結晶)인데 진지해야지 희화
화해서는 안 되지요. 무슨 일이든지 객관적 사실은 희극화되서는
안 된다는 게 내 평소 생각이야. 진지한 자세로 정확하고 객관적인
보도를 해야지 희화화해서는 곤란해요. 코미디언들의 선거 캠페인
을 보고 나면 뒷맛이 이상하고 개운치가 않아요.

김: 물론 코미디언이나 탤런트가 국민의 대표로서 TV나 라디오 방송에

나가서 얘기할 수는 있습니다. 그러나 그들에 대한 일반 시청자들의 이미지가 공명선거 캠페인 프로를 통해 그대로 유권자들에게 전달됨으로써 선거 자체가 희극화되고 평가 절하될 가능성이 충분히 있습니다. 이 같은 일은 극복되고 지양돼야 합니다.

박: 대통령 선거 때는 어떻게 방송할지 모르겠지만 국회 의원 선거 기간에는 지방 방송국을 활용할 필요가 있다고 봐요. 1구 2인제 중 선거구제라서 지역구가 많은 것도 아니고 또 정견 발표를 제대로 할 수도 없는 상태잖아요? 가령 당의 대표나 선거 대책 본부장, 또는 대변인들이 나와서 토론을 할 수 있는 장을 방송이 맡아주면 유권자들이 올바른 선택을 하는 데 큰 도움을 주게 되지요.

김: 신문은 유세장의 열기를 직접 취재해서 열심히 독자들에게 전달하고 있는 데 반해, 방송은 그 같은 열기를 전혀 전달해주지 못하고 있습니다. 그러다 보니 현장에 가서 육성을 직접 듣게 되고 결과적으로 열기가 더 고조되는 게 아닌가 하는 생각을 갖게 됩니다. 국영방송이 아닌 공영방송이라면 어떤 객관성을 유지해야지 편파성에 치우칠 때에는 국민들로부터 불신을 받는 언론 매체가 됩니다.

박: 1980년에 유럽의 좋은 공영방송 제도를 도입한다면서 방송국을 통폐합했는데, 지금에 와서 본다면 공영방송인지, 상업방송인지 분간을 못하겠어요. KBS의 경우에는 광고를 안 한다고 해놓고는 우물우물 광고를 시작했지요. 시청료도 받고 광고 방송도 하는 이러한 제도라 할까, 운영은 세계에서 유례가 없을 거야. 또 공영방송은 절대로 중립적이어야 해요. 중립적 입장에서 공정한 방송을 해주기를 진심으로 바라요.

김: 모 일간지 가십을 보니까 KBS 방송이 인터뷰를 하면서 의도적으로
모 당원의 배지를 떼고 메모를 주면서 '이렇게 해주시오'라고 했다
고 합니다. 그렇다면 하나의 의견이 스스로 나와서 걸리는 것이 아
니고 처음부터 의도적으로 하고 있다는 얘기가 됩니다. 그걸 또 방
송 뉴스 시간에 사실과 다르다고 해명하는데, 우습게까지 느껴졌습
니다. 오늘의 방송실상의 한 단면을 말해주고 있습니다. 위에서 지
시가 떨어졌다고 해서 기자나 PD가 그 틀 안에서 하나의 모조적 작
품을 만들려는 것은 지양돼야 합니다. 유권자들에게 필요한 것은
공명 캠페인이나 당위론적인 투표 방법보다는 어느 당의 어느 후보
가 어떤 생각을 갖고 있는가 하는 정책이나 정견입니다. 특정 후보
를 클로즈업시키고 어떤 후보는 멀리 보이게 하는 것은 공영방송의
신뢰를 떨어뜨리고 국민들의 거부 반응을 불러일으킬 수 있습니다.

당 대표 토론 마련했어야

박: 서독 TV를 보면 매일 정치 토론과 농촌 청년이나 직장 종업원들의
모임이 방송되고 있어서 별로 재미가 없어요. 문화도 대중적이지
못한 고전음악 등을 주로 다루고, 화려한 무대에서 몸을 비틀고 팝
송이나 유행가를 부르는 쇼 같은 오락 프로는 없어요. 늘 나오는 게
뉴스, 좌담, 논평, 해설이야. 정치 성향이 다른 사람끼리 대담을 해
도 집권당과 야당의 구별이나 차별을 두지 않고 고루고루 배정해
요. 공영방송을 하겠다는 의지가 공영방송 제도의 운영원칙이지.
이제 우리도 정말로 공영방송을 하겠다는 의지가 있다면 그렇게 해

야 돼요.

김: 방송국 주변과 심지어 방송국 안에도 공권력이라 할 수 있는 전경들이 곳곳에 배치돼 있는 것을 보면, 참으로 이상하다는 생각이 듭니다. 국민과 호흡을 같이하는 공영방송이 어떻게 국민이 무서워서 공권력에 의해 유지돼야 하는지 쉽게 이해가 안 갑니다. 언론계에 종사하는 분들도 같은 생각을 갖고 있으리라고 봅니다. 중립적·공공적·객관적이지 못하고 자신 없는 방송을 하기 때문에 그렇지 않은가 하는 느낌을 받게 됩니다. 공영방송을 낙엽 떨어지는 소리로 비꼬는 신문 만화까지 등장하고 있습니다. 방송이 국민의 의견과 의지를 형성해주는 중요한 역할을 하지 못하고 있다는 비판을 받으면서까지 그럴 필요가 있는가 하는 의문이 갑니다.

김: 유럽에서도 공영방송 제도가 잘 발달돼 있는 나라가 서독과 네덜란드지요. 서독은 방송을 공적·법적 기관으로 평할 정도로 상업방송은 전혀 없어요. 11개 연방주(州)는 각기 제1방송을 갖고 독자적으로 특색 있는 프로를 방영하고 있고, 전국을 커버하는 제2방송은 시청료만으로 전 국민을 상대로 프로를 내보내지요. TV 출현 이전에 가장 발달된 방송 제도를 가진 나라가 네덜란드야. 인도네시아 같은 큰 식민지를 갖고 있어서 식민 통치 수단으로 신문보다 적합한 방송을 의도적으로 중점 육성했겠지만. 지금도 방송위원회가 각 정당·종교·노조·사회 단체를 비중에 따라 점수(%)를 매겨서 거기에 맞춰 방송 시간을 배정해요. 프로그램은 각 단체들이 만들어서 방송위원회에 보내오지요. 이 밖에 영국의 BBC방송을 비롯한 프랑스·이탈리아 방송들도 공공 방송으로 큰 실효를 거두고 있어요.

시청료 수입 연 6,000억 원

김: 유럽 방송들은 시청자들을 제작에 많이 참여시키면서도 국가 지상
주의 내지 공공성에 중점을 둔다는 좋은 시사점을 말씀해 주셨습니
다. 그러나 우리나라 방송도 처음에는 「언론기본법」에 따라서 공공
성을 중시하는 공영방송으로 출발했지만, 지금은 오히려 상업성으
로 치닫고 있다는 인상을 주고 있습니다. 공영방송이 국가 기관은
아니지 않습니까? 지금처럼 공영방송이란 레테르를 갖고 국가 기
관의 대변인 역할을 하면서 지나치게 국민 계도에 앞장설 바에야,
차라리 떳떳하게 옛날의 국영방송으로 돌아가서 정부 기관을 대변
하는 게 낫다고 봅니다.

박: 처음 방송을 통·폐합할 때는 시청료를 받으면서 이런 식의 광고까
지 하라고 승인하지는 않았어요. 일본의 NHK방송은 광고료 없이
도 시청료 하나만으로 훌륭한 방송을 하고 있지 않아요? 내 생각은
KBS 2방송과 3방송을 분리 독립시키든가, 아니면 2방송만이라도
독립시켰으면 좋겠어요. 제3교육방송은 1, 2 어느 방송에 흡수시켜
도 좋아요. 다만 KBS는 공영방송으로서 시청료로만 운영하고 다른
방송은 상업방송을 안 할 수가 없겠지요. KBS가 그야말로 일본의
NHK나 영국의 BBC 정도의 공영방송이 되든가, 그것이 어려우면
프랑스와 이탈리아식 국영방송이라도 되었으면 좋겠어요.

김: 금년도 대학 신입생 면접시험 때 "왜 신문방송학과를 지원했느
냐?"고 물었더니 "연구할 과제가 많아서 왔다"고 대답하는 학생들
이 상당수에 달했습니다. 요즘의 선거 방송처럼 공영방송의 편파성

이나 객관성 문제 또는 공영방송의 상업방송화 등이 학생들의 연구 과제가 될 수 있을 것 같습니다. 그리고 지금 시청자들에게 짜증을 주고 있는 광고도 큰 문제입니다. 시청료로 연간 6,000억 원의 수입을 올리면서 광고 방송으로 1,000억 이상을 벌어들이고 있지 않습니까? 그러면서도 국민 의견을 수렴, 정책에 반영하는 쪽보다는 오히려 국민 의견을 오도할 수 있는 측면이 많이 나오고 있습니다.

박: 우리나라 TV를 보면, 공영방송인지, 상업방송인지 분간을 못하겠어요. KBS 1, 2방송이 MBC보다 더 심할 정도의 광고 방송을 합니다. 하루 빨리 시정되야 해요. KBS가 수입 때문에 광고를 없애고 나머지는 상업방송을 하면서 시청료나 받아먹고……. 그리고 광고 내용도 선정을 해야 돼요. 매일 먹고, 입고, 마시고, 바르는 광고만 나와. 너무 소비적인 광고는 제동을 걸고 수준 높은 상업 광고가 요구돼요. 광고 방송 시간도 소비자를 위한 생활 정보가 될 수 있도록 체계적으로 편성할 필요가 있어요. 서독의 경우는 오후 6시부터 6시 30분까지 30분간 광고를 몰아서 내보내고 있어요. 그야말로 광고 방송이지. 우리나라처럼 프로 시작 전에, 중간에, 또 프로 끝에도 하지는 않아요.

김: 남북이 대치하고 있는 상황에서 우리나라 방송의 특수성은 인정해야 합니다. 남북 간의 대응을 위해서 어떤 책임 있는 역할을 담당하고 있기 때문입니다. 그러나 상업방송의 발자국을 그대로 따라간다는 것은 불안하고 불건전하다고 봅니다. 다각경영 체제로서 출판·판매·잡지 사업 등 방송과는 거리가 먼 사업은 방송의 신뢰성을 위해서도 지양돼야 합니다. 방송국 스스로가 공영방송의 울타리를 넘

어서고 있습니다.

박: 방송국이 너무 비대해졌고, 그러다 보니 횡포를 저질러요. 또 예산이 많으니까 방송 사업 이외의 다른 사업에 돈을 쓰고 있다는 생각이 들어요. 지금 선진국에서 가장 큰 문제로 삼는 것 중 하나가 매스 미디어의 집중화·독점화야. 매체를 여러 개 독점하면 언론 자유를 저해하게 되고 자연히 편파적으로 나갈 수밖에 없어요. 매체 독점 그 자체가 또 다른 횡포이지. 무엇보다 이걸 막아야 돼요. KBS가 너무 커졌어요. 이걸 좀…….

유명무실한 방송위원회

김: 저는 방송위원회의 역할에도 의문이 갑니다. 도대체 무얼 하는지 모르겠습니다.

박: 동감이야. 방송위원회가 지금 같이 유명무실한 기관이 돼서는 안 되지. 네덜란드처럼 프로그램까지 배정하지는 못하더라도 좀 더 활성화되어서 방송국에 제재를 가하거나 영향력을 행사할 수 있는 기관이 돼야 해요. 지금 같은 이따위 방송위원회야 있으나 마나한 거라고 봐.

김: 우리나라의 방송 통·폐합이 「언론기본법」하에서, 즉 외부적인 힘에 의해서 이루어졌기 때문에 자연스런 통·폐합 과정은 아니었습니다. 더구나 사적 경영 형태의 비대화가 아니고, 공적 지원하에서 공영화가 되었고 또 비대화가 된 것은 더 큰 문제입니다. 말하자면 공적인 어떤 국가기관의 힘에 의해서 이루어졌기 때문에 엄청난 힘

과 영향력을 가지게 된 것으로 봅니다.

박: 그러니까 앞에서 말한 바와 같이 광고 수용을 완전 배제한, 순수한 시청료만으로 운영되는 공영방송이 하나 있고, 그 외에 상업방송이 있는 2원제가 바람직하지. 상업방송이라도 공공성을 전제해야 되니까 운영의 묘를 살려야 되겠지요. 우리나라는 중앙 집권적인 체제이므로 서독과 같은 완전한 공공제도는 어렵겠지만, 일본처럼 공영방송과 독립시켜 운영하면 훨씬 더 성과가 있을 것으로 생각해.

김: 우리 집은 제3방송을 많이 보고 있는데, UHF로 방영되니까 화면이 안 좋고 소리도 형편없습니다. 시골에서도 잘 안 나오는 방송에다가 교육 프로를 넣는다는 것을 볼 때, 우리의 가치가 전도된 게 아닌가 하는 생각까지 듭니다. 외국에서는 오히려 교육 프로의 방영 시간대를 조정, 배려하고 있습니다.

박: 내가 사는 성북구 장위동에서도 제3방송이 잘 안 나와요. 서독은 교육 프로가 따로 없고, 1, 2 방송 모두 교육 프로와 교양 프로가 대부분이지. 우리 방송은 요즘 오락 프로를 줄이고 교양 프로를 많이 늘렸다고 하지만 그 한계점이 애매해요. 방송국 측에서는 교양이라고 해도 시청자 측에서 보면 오락인 것이 많아. 교양 프로라면 적어도 교양적인 내용, 차원 높은 내용이 있어야 되는데, 방송 프로의 편성 비율로는 교양 프로가 많아졌을지 몰라도 실제 보면 그렇지 않거든.

김: 가을철 프로그램 개편 때 두드러진 현상이 뉴스 시간대가 늘어났다는 것입니다. 그런데 요새 겨울 스포츠도 아닌 농구·배구 경기 등에 엄청난 시간을 할애하고 있습니다. 정치, 계절에 맞는 편성을 해서 보도 프로를 늘리든가, 스포츠 프로를 내보내고 싶으면 외국 대

회라도 좋으니 겨울 스포츠를 내보내야지, 억지로 하니까 편성상의 의도성을 의심하지 않을 수 없습니다.

박: 88 아시안 게임과 88 올림픽 주최국으로서 스포츠 무드를 조성해야 한다는 점에는 이의가 없어요. 그러나 올림픽 주종목도 아닌 프로 야구 등에 너무 많은 시간을 할애하고 있어. 시청률 제고를 위해 그런 것 같기도 하구먼.

김: 선거 기간만이라도 스포츠 중계를 안 하고 그 시간에 합동 유세를 중계 방송하면 훨씬 더 높은 시청률을 기록할 수 있을 것입니다.

박: 전적으로 동감이에요.

김: 내년이면 정년이신데, 이제 담배 좀 줄이시고 건강에 유의하십시오.

정진석의 『한국언론사 연구』

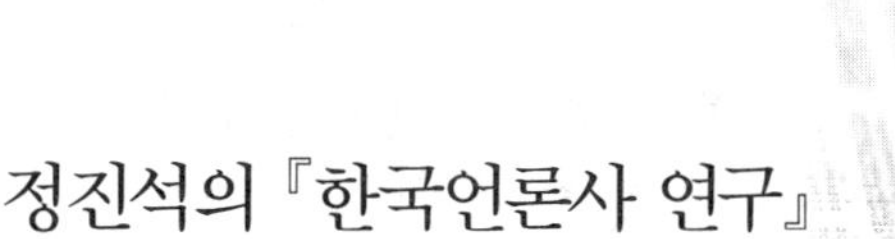

　한국언론의 근대사와 현대사에 걸쳐 특히 제국주의 일본 치하의 항일 언론사에 남다른 관심을 기울여온 한국외국어대학교의 정진석 교수가 지난 십여 년 동안의 그의 학문적 연구의 결실을 일단 정리하여, 『한국언론사 연구』라는 제목으로 역저를 펴냈다. 이 책은 저자가 기왕에 내놓았던 그의 첫 저서인 『일제하 한국언론 투쟁사(1975)』를 포용하는 그의 대표적인 저서로서 한국 신문 - 방송학계와 그 연관학계의 남다른 주목을 받게 될 노작(勞作)으로 손꼽히고 있다.

　특히 최근에 들어서 국학계와 사회과학계의 일각에서 우리나라의 현대사, 그중에서도 8·15 해방으로부터 한국 전쟁에 이르는 시기를 전후로 하는 시대사에 크나 큰 관심을 두고 그 동안의 연구 성과를 재음미하고 재조명하는 물결이 거세게 일고 있는 연구 동향과 관련시켜 볼 때에 저자가 심혈을 기울여 내놓은 이 책이 우리나라 학계에 주는 학문적

---

* ≪외문법정≫, 1983년 1월, 창간호.

자극 효과는 자못 크지 않겠나 하고 여겨지는 것이다.

한편 우리나라 신문 - 방송학계로 시야를 좁혀볼 때 그동안의 역사적 연구결과는 적이 흡족하지 못한 형편에 있었고 다분히 통시적이고 연대기적인 기술에서 크게 벗어나지 못했다는 점이 흔히 지적된다.

그러나 저자를 비롯한 일부 왕성한 연구 의욕을 보이는 중견 또는 신진 학자들에 의해, 흔히 빠져들기 쉬운 이와 같은 연구방법상의 한계를 극복하고 연구자 나름의 뚜렷한 역사적 관점에서 질적 분석을 통해 집요하게 한국 현대언론사에 접근하려는 바람직한 학문적 움직임이 일고 있기도 하다. 이러한 측면에서 볼 때에 이번에 내놓은 저자의 저서는 이 같은 연구 추세의 분기점이 될 크나큰 연구 성과로 보아도 무리는 없을 것 같다.

이 책은 한국언론의 역사를 세 가지 접근 방법을 통해 규명하고 있다. 즉 첫째, 한국언론의 역사를 시대별로 개관한 것과 둘째, 특정한 언론 매체(대부분 신문이지만)의 역사를 통해 그 시대의 언론을 살펴보려 했으며 셋째, 한국언론에 종사했던 역사적인 인물들을 중심으로 한국언론이 걸어온 발자취와 한국언론의 특성을 제시해보려고 한 것들이 그것이다.

이 책은 이 같은 세 가지 접근 방법의 설정에 따라 모두 4부로 나누어 다루고 있는데 제1부 수난과 저항의 역사, 제2부 언론 매체의 발달, 제3부 인물을 통해 본 한국언론사, 제4부 한국언론사 연구 등이 그것이다.

특히 제1부 수난과 저항의 역사는 시대별로 개관한 한국언론사의 맥락으로 볼 수 있는데 《한성순보》가 발간된 1883년을 기점으로 하여 그 이전을 한국언론사의 전사(前史)로 보고 그 이후를 다음과 같은 시대 구분에 따라 접근하고 있다.

즉 제1기 근대 신문의 출현(1883~1895), 제2기 민간지의 성장(1896~1904), 제3기 민족지와 친일지의 대립(1905~1910), 제4기 친일지의 독점(1910~1919), 제5기 민간지의 재생과 항일(1920~1930), 제6기 친일 강요기(1931~1945), 제7기 좌 - 우익지의 대립(1945~1948), 제8기 반독재 투쟁기(1948~1960), 제9기 자유 과잉기(1960~1961) 등이 그것인데, 다만 각 시대별의 특성에 따라 부여한 명칭은 이 책의 각 장의 명칭과 일치시키지는 않고, 글의 내용에 따라 다소 다르게 붙여놓고 있다. 이를테면 위에 제시한 시대 구분의 명칭 대신에 민족지와 일본인 경영신문의 대립, 러·일 전쟁 이후 한일 합병까지의 한국언론과 언론 통제, 일제하 항일문화 운동, 일제하 언론 출판 연구, 미군 군정하의 언론, 4·19와 언론의 역할 등으로 풀어 놓고 있는 게 특색이라고 하겠다.

다만 저자가 연구의 제한점으로 실토하고 있듯이 우리나라 언론사의 제1기라고 할 수 있는 근대 신문의 출현 이후 ≪독립신문≫까지를 채 다루지 못한 점과 현대 언론사의 전개를 5·16 이후로까지 확대시키지 못한 점이 지적될 수 있겠으나, 이와 같은 점은 저자의 연구 과제로 남아 있다고 본다면 그렇게 큰 흠이 되지 않을 것이다.

『김정기 교수 정년기념논문집』에 쓴 권두언

한국외국어대학교 언론정보학부의 '살아 있는 전설'이신 계산(谿山) 김정기(金政起) 교수님께서 지난 2월 말로 정년을 맞으셨습니다. 1978년 외대가 종합 대학으로 승격되면서, 우리나라 최초로 홍보학과를 창과하신 교수님께서는 홍보학과가 신문방송학과를 거쳐 오늘의 언론정보학부로 발전하기까지 28년 동안 남모르게 참으로 많은 일을 이루어 놓으셨습니다 . 단과 대학으로 출범한 외대에 1970년대 초부터 중견 언론인으로서 강사로 출강하시면서 '국제 홍보 요원 양성'을 위한 국제홍보학과의 창설이 필요하다는 점을 기회가 있을 때마다 학교 당국자에게 설명하시고, 관계 당국자에게도 그 당위성을 설득하셨습니다. 외대가 '한국외국어대학교'로 승격되는 때를 맞춰 홍보학과가 국내에서 처음으로 신설될 수 있었던 것은 순전히 괴력을 지니신 '금정기' 교수님

---

* 「계산 김정기 교수 정년기념논문집 간행위원회를 대표하여」, 2006년 3월.

덕분임을 저희 후학들과 초기 제자들은 대부분 잘 알고 있습니다. 그리하여 교수님은 저희들에게 '살아 있는 비조(鼻祖)'로 남아 계십니다.

후학들이 당신을 '금정기' 교수님이라고 부르는 것은 교수님께서 학문에 천착(穿鑿)하시면서도 이처럼 남다른 정력으로 학과의 발전을 위해 각고면려(刻苦勉勵)하시는 모습이 선연히 떠오르기 때문입니다. 교수님의 이러한 별칭은 저희들이 지은 것이 아닙니다. 유머 감각이 빼어나신 교수님께서는 제자들이나 후학들과 소탈한 정을 나누는 자리에서 처음으로 만나는 사람에게 당신을 늘 이렇게 소개하곤 하셨습니다. "저 금정깁니다. 은정기도 아니고 금정깁니다." '금정기'는 교수님을 가장 잘 압축하는 당신의 친숙한 이름입니다. 그러한 정열적이고 다이나믹한 별칭을 지닌 '학문 이론의 현장 실천가이자 현실 행동가'이신 교수님께서 이제 정년의 윤회(輪回)에 맡겨 '은정기' 교수님으로 정년을 맞으시게 된 것은 아닌지 싶기도 하여 저희들로서는 왠지 쓸쓸한 소회를 갖게 됩니다.

교수님께서 학문의 길로 안내한 안병찬 박사의 글 「계산 김정기 교수의 인간과 학문」에서 추억하고 찬미한 바 그대로 교수님께서는 참으로 훌륭한 업적을 많이 남기셨습니다. 저희들은 아직도 교수님을 '저널리즘 현실'과 '커뮤니케이션 과학'이라는 두 줄기 삶을 충만하게 살고 있는 사람으로 기억하고 있습니다. 그러니 '자정보다 늦게 누워 책과 함께 잠드는 그'라고 노래했던 선생님의 아내이신 시인 안혜초의 소묘(素描)는 교수님께서 새로 얻은 호 '계산(谿山)'처럼 이제 바뀌어야 합니다. '계곡을 흐르는 청정한 물줄기처럼 이른 새벽의 정밀(靜謐)을 깨우는' 장건(壯健)하신 교수님의 모습으로 말입니다. 그리하여 사랑으로 온갖 풍상을 함께해온 사모님과, 존경하는 마음으로 선생님을 따르는 저희 후학들과 제자들의 든든한 바람막이가 되어주시기를 저희들은 희원하고 있습니다.

여기 제자와 후학들이 15편의 글을 모아 이 작은 논문집을 상재(上梓)하는 것도 그러한 저희 후학 모두의 희망과 원망을 담고 있습니다. 저희들로서는 이 소품이 그간 후학들에게 보여주신 길잡이로서의 교수님의 큰 은덕(恩德)에 만분의 일이라도 보답하는 작지만 소중한 징표가 되기를 바랍니다. 김정기 교수님께서도 조촐하게 드리는 저희 후학들과 제자들의 뜻을 너그럽게 헤아려 주실 것으로 믿어 의심치 않습니다. 아무쪼록 김정기 교수님과 사모님, 그리고 선생님 가정이 두루 평강하시길 빕니다. 이 기회를 빌려 저희들의 미력한 성의에 공감하시고 귀한 원고를 집필해주신 필자 여러분들께도 따뜻한 감사의 말씀을 드립니다.

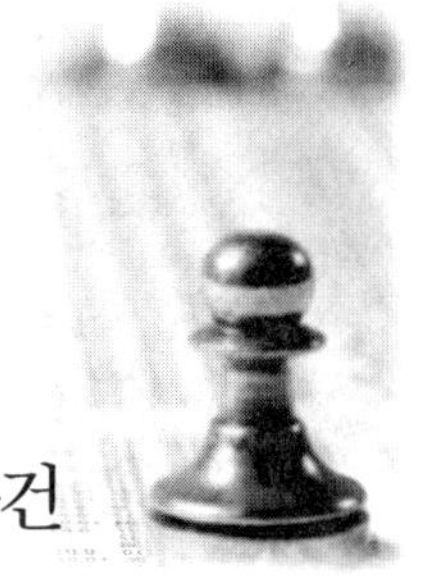

취재비화 74억 사건

- 수사관 만나기 위해 샅샅이 뒤진 목욕탕

- '넥타이'맨 사람은 모조리 찍으라······

- 천재일우 박영복(朴永復), 잠바 씌워 그만 먹통

- '페인트' 공(工) 가장(假裝), 겨우 얻은 일문일답

- 재계인 얼굴 몰라 사진 감별사 등장

- 통풍로(通風路)에 기어들어 갔다가 끄집어내리고

- 거짓말 시합? '나는 모처서 왔소'로 통과

- 모아온 휴지 놓고 전모 취재(全貌取材)에 자료

담당 수사관은 신문을 보고 깜짝 놀랐다. 자기와 박영복(朴永復)과의 수사 일문일답이 거의 정확하게 보도되었기 때문이다. 12층의 수사관실에서 철저하게 보안된 양자(兩者)만의 대화가 어떻게 누설되었다는

* 《신문과 방송》, 1974년 7월.

말인가?

그러나 공사 중인 옆방에 페인트공을 가장한 기자가 그의 말을 열심히 '메모'하고 있는 것을 알 리가 없었다.

이것은 74억 부정 대출 사건의 주역인 박영복의 수사를 둘러싼 취재 비화의 한 토막이다.

그 밖에도 기자들은 이 희대의 은행 사기 사건을 취재하기 위해 수사관을 미행하거나 수사관실의 휴지를 모았으며 목욕탕에까지 찾아가 사건의 전모를 알아서 독자의 알 권리를 충족시켜주었던 것이다. 당시의 취재 기자들의 뒷이야기를 들어본다.

김규문(金奎文, 경향신문 사회부기자, 이하 김규): 박영복에 대한 74억 부정 대출 사건은 비록 규모가 엄청나게 크고 주인공의 사기성이 돋보여서 그렇지, 따지고 보면 오늘날 우리나라 금융 풍토의 구조적인 병폐가 노출된 것에 지나지 않는다는 것은 여러분도 취재 과정에서 충분히 알 수 있었을 것으로 생각합니다. 74억을 숫자로 보면 5만 원짜리 월급쟁이가 꼬박 1만 2,000년을 한 푼도 안 쓰고 모아도 모자랄 어마어마한 돈입니다. 수사 결과 발표 역시 희대의 사기 사건으로 규정하고 있는 만큼 새로운 것은 없으리라고 생각합니다.

고정웅(高正雄, 중앙일보 사회부기자, 이하 고): 6개 시중은행을 상대로 4년 가까이 부정대출해온 박영복 사건은 금융 기관의 업무 처리가 얼마나 허술한 것이고 이를 악용하는 고객의 수단이 또 어느 만큼 지능화하고 있는가를 드러내는 모델 케이스라고 볼 수 있을 것입니다.

물론 그 사건 중에 4월 10일인가 인천시 농협 보안 예금 취급소 임항준 대리의 9,000만 원 횡령 사건이 있었지만 그것과는 본질적인 의미에서 성격을 달리하는 것이라고 하겠습니다. 소위 박영복 사건의 어파로 3명이 구속되었고, 은행의 면직자 등을 합하면 15명가량 피해자가 있을 것이지만 관련 은행의 손해배상 등 많은 문제점은 남아 있을 것으로 봅니다.

또 그 규모로 보나 동원된 수사관 그리고 취재에 동원된 인원수로 봐도 단연 '톱'을 기록하는 사건임에는 틀림이 없을 것입니다.

강수웅(康秀雄, 서울신문 사회부기자, 이하 강): 금녹통상(金鹿通商) 주인공인 박영복의 이름이 오르내리기는 올해 들어 중소기업은행의 부정 대출설과 관련하여 나타났던 것으로 압니다. 솔직히 말해서 우리 법원 출입 기자들은 은행 감독원의 발표가 있기 전까지는 별다른 관심을 두지 않았던 것 같습니다. 그러나 금융가에는 T은행, H은행, K은행, S은행 등에 대한 관계 기관의 수사설, 임원의 경질설 등이 끊임없이 나돌고 있었습니다.

그래서 J은행의 행장이 기소되어 1, 2회 공판이 있었는데도 취재하지 못했고 제3회 공판부터 관심을 두게 되었습니다. 그것도 앞서 이야기가 있었듯이 은행 감독원에서 74억이 부정 대출되었다는 발표가 있은 뒤였습니다.

김진홍(金鎭洪, 동아일보 사회부기자, 이하 김진): 그러니까 신문에 박영복 사건이 본격적으로 다뤄지기 시작한 것은 4월 18일부터였을 것입니다. 그전까지는 일반적인 사기 사건으로 알고 공판정에도 들어가지 않았던 셈이죠. 그러다가 은행 감독원에서 74억 부정 대출 사실을 발표하고 나니까 데스크에서 사실을 알아보라는 것입니다. 그래서 이미 공판이 1, 2회나 끝난 중소기업은행장 사건의 공판 기록을 넘겨보게 되었죠.

자동차 행렬 1킬로미터나?

한 마디로 말해서 박영복의 사기 수법은 부동산 등기 및 신용장의 변조와 거액 예금, 금전 공세 등 3류형의 복합이라고 할 수가 있을 것 같습니다만 어쨌든 첫 송고는 이렇게 해서 된 것입니다.

고: 저희들이 가장 관심을 두었던 것은 배후 인물이 누구냐는 데에 있었습니다. 한 개인의 힘으로는 그렇게 엄청난 액수를 떡 주무르듯이 할 수 없다는 판단이 갔기 때문입니다. 그러나 수사 단계에서 특별히 보안에 신경을 썼던 것도 바로 그러한 배후 관계 때문이었던 것은 물론입니다. 어느 정도로 보안이 심했느냐 하면 수사부가 검찰청 건물의 12층에서 자리 잡고 있었는데 수사관 이외에는 거의 접근이 불가능했습니다. 각 신문이 처음에는 별다른 특색이 없는 보도를 했던 것도 그 때문이었습니다. 그러다가 박영복의 집이 6채나 되고 거기에 살던 인물이 많이 있다는 데 과열하기 시작했습니다. 우선 수사 기록에 등장하는 집 주소를 적어 추적하기 시작했습니다. 집의 소유권 이전(移轉) 상황이라든가 거주 인물을 알기 위해

동회에 가서 주민등록을 교부받아 보거나 탐문을 해봤습니다.

그런데 거기서 또 한 번 놀란 것은 시가가 1,000만 원짜리 집이라면 대부액은 그 몇 배인 5,000만 원이라는 것이었습니다. 보통 은행대출이라면 감정가격의 70% 정도가 대출인데 이러한 현상은 어느 모로 보아도 기이하고 놀라운 사실이 아닐 수 없었습니다.

김진: 4월 28일엔가 어느 수사 기록을 넘겨보니까 상세한 배후 과정이 적혀 있었습니다. 그래서 그것을 읽고 메모하여 박영복의 관련 인물과 내용에 관한 도표를 만들었습니다. 그로 인해 보안은 더욱 강력해졌던 것이 아닌가 합니다. 수사 기록을 얻어 보는 것도 어려워져서 수사부장의 집을 찾아보거나 심지어는 서기의 집까지 방문하여 다소의 '뉴스'라도 듣는 것에 의존하지 않을 수 없었습니다.

한번은 수사 제1과장이 자정에 가까워 퇴근하는데 기다리고 있던 기자들이 그 뒤를 쫓았습니다. 명사(名社)의 차가 '퍼레이드'를 벌이듯 쫓았습니다만 정작 그 집에 도착하기 1km가량에서 수사관이 내려 숨바꼭질을 벌이더군요. 숨고 쫓기를 하다 보니 새벽 3시였습니다. 결국 쫓아가기는 했으나 무엇인가를 알려는 자와 알리지 않으려는 자의 승강이는 타협을 이룰 수 없었지요.

변소에 숨어서 동정 살피고

고: 취재 도중에 'K.P. 킴'이라는 이니셜을 가진 인물이 떠올랐습니다. 그런데 6시 이후에 검찰청의 문만 닫으면 접근할 도리가 없었죠.

처음에는 변소에 숨어 있다가 수사관의 행동을 주시했다가 취재했지만 뒤에는 그것을 알아차려 변소까지 수위가 확인할 정도였지요. 그래서 새벽 1시쯤 수사 담당 부장이 퇴근하는 것을 수위실에서 지키고 있다가 뒤를 쫓았습니다. 그런데 그 차가 얼마나 빠른지 5분 만에 실패하고 말았습니다. 이튿날 새벽에 주소를 알아가지고 6시에 집을 찾았는데 목욕을 갔다는 것입니다. 근처에 목욕탕 4개를 찾아보니 한 곳에 담당 부장이 있었습니다. 끝나기를 기다려 'K.P. 킴'이 누구냐고 물었더니 제 꼴이 안 되었던지 김경평(金慶平)이라고 해요. 그리고 이상태(李相泰)는 실존 인물일 수도 있고 아닐 수도 있다고 대답해요. 그때만 해도 박영복 사건이라면 아주 사소한 것까지도 거침없이 쓸 때니까 이 정도면 기사는 되었다는 생각이 들어 제 딴엔 감격(?)하고 의기양양하게 아무 일 없는 듯이 그 부장 방에 나타나서 우리들 말로 바람을 잡았더니 조간신문에 보도된 김경평 외에 다른 것은 없다는 것이었습니다. 한 마디로 김이 샌 셈이 아닙니까?

김규: 그렇지요. 수사관에게 물어봐야 바른 말을 해줄 리 없고 수사 기록을 본다는 것 역시 어려우며 따라서 주인공을 둘러싼 주변 상황을 알기란 힘이 들기 때문입니다. 저는 수사 4과에 들어갔더니 아무도 없어요.

그래서 휴지통에 있는 것을 모조리 모아 가지고 회사에 들어와 하나하나 맞추어 보니 부정 대출에 관한 어떤 단서를 잡을 수 있었습니다. 우선 제가 취재했던 메모에 그것을 덧붙여 도표를 작성했지요.

또 하나 처음에 비상계단은 차단시키지 않았던 일이라 하겠는데 모 은행장을 소환 수사하는 도중 비상계단을 올라간 사진 기자가 창 밖에서 플래시를 터뜨리고 촬영하니까, 그때부터는 비상계단의 중 요성을 인식했는지 여지없이 차단시키더군요.

강: 취재비화라기엔 좀 거리가 있는 이야기인지는 모르겠습니다만, 취 재하는 가운데 박영복이라는 한 인간의 기행(奇行)을 들을 수 있었 다는 것은 흥미있는 일이었습니다.

밤새우기는 식은 죽 먹듯

박영복의 전력도 다분히 그런 면이 있다고 들었습니다. 원래 선원 (船員)이었는데 하숙은 대개 알 만한 사람이 사는 옆집 정도에 하고 배를 타고 나갔다 오면 좋은 선물을 사다가 선사하는가 하면 알 만 한 사람의 생일을 기록했다가 선물을 한다는 것입니다. 그런 식으 로 자기에 대한 동정을 구하고 남에게 자신을 인식시키는 데 천재 적이었다고 하는데 이번의 사건도 그와 비슷한 발상에서 비롯된 것 은 아닌지 모르겠습니다. 여하튼 모든 수사가 접근키 어려운 상태 를 유지하면서 진행되어갔기 때문에 박영복에 대한 이야기가 더 활 개를 쳤지 않았나 합니다.

김진: 한번은 15층의 조사실에 가서 문을 여니까 박영복하고 비슷한 사람이 있더군요. 실제 인물은 그때서야 처음 보게 된 것이죠. 좀

시골뜨기 같은 인상이었는데 점심을 먹고 있었습니다. 사진 기자가
사진을 찍기는 했지만 효과도 좋지 않았고 조금 후에 교도관이 말
을 하지 못하게 막았기 때문에 단독 인터뷰에 성공하지 못했습니
다. 이튿날 12층 수사관실에 갔는데 거기서 또 만났어요. 마침 교도
관이 저와 잘 아는 사이라서 인터뷰를 했는데 모두 자기변호만 하
고 있어요. 아마 신문을 자기의 편으로 만들려는 습관성 있는 다른
하나의 술책이었는지도 모르죠.

강: 취재기자에게는 상당히 불편했던 것의 하나가 수사하는 집이 현대
식 건물이었다는 점이었을 것입니다. 6시 이후에 출입이 금지되는
데 다른 곳으로 잠입할 수가 없어요. 게다가 평소에 2~3명의 수위
가 근무하고 있던 것이 사건이 나고부터는 10명 정도로 보강되었기
때문에 접근이 더 어려웠습니다.

그래서 자연 기자로서의 트릭이랄까, 취재술을 바꾸지 않을 수 없
었습니다. 그런데 한 동료 기자가 수사관에게 참고인으로 출두 요
청을 받은 것으로 가장하고 수위실을 통과하려니까 수위가 주민등
록증을 보자고 해요. 그래서 수위실에 둘러앉아 있던 우리들이 은
행에서 온 사람이라고 말해주고 사진 플래시를 일부러 터뜨리고 하
니까 얼떨결에 통과시켜 주더군요. 그 후 차 한 대가 정문에 도착하
니 주위가 모두 그곳에 쏠리는 틈을 타서 살짝 문을 밀고 금단의 문
을 통과했습니다. 엘리베이터가 있기는 하지만 곧 발견이 될 것 같
아서 12층을 계단으로 걸어 올라갔습니다. 숨차게 올라가 모 부장
을 만나서 인사하니 "당신 재수 좋군" 해요. 그런데 수위가 나타나

서 제발 살려달라는 것입니다. 얼굴만 보고 내려온 셈이죠.

고: 제 경우는 입사하여 사회부에만 있었는데 박영복을 취재하면서 조금씩은 다른 출입처에도 나갈 필요가 있다는 생각을 했습니다. 박영복은 사건을 진술하면서 자기 진술을 여러 번 번복했습니다. 처음에는 은행장급 인사가 6~7명이 드나들었으나 얼굴을 모르니 알수가 없었지요. 그래서 6시 이후에 청사에 드나드는 점잖아 보이는 사람은 모조리 찍으라고 했습니다. 그 사진을 경제부 기자에게 보이니 전부 밝혀내더군요.
속보가 아쉬운 때에 그 정도 인사라면 중량급이 아닙니까? 어느 기자는 경제부에 있다가 법원에 나오자마자 그 사건에 부딪쳐 덕을 봤다는 이야기도 있습니다.

김진: 그 때문에 어느 신문은 모 은행장이 출두했다고 쓰는데 우리는 그저 은행간부라고만 썼지요. 할 수 없이 금융계에 출입하는 기자를 인물감별사로 해서 차 안에 앉아 기다리고 있다가 오는 사람을 확인하게 했습니다. 그뿐만 아니라 사건의 비중이 컸기 때문에 각사(各社)에서 과거에 법원에 출입한 경험이 있는 기자는 전부 동원했었다는 것도 기억할 만한 일이라 하겠습니다. 때문에 사진 기자까지 합하여 법원에 50~60명의 기자가 붐볐던 것도 기록적인 일입니다.

기자 50~60명이 붐벼

한번은 15층 조사실에 가니 박영복이 있어요. 그래서 사진 기자를 부르고 있는데 동료 기자가 들어와요. 그래서 시치미를 떼고 웬일이냐고 했더니 사실은 그가 먼저 와 있던 것이죠. 그때는 박영복을 절대로 밖에 내보내지 않아서 변소 출입도 대변(大便)의 경우에만 교도관이 철저하게 호송했습니다. 5시쯤 박영복이 변소를 가는데 기자들이 염려가 되는 모양이었어요. 그래서 우리는 사진 기자도 없고 흥미도 없는 것처럼 위장하니까 변소엘 가더군요. 그런데 우리 사진 기자가 그걸 보지 못했나 봐요. 손뼉을 치고 소리를 치니까 뒤늦게 나타나 찍는다는 것이 박영복의 뒷머리 부분만 겨우 찍었습니다.

고: 그날인가 기자들은 박영복이 지하실을 통해 호송되리라는 것을 예측하고 지하실 엘리베이터에 특공대를 조직하여 기다리고 있었습니다. 문 양쪽 2인씩 담당하고 있었는데 평소는 한 명의 교도관이 호송하겠지만 박영복은 5인이 호송하고 있었습니다. 여하튼 아침 10시부터 저녁 10시까지 지키며 지구전을 펴고 있는데 나타나더군요. 그러나 손을 쓸 사이도 없이 교도관이 박영복의 얼굴에 검은 잠바를 뒤집어 씌워 버려 사진을 찍을 수가 없었습니다.

기자 아니라고 위장 전술도

기자들도 있는 힘을 다했으나 교도관의 훈련된 솜씨를 제치지는 못했고 그들은 일단 숙직실로 후퇴하는가 했더니 증원 부대가 도착해요. 그래서 기자들이 교도소장에 항의하고 겨우 타협하여 처음 사진을 찍었습니다. 일종의 전투였지요.

김규: 28일 날로 기억이 됩니다만 동료 중의 한 사람인 모 방송국 기자는 개수(改修) 중인 대검 수사부 조사실에 페인트공으로 가장하여 잠입하는 데 성공, 박영복과 수사관 사이의 일문일답을 메모하고 전(前) 모 수사 기관의 중견 간부가 부정 대출에 직접 압력을 넣었다는 진술을 스쿠프했죠. 그러니 방송과 신문보도를 본 담당 수사 기관은 놀랄 수밖에 없었겠죠. 그런 여러 가지 이유로 취재 기자의 청사 출입을 막지 못했다는 이유로 검찰 종합 청사 관리실에는 매일 수위들의 시말서 제출 소동이 일어나기도 했죠. 또 다른 기자는 복도의 환기통을 통한 파이프에 착안, 거기에 가서 귀를 대면 들릴 것 같아서 사진 기자의 도움으로 파이프에 접근하려다 수위에 들켜 실패한 적도 있죠.

출입처 바꿔서 인물 널리 알아야

김진: 공판 기록을 보니까 박영복이 검거될 때 숨겨준 정(廷) 마담이라는 사람이 있더군요. 파출소에 가서 주소를 알아 집을 찾아가니 접근하지도 못하게 해요. 그래서 경찰서 정보계에 있다고 말하고 사진기자는 치안국 감식반이라고 속여 현장 보전을 위해 사진을 찍겠다고 하니 응해주더군요. 몇 곳을 찍고 정 마담을 찍으려 하니 가족

들이 막더군요. 겨우 설득하여 찍어다가 신문에 썼는데 사진 효과
는 좋았으나 정 마담의 개인 생활을 침해하는 것 같아 언짢더군요.
또 신당동 집에 가니까 누님이라는 분이 살고 있는데 이야기를 하
지 않고 문패도 거꾸로 달아서 못질해놓았더군요. 그리고 담당 수
사관과 가까운 친구를 접촉해서 정보를 얻으려 했으나 그들도 철저
하게 입을 다물고 있었습니다.

그리고 사건에 다른 중요한 박 모가 신촌 어느 여관에서 수사를 받
고 검찰청으로 왔다는 이야기를 잘 아는 수위에게 듣고 그곳에 가니
까 교도관이 지키고 있어요. 그래서 기습적으로 동행한 사진 기자가
문을 박차며 찍은 것이 전화를 걸고 있는 박 모의 모습이었습니다.
움직이는 사진 효과를 얻었던 것이죠. 그 장소에선가 박 모를 만났
습니다. 단독인터뷰를 하고 싶어 질문을 했더니 경력이 얼마나 되느
냐는 거에요. 알고 보니 그도 기자 생활을 한 경험이 있다는 것입니
다. 그가 보기에는 서투른 취재 방법이라고 생각했을지도 모르죠.

김규: 그 이야기를 하니 저도 생각나는 게 있습니다. 문제의 박 모 집
을 알아야겠는데 방법이 있어야죠. 그래서 전화번호를 보니까 동명
이인이 많아요. 그런데 그중에 전화번호가 아주 좋은 게 있더군요.
그 집으로 걸으니 들어맞았어요. 애들만 있고 본인은 없어서 11시
까지 기다렸다가 작전상 후퇴를 했습니다.

전화번호로 점치다가 적중

또 담당 검사가 수위에게 호통을 받은 일도 있는데 그 검사가 수사 기록을 가지러 가니까 그의 얼굴을 알지 못하는 수위가 "당신 어디 가시오?" 하고 쫓아내려고 했습니다. 기자로 잘못 알았던 모양인데 제가 그 검사에게 인사를 하니까 무슨 정보라도 샐까 봐 그냥 퇴청하고 만 일도 있었습니다.

강: 앞에서도 이야기가 있었지만 박영복 사건이 터지자 처음부터 기자 접근에 신경을 썼다고는 하지만 수사의 막바지에 이르면서는 그 정도가 철저해져서 청사 출입을 봉쇄하는 사태에도 이르렀습니다. 그러니까 4월 27일인가 그런데요, 기자들은 수사 담당관실은 물론 청사에 드나들지 못하도록 했습니다. 그리고 일요일인 28일에는 수위들이 2, 3중으로 동원되어 일종의 바리게이드를 연상케 하기도 했었습니다. 그래서 수위와의 승강이도 적지 않았지요.

김진: 한 마디로 말해서 지난번의 박영복 사건 취재는 기자들이 많은 고생을 하기는 했지만 그 취재 과정에서는 어떤 보람 같은 것을 느낄 수 있었다고 봅니다. 그리고 막바지에 이르러서는 그야말로 어떤 막바지에 이르렀던 것도 사실이었는데 거기에 제동이 걸리자 좀 섭섭한 느낌도 들었습니다.

고: 그런 고생을 하면서도 그 사건에 관한 한 자유자재로 쓰고 보도가

될 수 있었다는 것에 보람을 느꼈다고나 할까요. 다만 또 하나 느낀 것은 기자는 넓게 알아야 하겠다는 것이었습니다. 수사 과정에서 경제 용어가 나오는데 알 수가 있어야죠. 물어서 가능한 것도 있지만 복잡한 것은 아예 빼버린 경우도 없지 않았습니다.

김진홍 교수를
회고하며

스승의 날 〈저널리즘의 이해〉 시간에 열강하는 모습.

긴 여로, 짧은 이별

－김학천(前 건국대학교 교수)

나는 '고향이 다른 영원한 동지'를 졸지에 떠나보냈다.

작년에 그야말로 졸지에 훌쩍 가버린 김진홍 교수에 대해 나는 늘 그의 느릿느릿한 어투, "김 선배……, 의논할 게 있는데……."를 생각하면서 미소 짓곤 했다. 서울 토박이인 나와 말하는 속도는 달랐지만 긴 세월 인생을 걸어 온 보폭의 속도는 참으로 비슷했다. 그래서 고향이 다른 영원한 동지라는 생각을 떠올렸다.

1960년대가 저물어갈 무렵, 내가 동아방송 프로듀서로 일할 때 서울사대 독일어교육과 후배 하나가 《동아일보》 입사시험을 치르겠다고 인사를 왔다. 김진홍 교수였다. 내가 그 학과의 1회 졸업생이라 인사차 들렀다는 것이다. 워낙 기자시험이 어렵던 때라 격려는 했지만 결과는 두고 보자고 할 수밖에 없었다.

그런데 그는 아주 우수한 성적으로 《동아일보》에 입사했고 동문수학의 드문 동지로 그 이후 40년이 넘는 고단한 행로를 같이 걷게 되었다. 실로 어려운 관문을 뚫고 입사해서 4~5년이 지나 이제 일의 재미를 막 느낄 무렵, 우리는 해직 언론인의 멍에를 쓰고 기약 없는 발걸음을 시작했기 때문이다.

나는 그래도 10년 가까이 방송사 일을 했고 전공소양을 바탕으로 독일에서 장기연수까지는 마친 시기였지만, 김진홍 교수는 그의 언론재능을 바탕으로 참으로 신나는 기자생활, 사회생활, 가정생활을 시작할 즈음에 그 의욕을 접어야 했다.

그때도 그는 역시나 특유의 느릿한 어투로 "김 선배……, 어떻게 하실래요?"라고 물었다. 그러나 일단 고난을 선택하고 난 후에는 그의 결단은 결코 말투처럼 느리지 않았다. ≪동아일보≫의 해직자들도 나름대로 생활전선에 나서야만 했다. 그러나 언론기관의 외골수 지식인으로 살다가 갑자기 생계방법을 바꾼다는 것은 참으로 어려운 일이었다. 견디다 못한 해직기자들은 주로 일가친척이 경영하는 상점의 보조원이나 번역 일에 매달리는 게 고작이었다.

어느 날인가는 NHK방송에서 동아방송 해직 PD 중 한 사람이 한약방에서 약재를 썰고 있는 장면이 방송되기도 했다. 어느 날 김진홍 기자(이미 해직되었지만)를 만났더니 당시에 기업 CEO 교육기구로 출발한 인간개발원에서 일할 자리를 마련했다는 것이다. 그것도 자기 혼자가 아니라 나와 김언호 기자와 함께 해보자는 것이었다. 우린 셋이서 잠시나마 조찬 세미나 교육을 실시하는 그곳에서 일하기도 했다.

그리고 얼마 후, 그래도 여전히 글 쓰는 일, 책 만드는 일 쪽에 마음을 두고 있던 김진홍, 김언호 등은 낙원동에 사무실 하나를 빌려 출판사업을 시작하게 된다. 나와 김진홍 기자는 '전예원'이라는 간판을 걸었고, 김언호 기자는 '한길사'로, 임채정 기자는 '예조각'이라는 이름으로 사업을 시작했다. 한길사를 만든 김언호 기자는 출판 쪽으로 대성한 사업가가 되었고 임채정 기자는 국회, 정가 쪽으로 진출하는 토대를 만들기도 했다.

그러나 1970년대는 어렵기 그지없는 시기였다. 일부 언론은 이 무렵 권위주의 권력이 협력의 방편으로 제시한 상업주의의 여세를 타고 돈벌이에 성공하기도 했지만 적어도 언론인은, 조금이라도 자존심을 유지하는 언론인이라면 막가는 권위주의 권력과 자본의 우산 밑으로 피해 앉기만 하는 언론 회사와 오히려 언론의 기본적인 책무와 기능에는 눈뜨기 시작한 대중들의 틈새에서 '생계냐, 퇴출이냐'를 결정해야 하는 황당한 세태를 경험하고 있었다.

비록 언론자유나 진실보도라는 기본적인 책무를 선택하여 스스로 퇴출 쪽으로 밀려나간 경우라 하더라도 어제까지 동료, 선배였던 사람들이 "……처자식도 못 먹여 살리는 주제에 무슨 놈의 언론자유냐……"고 힐난을 할 때는 대답이 궁할 수밖에 없던 시기이기도 했다. 나는 이런 경우 발끈하는 성미였지만 김진홍 기자는 그냥 씩 웃을 뿐 표정을 바꾸지 않았다. 물론 그의 신념이나 자세도 바꾸지 않았다. 그렇게 어려운 세월이 흘렀다.

그는 출판으로 크게 돈을 벌지는 못했다. 그런데 거기에는 그럴 만한 이유가 있었다. 해직 후 생계 걱정하랴, 기관에 불려 다니랴, 열심히 시위대열에 참여하는 중에도 동아투위위원들 중에서는 제일 먼저, 그러나 아주 조용하게 서울대 박사 과정에서 다시 공부를 시작한 것이다. 우리나라 언론학을 이끈 1세대 중 한 분인 박유봉 교수를 만나 이른바 뮌헨학파의 대를 잇기라도 하듯 열심히 학업에 매달렸다.

그가 대학원에 다니면서 박유봉 교수와 함께 번역한 G. 말레츠케의 『매스컴심리학』은 오로지 미국 언론학에만 기울어져 있던 우리나라에 유럽 언론학의 면모를 보여준 거의 첫 번째 소개서가 되기도 했다. 그리고 그가 겪은 험악한 언론현실에 이론을 가미하여 서울대에서 매스컴학으로는 첫 번째로 학위를 받게 된다.

김진홍 교수를 회상하면서, 또한 학자로서의 출발을 회상하면서 반드시 기록하고 싶은 사안이 있다. 바로 작고하신 박유봉 교수와의 관계이다.

박 교수는 김진홍 교수의 지도교수였는데 두 가지 관점에서 다른 경우와는 판이한 인간관계를 엮어준 분이기도 했다. 첫째는, 독일 신문학, 이른바 푸블리치스틱의 유지와 보급을 강조하며 독일어에 이해가 깊은 김진홍 교수를 성심으로 지도했다는 것이다. 둘째는, 이미 스승과 제자의 교류풍경이 서서히 사라지고 교육의 현장이 삭막해지기 시작할 무렵, 첨예하고 시류에 민감한 이론의 교류에만 치우치는 인간관계가 아니라 스승으로서 제자에게 베푸는 진정한 교육적 인간관계가 어떤 것인가 하는 실제를 보여주었다는 것이다. 박 교수에게서 지도를 받은 김진홍 교수가 그 영향력을 다시 학생들에게 전하는 모습은 참으로 보기 좋았다.

독일 신문학, 즉 푸블리치스틱은 이미 미국의 매스컴 체계보다 20~30년 앞서 완성된 독일에서의 신문방송학 체계를 의미한다. 학문의 균형과 조화를 위해 필요하다는 점은 인정하지만 소위 시류에 민감한 이론, 즉 미국적인 이론체계에 밀려서 별반 보급이 되지 못하는 형편이었다.

이 매스컴학의 원형을 유지·보급하기 위해서 박유봉 교수와 제자 김진홍은 마치 혈육과 같은 사제관계를 맺었다. 생계가 극도로 어렵던 시절,『매스컴심리학』의 번역·출간은 그와 같은 끈끈한 사제관계가 낳은 작은 결과 중 하나였다.

그러한 어려운 학업과정을 끝낸 김진홍 교수는, 1970년대의 해직기자 중에서 비교적 일찍 다시 교단에 설 수 있었다. 그러나 그가 세태에 떠밀려 포기해야 했던 저널리스트의 풍모는 포기하지 않았다. 동아투위의 활동과 글쓰기 작업을 계속했던 것이다.

학문과 인간 그리고 사회가 합리적 관계를 지니며 유지되는 사회가 언제나 가능한 것은 아닐지라도 김진홍 교수가 사회생활을 시작한 1970년대의 우리 사회, 더구나 그가 직업으로 택한 언론계는 그에게는 부담이 너무 컸던 시기였음은 분명하다.

멋대로 굴러가는 역사의 수레바퀴에 치이고 깔리는 사람들이 부지기수인데 그 시기에 해직된 언론인들만 억울해할 것도 없다는 주장을 하기도 하지만, 인생이란 것은 누구에게나 딱 한 번뿐이기에, 그를 남보다 일찍 보내는 주변 사람들의 마음은 한결 서운하고 무거운 것이다.

그가 시작하는 말투처럼 천천히, 하고 싶은 일들을 다 정리하지 못하고 그렇게 서둘러 헤어질 까닭이 없지 않았겠는가.

아무리 인생이란 게 그렇다 하더라도 말이다.

김진홍 교수님과의
특별한 인연과 긴 아쉬움

– 김춘식(한국외국어대학교 언론정보학부 교수)

김진홍 교수님을 처음 뵌 것은 고등학교 3학년, 대학 입시에서 면접을 볼 때였다. 검정색 롱코트를 입고 계셨는데 예나 지금이나 참 멋쟁이셨다. 사실 대학을 다닐 때는 교수님과 사적인 대화를 나눌 기회가 거의 없었다. 서울 생활에 적응이 늦어 늘 외롭고 힘들어 했던 나였던지라 교수님은 너무 높고도 먼 분으로만 느껴졌다.

교수님을 곁에서 자주 뵙고 교수님의 인간적인 면모를 조금씩 알게 된 것은 대학원 입학 후 학과 조교를 할 때부터였다. 대학원 시험을 보고 합격 통지를 받은 어느 날, 사회과학대학(당시에는 법정대학) 건물 1층 복도에서 우연히 뵙게 된 교수님께서 대뜸 다음 주부터 학과 사무실 조교로 근무하라고 말씀하셨고 그렇게 교수님과의 긴 인연이 시작되었던 것이다.

나는 학과 조교로 근무하면서 1987년 6월 항쟁 당시 최루탄에 머리를 맞아 크게 다친 학생을 교수님과 함께 면회했고, ≪한겨레≫ 창간

발기인으로 참가하신 학내의 교수님들께 기념품을 전해드리기도 했다. 또 민주화를 위한 교수시국선언을 주도하셨을 때 시국선언문을 배포한 적도 있었다. 내 기억에 교수님께서 가장 힘들게 지내신 시기는 1987년 가을이 아니었다 싶다. 민주화 바람이 불어 학내가 어수선한 그 시기에 교수님은 누구보다도 마음고생을 많이 하셨다.

교수님은 나의 석사학위논문 지도교수이시기도 하다. 논문 제목(「언론통제요인으로서의 보도지침에 관한 실증연구: 제5공화국의 경우를 중심으로」)도 직접 지어주셨다. 석사학위논문 심사를 받았던 1988년에는 휴직 중이셨고 몸과 마음이 많이 힘드셨음에도 학위논문 원고의 오탈자를 모두 고쳐주실 정도로 세심한 지도를 해주셨다.

군에서 제대한 후 한국ABC협회(신문잡지부수공사기구)에 취업하고 결혼을 결심했을 때 교수님께 주례를 부탁드렸다. 결혼식은 강원도 영월에 있는 조그마한 면소재지에서 치러졌는데, 결혼식 전날 교수님께 전화를 드려 고속도로 사정이 안 좋을 수 있으니 조금 서두르시는 게 좋을 것 같다고 말씀드렸다. 그랬더니 교수님과 사모님께서는 다음날 아침 일찍 도착하셔서 근처 여관에서 몇 시간 쉬신 뒤에 주례를 하실 정도로 남다른 제자 사랑을 보여주셨다. 신부의 외가가 제주도라는 것을 아시고는 주례 중에 '저 먼 곳 제주에서 이곳 강원도 오지(奧地)'라는 말씀으로 하객들의 웃음을 자아내실 정도로 유머 감각도 있으신 분이셨다.

결혼 후 아내와 함께 인사를 드리러 찾아뵙고 강남의 어느 한식당에서 교수님, 사모님, 교수님의 장모님과 저녁식사를 함께 했던 적이 있다. 그 자리에서 교수님께서는 박사과정 진학을 권하셨고, 그 이후 나는 대학원에 진학했다. 대학원 진학 후에는 수많은 날들을 교수님과 함께 지냈다. 퇴근길에 학교 근처의 식당에서 삼겹살이나 보신탕을 함께 하면서 교수님으로부터 많은 격려와 꾸지람을 듣기도 했다. 교수님께서는 늘 솔직하셨다. 때로는 그러한 솔직함에 서운한 적도 있었지만 그 모든 것이 다 제자를 위해서 하신 말씀이란 것을 알 수 있었다.

교수님께서는 제자들이 많다는 것을 늘 자랑스러워하셨다. 특히 내게 보여주신 애정은 참으로 깊었다. 교수님은 제자와의 사적인 인연을 유난히 강조하시는 분이기도 했다. 다른 사람들과의 만남에서 늘 '김 박사는 내 조교 출신이다'라시며 관계의 특별함을 몇 차례나 말씀하시곤 했다. 제자와 함께 근무하게 된 것을 매우 자랑스러워하셨기 때문이었다. 하지만 나는 교수님의 그러한 소개가 늘 편하지는 않았다. 다른 사람들과의 관계에서 자유롭지 못할 수도 있다는 걱정 때문이었다. 그러나 나 역시 박사 제자를 배출한 지금에 와서 이제야 교수님의 마음을 조금이나마 이해할 수 있을 것 같다는 생각이 든다. 애정이 없으면 그런 말을 할 수가 없기 때문이다.

3년간의 학부장을 마치고 대학 홍보실장으로 근무할 때인 2006년 어느 날 저녁, 인사동의 한 식당에서 있었던 학과 회식자리에서 한 원로 교수가 내게 섭섭함을 넘어 모멸적인 언사를 퍼부은 적이 있었다. 모교의 교수로 임용된 후 학부장직을 수행하면서 학생 때 불합리하다고 생각했던 학사 관리 관행을 고치기 위해 여러 가지 제도를 도입했었는데 나의 그런 모습을 못마땅하게 여기셨던 것이다. 아주 오랜 시간 동안 내게 불만을 쏟아내시는 그분의 말씀을 가만히 듣고 계시던 교수님께서는 상을 세게 치시면서 "젊은 교수가 열심히 해보겠다는데 왜 야단을 치냐"고 하시며 제자인 나를 보호해주셨다. 당신께서도 섭섭한 점이 없지 않으셨을 텐데 그런 마음보다는 제자에 대한 애정을 더 소중하게 생각하셨던 것이다. 교수님의 애정을 다시금 느끼고 정말 눈물이 날 정도로 감사했다.

2009년 여름, 플로리다에서 가족과 함께 지내고 있던 어느 날, 이른 아침부터 서울에서 한 통의 전화가 걸려왔다. 그렇게 김진홍 교수님께서 돌아가셨다는 소식을 들었다.

너무나 충격적이었다. 당장에라도 귀국 비행기를 탔어야 했지만 그러지 못했다. 이런저런 이유로 장례식에 참석하지 못해 마음이 천근만근 무거웠다. 현지 성당에서 연미사를 바친 것이 내가 할 수 있는 전부였다. 8월에 귀국하자마자 용인 공원묘지로 교수님을 찾아뵀었지만 그때도 교수님께서 거기에 계신다는 게 정말 믿기지 않았다.

2009년 여름에 있을 당신의 정년퇴임을 앞두고 교수님께서는 언론학 전공자들이 참여한, 제대로 된 저널리즘 개론서의 출간을 계획하고 계셨다. 나는 교수님의 뜻에 따라 전국 대학의 언론학자 가운데 저널리즘 전공자인 열세 분의 학자들을 섭외하여 책의 발간 취지를 말씀드린 후 원고를 청탁했는데 당시 모든 분들이 그 제안을 흔쾌히 받아들이셨다. 몇 개월의 준비 끝에 2010년 2월 말에 드디어 우리나라 최초의 본격적인 저널리즘 개론서 『저널리즘의 이해』가 출간되었다.

비록 교수님께서는 그 책을 보지 못하셨지만 어느 누구보다도 책의 출간을 기뻐하고 계실 것이라고 믿는다.

또한 교수님께서는 그동안 쓰셨던 글들을 모아 책을 내시려고 했다. 그런데 갑작스러운 변고로 인해 그 책은 교수님의 유고집이 되었다. 유고집의 원고를 모으고 책을 만드는 과정에서 제자들은 교수님을 다시 만날 수 있었다. 교수님의 숨결이 담긴 글을 읽으면서 또 그만큼 많이 아쉬웠고 교수님이 많이 그리웠다.

이제 교수님께서 정년퇴임을 앞두고 계획하셨던 일들 가운데 두 가지는 이루어졌다. 이러한 일들을 준비하는 과정은 갑작스럽게 떠나신 교수님과의 인연을 되새기며 교수님에 대한 그리움과 아쉬움을 조금이나마 달랠 수 있는 소중한 시간이었다.

김진홍 교수 약력

김진홍 교수의
학력, 경력 및 주요 연구 업적

학력

1959년 3월	충남 천안중학교(충남 천안시 소재) 졸업
1962년 2월	광주고등학교(광주광역시 소재) 졸업
1968년 2월	서울대학교 사범대학 외국어교육과(독일어 전공) 졸업
1970년 2월	서울대학교 신문대학원 졸업(문학석사)
1970년 3월	서울대학교 대학원 사회학과 박사과정(신문학 전공) 입학
1975년 8월	서울대학교 대학원 사회학과 박사과정(신문학 전공) 수료
1976년 3월	서울대학교 신문학과 신설에 따른 대학원 학칙 개정에 의거 신문학과(현 언론정보학과) 박사과정으로 이적(移籍)
1982년 2월	서울대학교 대학원에서 문학박사학위(신문학 전공) 취득

경력

1969년 3월~1969년 9월	환일고교(옛 균명고교) 교사
1969년 11월~1975년 3월	동아일보 기자(문화부·편집부·사회부)
1975월 3월	동아일보 퇴사
1976년 3월~1978년 2월	서울대학교 신문대학원 강사
1977년 5월~1982년 2월	도서출판 전예원 편집인 및 대표
1978년 3월~1980년 2월	서울대학교 사회과학대학 강사
1979년 3월~1980년 8월	한국외국어대학교 법정대 등 강사
1980년 8월~1982년 2월	도서출판 실천문학사 편집인 및 대표
1981년 3월~1982년 2월	무크지 《실천문학》 편집인
1982년 3월~	한국외국어대학교 법정대 홍보학과 조교수
1983년 3월~1987년 8월	한국외국어대학교 홍보위원장 겸 홍보부장
1983년 5월~1989년 8월	계간 《외국문학》 편집인 겸 주간
1983년 3월~1992년 2월	중앙대·경희대·동국대 등 강사
1984년 3월~1985년 2월	한국언론학회 이사
1985년 3월~1989년 2월	사단법인 한국출판연구소 이사
1986년 8월~	한국외국어대학교 사회과학대 신문방송학과 부교수
1988년 3월~1989년 2월	인하대학교 교류교수
1989년 3월~1991년 8월	UC Berkeley 사회변동연구소 연구교수
1989년 9월~1990년 2월	Stanford대학교 Hoover연구소 방문교수

1991년 3월~1993년 2월   한국언론학회 이사

1991년 8월~   한국외국어대학교 사회과학대 신문방송학과 교수

1992년 4월~1995년 2월   한국외국어대학교 홍보실장

1992년 6월~1995년 6월   한국언론학회 정치커뮤니케이션연구회장

1994년 3월~1997년 2월   한국외국어대학교 국제커뮤니케이션연구소장

1996년 4월~1998년 3월   한국외국어대학교 홍보실장

1996년 6월~1997년 5월   한국언론학회 발행 ≪저널리즘 비평≫ 편집인

1996년 2월~1998년 2월   사단법인 태평양 아시아협회 이사 겸 사무총장

1997년 1월~1998년 2월   PAS 청년 해외 봉사단 초대 단장

1997년 7월~2005년 8월   PAS 청년 해외 봉사단 야쿠츠크 단장, 이르크츠크
                        단장, 울란우데 단장 및 호치민 단장 등으로 러시아
                        사하 자치 공화국의 수도 야쿠츠크, 러시아 이르크
                        츠크, 러시아 브랴트 자치 공화국의 수도 울란우데
                        및 베트남 호치민 등지에서 8회에 걸쳐 해외 봉사

1996년 12월~   한국언론학회·한국사진기자회 주관 올해의 포토
                        저널리즘 5 선정위원회 위원장

1998년 1월~1999년 3월   한국외국어대학교 언론정보연구소장

1998년 3월~1999년 2월   한국기자협회 오늘의 기자상 심사위원

1998년 9월~1999년 3월   한국외국어대학교 홍보실장

2001년 12월~2002년 5월   한국언론학회 윤리법제연구회장

2001년 12월~2002년 3월   사단법인 한국언론법학회 창립위원장

2001년 3월~2003년 12월   사단법인 한국언론법학회 부회장 겸 차기 회장

2003년 3월~2005년 2월   한국외국어대학교 정책과학대학원장

2003년 12월~2005년 12월   사단법인 한국언론법학회 회장

2005년 3월~2009년 8월   한국외국어대학교 사회과학대 언론정보학부 교수

2005년 12월~2009년 7월   사단법인 한국언론법학회 고문

2003년 8월~2009년 7월   재단법인 아시아문화교류재단 이사장

2005년 3월~2009년 7월   사단법인 한국-베트남친선협회 사무총장

2006년 12월   부총리겸 교육인적자원부 장관 표창장

2008년 2월   베트남 정부로부터 국가훈장(세계민족우호증진

훈장) 수여

연구 업적

• 저서

김진홍, 『언론 통제의 정치학』, 홍성사, 1983.

김진홍(공), 『취재와 기사 작성』, 양지출판사, 2000.

김진홍(편), 『한국 저널리즘의 쟁점』, 법문사, 2001.

김진홍(공), 『취재 보도론』, 법문사, 2002.

• 역서

김진홍 외, 『매스커뮤니케이션 심리학』, 법문사, 1976(Gerhard Maletzke, Psychologie der Massenkommunikation, Hans-Bredow Institut, Hamburg, Germany).

김진홍, 『소유냐 삶이냐』, 홍성사, 1977(Erich Fromm, To Have or To Be, Happer & Row Publishers, 1976).

김진홍 외, 『반(反)매스컴론』, 전예원, 1977(Karl Jaspers et al., Werdern Wii Richtig Imformicrt?, Ehrcnwirth, Berlin, Germany, 1961.).

김진홍 외, 『경영 커뮤니케이션』, 전예원, 1980(C. Redfield, Communication in Management).

김진홍, 『고독의 사회학』, 전예원, 1983(Robert Weiss, Loneliness; the Experience of Emotional and Social Isolation, MIT, 1980).

김진홍, 『미디어는 맛사지다』, 열화당, 1987(Marshall McLuhan, The Medium is the Massage, Random House: New York, 1967).

김진홍, 『제3세계와 정치』, 전예원, 1990(Elisabeth Fox, Mass Media and Politics in Latin America, Sage, London, U.K., 1988).

● 논문

김진홍, 「언론 통제와 사회적 변인과의 상관관계에 관한 연구(서울대 박사학위논문. 1982. 2)」 외 다수

아카저널리스트
김진홍 교수 유고집

ⓒ 김진홍, 2010

지은이 | 김진홍
펴낸이 | 김종수
펴낸곳 | 도서출판 한울

편집책임 | 김경아
편집 | 이소현

초판 1쇄 인쇄 | 2010년 4월 20일
초판 1쇄 발행 | 2010년 4월 29일

주소 | 413-832 파주시 교하읍 문발리 507-2(본사)
        121-801 서울시 마포구 공덕동 105-90 서울빌딩 3층(서울 사무소)
전화 | 영업 02-326-0095, 편집 02-336-6183
팩스 | 02-333-7543
홈페이지 | www.hanulbooks.co.kr
등록 | 1980년 3월 13일, 제406-2003-051호

Printed in Korea.
ISBN 978-89-460-4292-6 03070

* 가격은 겉표지에 표시되어 있습니다.